ARRÊTS
DU
CONSEIL SOUVERAIN
DE MALINES,
TOME PREMIER,
PREMIÈRE PARTIE.

ARRÊTS
DU
CONSEIL SOUVERAIN
DE MALINES,
RECUEILLIS
PAR M. DE HUMAYN.

A LILLE;
Chez J. B. HENRY, Imprimeur-Libraire, rue d'Amiens, la première porte Cochère en entrant par la rue Notre-Dame, 1773.

A MESSIEURS
LES REWART, MAYEUR,
ÉCHEVINS, CONSEIL,
ET HUIT-HOMMES DE LA VILLE DE LILLE.

MESSIEURS,

LEs encouragemens que vous avez bien voulu m'accorder lorsque je me suis livré à l'impreſſion de quelques Livres de Droit, ſont un ſûr garant que vous daignerez accepter la Dédicace

*

des *Œuvres de* MM. DE HUMAYN, DU FIEF, CUVELIER *&* GRISPERE. *Quoique ces savans Jurisconsultes aient été attachés à un Corps de Magistrats, étranger aujourd'hui à cette Province, ils ont cependant travaillés sur les principes les plus suivis dans votre Tribunal même. Je n'ai en vue, en vous offrant cet Ouvrage, que le bien public, & de saisir l'occasion de vous donner des preuves de mon zèle & du respect profond avec lequel je suis,*

MESSIEURS,

Votre très-humble & très-obéissant serviteur,
J. B. HENRY.

AVERTISSEMENT DU LIBRAIRE.

Les Arrêts de M. DE HUMAYN, que l'on donne ici par forme de dédommagement à MM. les Soufcripteurs du Recueil d'Arrêts du Parlement de Flandres, formeront la première partie du premier volume des Arrêts du Confeil Souverain de Malines ; le fecond contiendra les Arrêts recueillis par MM. CUVELIER & DE GRISPERE, le premier ceux de MM. DE HUMAYN & de DU FIEF : ce dernier Auteur ne fera mis que par extrait, pour éviter les redites & les longueurs. Les perfonnes qui aiment à raffembler les mêmes matières pourront donc faire relier dans un même volume deux Auteurs, & c'eft pour cette raifon que l'on trouve, à la tête des Œuvres de M. DE HUMAYN, un avant titre qui indique que cet Ouvrage forme la première partie du tome premier des Arrêts du Confeil Souverain de Malines ; ceux qui ne voudront pas faire ufage de ces titres feront les maîtres de les fupprimer. Les différens Ouvrages que l'on annonce font actuellement fous-preffe : on peut s'adreffer chez les principaux Libraires de la Province pour voir le PROSPECTUS & les conditions.

MALGRÉ la loi que l'on s'eſt impoſée de faire le moins de changemens poſſibles dans les manuſcrits que l'on imprime, on a cru cependant devoir quelquefois donner une autre tournure aux phraſes de M. DE HUMAYN, traduire quelques paſſages Latins, qui n'étoient qu'une ſuite des raiſonnemens de l'Auteur, & rajeunir des mots qu'on auroit difficilement entendus ſans cette précaution. On doit obſerver que M. DE HUMAYN écrivoit vers l'année 1610, & dans une langue qui lui étoit en quelque ſorte étrangère; il n'eſt pas étonnant que ſon ſtyle ſoit un peu dur & ait la phyſionomie de ſon âge. Les Juriſconſultes au reſte qui s'attachent aux choſes, trouveront dans ce Recueil beaucoup de faits intéreſſans & d'érudition.

IL ne nous eſt rien parvenu qui puiſſe nous éclairer ſur la vie de M. DE HUMAYN, malgré les différentes recherches que nous avons faites dans ſa Patrie.

ARRÊTS

TABLE
DES ARRÊTS
Contenus dans ce volume.

ARRÊT I. *LA réparation des dépens, dommages & intérêts, faite par portions égales entre ceux qui y font condamnés, n'empêche pas celui qui les a obtenu, de pourfuivre chacun d'eux folidairement.* page 1

ARR. II. *De l'Emphytéofe.*

1.° In dubio contractus præfumitur potiùs confuabilis quàm Emphyteuticus.

2.° Pœnæ de jure ftatutæ in contractu Emphyteutico.

3.° Emphyteuta ceffans folvere canonem per impotentiam vel paupertatem, non cadit jure fuo.

4.° Ut Emphyteufis cadat in commiffum, non requiritur decretum, fed fufficit Dominum declarare voluntatem fuam.

5.° *Celui qui a été en faute de faire les corvées auxquelles il eft obligé, doit être condamné aux dommages & intérêts foufferts par ladite faute.*

6.° Expulfus ob non folutum canonem, an teneatur folvere *arreragias*. 3

ARR. III. 1.° Verba enunciativa probant, cum continent aliquid neceffarium ad robur, aut validitatem actus.

Table des Arrêts.

2.° Venditione factâ propter æs alienum, emptor non tenetur probare æs alienum subfuisse. 7

ARRÊT IV. *Quand une vente est nulle par défaut de formalités, celui dont les biens ont été vendus, ne doit rendre que ce que l'acheteur vérifie avoir tourné à son profit.* 9

ARR. V. *Femme pour son Douaire conventionnel, vient en ordre avec les créanciers à titre lucratif, après les créanciers à titre onéreux.* 11

ARR. VI. *Les amendes adjugées à leurs Altesses, au Procureur-général, & à quelques Eglises, chacun pour un tiers, sont exécutoires nonobstant appel.* 12

ARR. VII. *Des Donations.*

1.° *Un acte d'entre-vifs ne reçoit pas d'interprétation si favorable qu'un acte de dernière volonté.*

2.° Factâ donatione alicui pro se & suis descendentibus, eis extinctis, non revertitur res ad donantem.

3.° *Enfans d'un bâtard & d'une légitime succèdent aux parens de leurs père & mère, & è contra.*

4.° *Ceux qui n'ont pas consenti à la légitimation d'un bâtard ne doivent pas lui succéder.*

5.° *Quand quelqu'un donne pour lui & ses enfans,* talis clausula nihil disponit in favorem liberorum, sed tantum designat ordinem successionis legitimæ.

6.° Fiscus, extinctâ unâ lineâ, non excludit descendentes ex aliâ lineâ.

7.° *Veuve du Donataire est fondée d'avoir son Douaire coutumier sur le Bien sujet à fidéicommis, situé en Artois.*

Table des Arrêts. iij

8.° *Authent.* res quæ communis, *de legatis*, habet tantum locum in defcendentibus, non autem in collateralibus gravatis fideicommiffo, nifi donatio facta fit collaterali aut extraneo in favorem matrimonii. 13

ARRÊT VIII. *Celui qui eſt condamné à reſtituer quelques Biens avec les fruits, ne doit pas reſtituer ceux des améliorations par lui faites.* 21

ARR. IX. *Huiſſiers extraordinaires du grand Conſeil ne font attrayables qu'en la Cour pour choſes dépendantes de leurs exploits, faits en vertu des proviſions du Conſeil.* 22

ARR. X. *Si cette clauſe appoſée en bas d'un teſtament, feront héritiers l'un de l'autre, emporte une ſubſtitution réciproque?* Quando in medio teſtamenti poſita eſt, an afficiat præcedentia? Et an teſtamentum militis extrà caſtra factum gaudere debeat privilegiis Militaribus? 23

ARR. XI. *Un Conſeiller étant promu à une autre Dignité hors la Cour & la Ville de Malines, ne peut plus donner ni accorder d'Apoſtille.* 30

ARR. XII. *Du crime de Sortilége.*

1.° *Sorciers comment doivent être punis?*

2.° *Les biens des hérétiques & des criminels de lèze-Majeſté, ſont confiſqués de droit, au moment qu'ils commettent le crime.*

3.° *Si l'amendement peut empêcher que les biens du délinquant ne ſoient confiſqués de droit, à l'inſtant qu'il a commis le crime?*

Table des Arrêts.

4.° *Si les enfans ont droit de légitime dans les biens de leur père, lorsqu'ils sont confisqués ?*

5.° *La vente de biens est censée faite en fraude,* 1.° *lorsqu'elle comprend tous les biens;* 2.° *lorsque le vendeur en conserve la possession;* 3.° *si elle est faite en faveur de proches parens.* 31

ARRÊT XIII. 1.° *On ne doit pas nommer un curateur aux Biens, lorsque l'héritier est certain & connu.*

2.° *Après un long laps de temps, les contrats judiciaires sont censés faits avec leurs solemnités.*

3.° *Si la déclaration de ne vouloir être héritier, faite après l'appréhension de l'hoirie, n'a effet de répudiation ?*

4.° *Lorsque les enfans s'emparent des effets de la succession de leur père, ils sont plutôt censés le faire en vue d'appréhender la succession, que de s'en emparer furtivement.*

5.° *Celui qui fait & souffre une chose qui lui est préjudiciable, doit s'en imputer la faute.*

6.° *Un mineur en puissance de curateur, ne peut appréhender une succession onéreuse sans son consentement.*

7.° *Une femme ne peut, de son autorité, appréhender une succession onéreuse en apparence, sans le consentement de son mari & de ses proches.*

8.° *La vente des Biens d'une succession, faite par un tuteur avant avoir appréhendé la succession, n'est pas censée une vente de Biens pupillaires.*

Table des Arrêts.

9.° *Un mineur relevé de la renonciation qu'il a faite d'une succession, est obligé d'approuver tout ce qui a été fait pendant le temps de la renonciation.*

10.° *La défense de la Loi étant expresse, emporte avec soi la nullité, L. 5, cod. de Legibus.*

11.° *Lorsqu'il paroît du mérite de la cause, on n'a pas d'égard aux nullités qui s'y rencontrent.*

12.° *En cas de nullité ou de restitution, les possesseurs ne doivent rendre les fruits.*

13.° *L'héritier sien & la veuve peuvent, après leur renonciation, appréhender la succession.* 36

ARRÊT XIV. *Comment les enfans succèdent aux biens tenus en Echevinage de la ville de Béthune, acquis par leurs père & mère durant leur mariage?* 53

ARR. XV. *De la Rescision des Ventes.*

1.° *Quand & comment la circonvention est permise dans le contrat de vente?*

2.° *Si la L. 2, cod. de rescind. venditione, a lieu à l'égard de l'acheteur?*

3.° *L'acheteur est censé lésé d'outre moitié, lorsqu'il achette plus de six, une chose qui ne vaut que quatre.* 63

ARR. XVI. *La caution offerte par l'Appellant, qui peut être exécuté nonobstant l'Appel, ne suffit pas pour suspendre l'exécution.* 69

ARR. XVII. 1.° *Une Loi ou privilège est abrogé par un usage contraire.*

vj   *Table des Arrêts.*

2.° *Possession du droit d'élection s'acquiert par un seul acte.*

3.° *L'élection & la collation sont des fruits d'une quasi-possession.*

4.° *Un Officier pourvu par le Seigneur Engagiste ne peut être destitué, l'engagement fini.*

5.° *Les Officiers Royaux ne sont pas révocables à volonté par le Seigneur Engagiste.*

6.° *Les Procureurs d'Office, ne peuvent être condamnés aux dépens, ex præsumptâ calumniâ, mais ils doivent, la cause finie, dénommer les dénonciateurs.* 70

ARRÊT XVIII. 1.° *Celui qui possède des Terres non sujettes aux inondations, est exempt des charges de digues.*

2.° *Pour être constitué en possession d'exemption de tailles, il suffit de ne les avoir pas payées pendant plusieurs années, & il n'est pas nécessaire d'en avoir fait refus.*

3.° *Celui qui est exempt d'impositions, se fait préjudice, s'il se laisse mettre sur le rôle, sans s'y opposer.*

4.° *Si celui qui possède des Terres sujettes aux inondations, peut prescrire l'exemption des charges de digues?* 73

ARR. XIX. *Les actes judiciaires ne sont pas nécessaires pour prouver une Coutume; les actes volontaires suffisent: il suffit même que la Coutume soit parvenue à la connoissance du peuple, & qu'il l'ait reçu.* 75

ARR. XX. *Pour tester valablement, il suffit de suivre les solemnités de la Coutume du lieu où l'on teste.* 77

ARR. XXI. *Testament fait* inter liberos, vel ad pias causas, *n'est pas compris sous la disposition du 12.ᵉ article de l'Edit perpétuel de l'an 1611.* 79

Table des Arrêts. vij

ARRÊT XXII. *Paiement d'une rente héritière & foncière fait pendant quelques années, a force d'obligation.* 84

ARR. XXIII. *Praticiens ne peuvent retenir les pièces des parties, faute de paiement.* 85

ARR. XXIV. *Exhérédations faites avant l'an 1567, à cause d'hérésie, ne sont pas comprises sous le traité de Trèves.* 85

ARR. XXV. 1.° *La Loi* pactum quod dotali, cod. de pactis, *est abrogée.*

2.° *Conventions faites par traité de mariage entre deux conjoints, ne sont pas révocables par le survivant.*

3.° *Quand le fils ou l'héritier est tenu d'entretenir le fait du défunt.*

4.° *Le fils peut contrevenir au fait du défunt, non comme héritier, mais comme fils.*

5.° *L'héritier peut contrevenir au fait du défunt quand il tend à le priver du bénéfice de la Loi.*

6.° *Contre-lettres sont réprouvées de droit,* voyez Arrêt 51 de M. de Grispere.

7.° *Si l'estimation du legs est due au légataire, lorsqu'il est incapable d'appréhender le legs ?* 89

ARR. XXVI. *En matière de pleine maintenue, celui qui a plus ancienne possession la doit obtenir.* 97

ARR. XXVII. *Les actes passés devant le Juge qui a été établi durant la guerre, sont bons & valables.* 101

ARR. XXVIII. 1.° *Si le procès verbal d'un Huissier, qui déclare avoir été maltraité faisant ses fonctions, fait foi en pleine justice ?*

2.° *Et quelle est la peine de la rebellion faite à justice en la personne de l'Huissier Exploiteur & d'un Recors ?* 104

ARRÊT XXIX. 1.° *La restitution en entier peut être demandé par les Ecclésiastiques devant le Juge Laïque, dans le ressort duquel les biens sont situés.*

2.° *Si les Appellations comme d'abus sont admissibles pardeçà ?*

3.° *Si dans un contrat d'échange, l'une des parties donne une somme d'argent qui excède la valeur de la chose qu'il donne, alors c'est un contrat de vente & non d'échange.*

4.° *Pour reconnoître si un contrat en est un d'échange, il faut considérer l'intention des contractans.*

5.° *Celui qui a approuvé un acte, ne peut après l'arguer de faux.*

6.° *On approuve un acte, lorsqu'on appréhende la chose donnée par le même acte ; & la vente, lorsqu'on reçoit le prix de la chose vendue.* 107

ARR. XXX. 1.° *L'accusé contumax est regardé comme convaincu, & peut être condamné sans autre preuve.*

2.° *Comment doit-être puni un faux témoin & calomniateur ?*

3.° *Il n'est pas permis de condamner un criminel en grosses amendes pécuniaires, quand les biens ne peuvent être confisqués.*

4.° *Le grand Conseil peut bannir hors de toutes les Provinces de pardeçà.*

5.°

Table des Arrêts. ix

5.° *Un criminel ne se représentant pas, à moins qu'il eut fait serment de se représenter toties quoties, n'est punissable de peine.* 126

ARRÊT XXXI. 1.° *Suivant la Coutume d'Anvers, le Douaire conventionnel fait cesser & exclut le Coutumier.*

2.° *Quand il s'agit de rendre la dot, on suit la Coutume du domicile du mari; mais non pas lorsqu'il s'agit de donation à cause de mariage.* 131

ARR. XXXII. 1.° *Celui qui, avec connoissance de cause, permet une chose qu'il présume devoir lui être nuisible, se préjudicie à lui-même.*

2.° *Le fisc peut vendre la totalité du bien qui lui appartient par indivis, sauf au copropriétaire son action pour sa part du prix.*

3.° *L'héritier survenant ne peut annuller ce qui a été fait par le possesseur de l'hérédité, pendant le temps de sa possession.*

4.° *La prescription de quatre ans, n'est pas abrogée par la Loi bene à Zenone.*

5.° *Dans la restitution accordée aux rebelles, sont compris ceux décédés pendant les troubles.*

6.° *Dans le traité des trèves ne sont compris ceux qui ont tenu parti contraire.*

7.° *L'amende en laquelle l'un des conjoints est condamné, se doit prendre sur les biens de la Communauté.* 136

ARR. XXXIII. *Si les Avocats ou Procureurs peuvent être contraints de déposer en matière criminelle contre leurs cliens?* 145

ARRÊT XXXIV. 1.º *Quel est l'effet de la restitution par grace du Prince?*

2.ᵉ *Si la grace ou restitution accordée par le Prince, après la Sentence de confiscation des biens, s'étend aux biens qui sont acquis à un tiers?* 146

ARR. XXXV. *Les Octrois particuliers des Villes sont privilégiés, comme les impositions & aides du Prince.* 152

ARR. XXXVI. *La Jurisdiction des Hommes de Fiefs cesse aussi long-temps que le vassal n'est pas reconnu.* 153

ARR. XXXVII. *Le Demandeur en retrait n'est tenu de jurer qu'il fait le retrait pour lui-même, avant que l'acheteur l'ait reconnu à proësme.* 154

ARR. XXXVIII. 1.º *La Cour peut ordonner au Procureur-général de s'opposer à un entérinement, quoiqu'il dise ne trouver fondement pour le faire.*

2.º *L'on peut passer outre à l'entérinement des Lettres de grace, quoique l'Impétrant n'ait fait accord avec partie intéressée.*

3.º *Si le père d'un occis est fondé à demander intérêts civils?*

4.º *Entérinement fait en Chambre close.* 155

ARR. XXXIX. *L'on peut encore appeller après trois Sentences conformes, rendues sur appel en trois Jurisdictions; mais la dernière se peut mettre à exécution.* 157

ARR. XL. *Actions afin de paiement de sommes certaines, sont réputées mobiliaires, quoiqu'elles soient accompagnées d'hypothéques, & comme telles, ne sont point comprises au traité des trèves.* 158

ARRÊT XLI. *Le Juge Laïc, peut imposer une peine pécuniaire à un Ecclésiastique, qui a commis le crime d'attentat.*
  159

ARR. XLII. *Lorsque plusieurs personnes sont condamnées aux dépens par une même Sentence, elles sont censées condamnées par portions viriles & par tête.* 160

ARR. XLIII. 1.º *Dans un fidéicommis universel, les fruits ne sont dus au temps de la mort du grévé, mais seulement au temps de l'échéance.*

  2.º *Lors même que les fruits & les intérêts ne sont point demandés par la partie, ils peuvent être adjugés d'office par le Juge.* 161

ARR. XLIV. 1.º *La convention d'un cohéritier, qui renonce à une succession, ne regarde pas le cohéritier qui a auparavant appréhendé la succession.*

  2.º *L'exécuteur testamentaire ne peut payer les legs, lorsqu'il sait qu'il y a des créanciers privilégiés.*

  3.º *Provision ne s'adjuge aux légataires, au préjudice des créanciers.* 163

ARR. XLV. 1.º *Si la part qui écheoit à l'un des héritiers, à titre de fidéicommis, est sujette au fidéicommis?*

  2.º *La clause de tenir côte & ligne à toujours & en tout cas, n'emporte pas fidéicommis.*

  3.º *Une clause apposée pour servir à la disposition principale, ne s'étend pas.*

  4.º *Les biens tenans côte & ligne, ou délaissés à la famille, doivent être rendus aux plus proches.* 165

ARR. XLVI. *Si l'hypothèque tacite a lieu pour alimens.* 168

Table des Arrêts.

ARRÊT XLVII. 1.° *Le conducteur d'un cheval est chargé d'un léger accident survenu en route, & non d'un accident grave tel que la mort du cheval.*

2.° *Celui qui ayant reçu une blessure, la néglige contre l'avis des Médecins & Chirurgiens, en telle sorte qu'il en devienne estropié, ne peut prétendre des dommages-intérêts contre l'auteur de la blessure, que proportionnément au temps qu'il auroit fallu pour le guérir, s'il eut suivi le régime prescrit par les Médecins.* 169

ARR. XLVIII. *Huissier tenant les deniers levés par exécution, est condamné en amende.* 173

ARR. XLIX. *L'action criminelle contre les accusés est de la compétence de la partie publique & non de la partie civile.* 174

ARR. L. *L'amende procédant d'un cas qui de sa nature est capital, quoiqu'elle soit petite, doit être réputée criminelle, & point civile.* 174

ARR. LI. *Quand & comment on peut accorder la sépulture aux Criminels?* 176

ARR. LII. 1.° *Défense de permettre la vente ou charge des biens appartenans aux étrangers, n'emporte une nullité absolue.*

2.° *Sous la prohibition de vendre, est comprise la vente nécessaire.*

3.° *Si la vente faite par exécution de condamnation volontaire, est censée nécessaire?*

4.° *Celui qui n'étoit pas né au temps de la vente, n'est capable de retrait.*

Table des Arrêts. xiij

5.º *L'an & jour du retrait commence après la prescription complette.*

6.º *L'on préfume plutôt que le bien eſt ancien qu'acquefté.* 178

ARRÊT LIII. 1.º *La commiſſion eſt préſumée après un long laps de temps, & la pluralité des actes faits en conféquence.*

2.º *L'autorité du tuteur & le décret du Juge, ſont requis pour appréhender une ſucceſſion déférée à un mineur par la renonciation.* 182

ARR. LIV. *L'amende de fol appel des cauſes dévolues en cette Cour, omiſſo medio, ne s'adjuge plus grande qu'elle eut été adjugée par les Juges immédiats.* 184

ARR. LV. *Queſtion en matière de retrait, en la Coutume de Malines.* 185

ARR. LVI. *Il n'eſt pas permis, à l'égard du fiſc, de repouſſer une injure verbale proférée devant le Juge, par une autre injure verbale.* 186

ARR. LVII. 1.º *Le petit-fils ne peut aſſigner douaire ſur biens chargés de fidéicommis par ſon aïeul, quand il doit les reſtituer.*

2.º *Celui qui convole en ſecondes noces, ſans faire inventaire des biens de la communauté, eſt cenſé la continuer.*

3.º *Celui qui eſt reçu dans une communauté eſt ſeulement l'aſſocié de celui qui l'admet.* 187

ARR. LVIII. *Rentes par lettres ſuffiſent pour garnir la main* de Justice, mais ne suffisent pas quand il faut nantir. 190

ARRÊT LIX. Quittance générale donnée à un tuteur, qui n'a pas rendu compte de son administration, est nulle. 190

ARR. LX. 1.° L'exemption de dîme se prescrit par quarante ans, ou possession immémoriale sans titre, pourvu que le propriétaire le sache & le souffre.

2.° Si la connoissance des fermiers ou officiaux fait préjudice au Prince ou au Seigneur ? 191

ARR. LXI. Un corps mort ne peut être arrêté pour dettes. 192

ARR. LXII. 1° Si Titius, grévé de fidéicommis, peut déduire la légitime lorsque le testateur par son testament lui a laissé d'autres biens libres ?

2.° Les fruits d'un fidéicommis perçus après la mort du testateur ne sont pas imputés sur la légitime. 193

ARR. LXIII. Donation faite d'usufruit entre conjoints en la Coutume de Courtray, même du consentement de l'héritier apparent, est nulle. 195

ARR. LXIV. La Loi hac edictali, cod. de secundis nuptiis, n'est en usage pardeçà. 196

ARR. LXV. Un Seigneur féodal doit vérifier le droit de justice qu'il prétend. 197

ARR. LXVI. 1.° Sentence conçue en forme de provision, dans le cas où provision n'écheoit, n'est exécutable nonobstant appel.

2.° L'on ne doit pas adjuger provisionnellement tout ce qui est en litige, quoiqu'il n'excède pas la somme que l'on adjugeroit pour alimens.

Table des Arrêts. xv

3.º *Le Juge délégué pour une exécution, peut entendre les exceptions de nullité.* 199

ARR. LXVII. *Si les Seigneurs Hauts-Justiciers sont traitables pour les excès de leurs Officiers ?* 202

ARR. LXVIII. *Si l'on doit suivre la Coutume du Fief dominant, ou celle du Fief servant, en matière de relief, foi & hommage.* 203

ARR. LXIX. *Si en vertu de la clause du testament conçue en ces termes,* „ *je donne le surplus des biens à Barbe* „ *Dumont & aux filles Poutrain, & à chacune d'icelles* „ *également à compte de têtes en excluant les fils,* „ *lesdites filles Poutrain étantes appellées* nomine collective, *doivent succéder par souche & non par têtes ?* 204

ARR. LXX. 1.º *L'hypothéque est indivisible.*
2.º *Rentes de partage sont vraiment foncières.* 206

ARR. LXXI. *Les Bateliers ayant chargés de la marchandise sont tenus de* levi culpâ *non de* levissimâ. 207

ARR. LXXII. *Touchant la dignité de rang, de l'état de Secrétaire.* 208

ARR. LXXIII. *Dans les Jugemens des procès pour droits universels, les fruits sont dus du moment de la mort, même avant le procès intenté.* 210

ARR. LXXIV. *Un cohéritier peut agir pour tous, mais sans une procuration spéciale il ne peut mettre la Sentence à exécution.* 212

ARR. LXXV. *Sous le nom d'acquêt vient ce qui est acquêt par travail.* 213

Table des Arrêts.

ARRÊT LXXVI. *Quelles sont les choses comprises sous la dénomination de frais funéraires ?* 214

ARR. LXXVII. *Les peines conventionnelles ne peuvent se mettre à exécution avant qu'il ne soit déclaré que la peine est encourue; pendant ce temps on est admis à purger la demeure.* 215

ARR. LXXVIII. *Donation de Fief à un neveu, avec clause de retour au Donateur, en cas de mort du Donataire sans enfans; & du Donateur, à son plus proche de son lez & côté.* 217

ARR. LXXIX. *Les jugemens touchant le possessoire des bénéfices, sont de la compétence des Juges Royaux.* 219

ARR. LXXX. *Si une donation faite par un Ecclésiastique à sa concubine est valable ?* 220

ARR. LXXXI. 1.° *Le privilége de non confisquer, ne s'étend pas au crime de lèze-Majesté.*

2.° *Dans les restitutions à titre de grace, ne sont compris les biens aliénés ou unis au domaine.* 222

ARR. LXXXII. *Sentences données en matière de trèves, sont exécutables nonobstant appel.* 224

ARR. LXXXIII. *Les biens paternels succèdent aux parens paternels sans égard au double lien.* 225

ARR. LXXXIV. *La réformation d'une Sentence arbitrale doit être demandée devant le Juge ordinaire de la cause.* 226

ARR. LXXXV. 1.° *Fille dotée par contrat de mariage n'est sujette*

Table des Arrêts. xvij

sujette aux dettes, si l'on n'a rien fait en fraude des créanciers.

2.° *Donation faite par un père à ses enfans en faveur de mariage, n'est pas censée faite en avancement d'hoirie.* 227

ARRÊT LXXXVI. *Les fermiers des impôts jouissent du bénéfice de division.* 229

ARR. LXXXVII. *On approuve une Sentence en payant les dépens.* 230

ARR. LXXXVIII. *Résistance à Justice, comment se punit ?* 231

ARR. LXXXIX. *En connoissance d'injures verbales l'on procède sommairement.* 232

Fin de la Table des Arrêts.

ARRÊTS
RECUEILLIS
PAR M. DE HUMAYN,

Conseiller au Grand Conseil de Malines.

ARRÊT I.

La réparation des dépens, dommages & intérêts, faite par portions égales entre ceux qui y sont condamnés, n'empêche pas celui qui les a obtenu, de poursuivre chacun d'eux solidairement?

EAN GALLOIS ayant obtenu condamnation de dépens, dommages & intérêts à la charge des Echevins de Hennin Liétard, étant en Loi l'an 1604, il obtint durant la liquidation d'iceux, par provision & par manière d'alimens, trente-six florins par chacun an, la moitié à charge desdits Echevins solidairement; l'autre moitié à la charge du nommé Denay. Ce dernier fait cession misérable; à cette occasion

A

Gallois, par nouvelle inſtance, conclut à ce que leſdits Echevins ſoient condamnés à lui payer *in ſolidum* la proviſion entière, ou telle autre ſomme que la Cour arbitrera: les Echevins ſoutiennent le contraire, fondés ſur ce que le répartiſſement de la proviſion a été fait par Arrêt, & que *plures unâ Sententiâ condemnati cenſentur viriliter condemnati*, L. 1 & 2, cod. *ſi plures unâ Sent.* Par Arrêt conclut en la grande Chambre, le 7 Mars 1615, la Cour conſidérant que la première condamnation des dommages & intérêts portoit cauſe d'animoſité, dont leſdits Echevins avoient uſé pour faire conſtituer priſonnier ledit Gallois, & le priver de ſon état, a dit que les Echevins étoient *ratione doli*, tenus chacun *in ſolidum ab initio ex primævâ obligatione* auxdits intérêts, L. *ſi plures*, ff. *de dolo*; & que partant de là, la répartition poſtérieure & proviſionnelle, ne faiſoit pas leur condition meilleure; & fut conſidérée la gloſe *in verbis virilib.* D. L. 1, qui tient que telle répartition *in viriles* n'empêche pas le créditeur d'agir *actione primævâ*, pour faire payer les débiteurs qui ſont obligés ſolidairement *ab initio*.

ARRÊT II.
De l'Emphytéose.

1.º *In dubio contractus præsumitur potiùs censuabilis quàm Emphyteuticus.*

2.º *Pœnæ de jure statutæ in contractu Emphyteutico.*

3.º *Emphyteuta cessans solvere canonem per impotentiam vel paupertatem, non cadit jure suo.*

4.º *Ut Emphyteusis cadat in commissum, non requiritur decretum, sed sufficit Dominum declarare voluntatem suam.*

5.º Celui qui a été en faute de faire les corvées auxquelles il est obligé, doit être condamné aux dommages & intérêts soufferts par ladite faute.

6.º *Expulsus ob non solutum canonem, an teneatur solvere arreragias.*

LE S.ʳ de Metzenhausen, Seigneur de Linster, Appellant de Luxembourg, contre Hynder-Theys, Intimé, dit que selon la Coutume de Luxembourg, les Hauffergenlendts & ledit Intimé, comme sujets de la Seigneurie de Linster, & à faute de paiement des rentes foncières & prestations des corvées dûes à cause de sa *vouerie*, *alias vogdey*, sont déchus d'icelle, il ajoute qu'il a fait faire les criées en tel cas accoutumées en l'Eglise, & qu'il l'a débouté par ce moyen de ladite *Vouerie* : l'Intimé soutient au contraire qu'il a payé les droits & prestations dûs, sauf que pendant une année il a fait les corvées avec un cheval, l'Appellant ayant fait vendre l'autre pour être payé de quelques droits; il dit que par ce moyen il a été dans l'impuissance d'y satisfaire, & qu'en tout cas la Coutume de Luxembourg ne porte pas qu'il doit être déchu par caducité & commise de la *Vouerie*; à faute desdites prestations, il offre de payer une somme à cause de la non-prestation desdites corvées, & soutient devoir parmi ce être réintégré. Ceux de Luxembourg ont, par leur Sentence, ordonné que ledit Theys sera rétabli en sa *Vouerie*, qu'il n'a point été loisible audit Metzenhausen de le débouter sans décret du Juge, & à cause de sa pauvreté, & qu'il passera en payant certaine somme pour les corvées, selon qu'il sera convenu avec l'Appellant, & jusqu'à ce qu'il soit pourvu de cheval : de cette Sentence y ayant appel interjeté au Grand Conseil, se sont mues plusieurs questions au jugement : sur la Coutume, vu l'incertitude de ses dispositions relativement au cas que telles *Voueries* fussent vagues & abandonnées par la nonprestation desdites charges, on est convenu d'avoir recours à la disposition de Droit, & à cette fin l'on a douté si ces prestations étoient dues *virtute contractûs emphyteutici, an vero censualis*, ou par quelque autre sorte d'assignation : il m'a semblé que la condition des Hauffergenlendts n'est pas proprement de la nature des contrats emphyteutiques ni des censuels, *sed cadit in locationem perpetuam operarum, & quod tales homines* taillabiles *propriè possint æquiparari hominibus adscriptis glebæ, seu oneri taillarum solvendarum, sunt adscriptitii*; L. *cum scimus*, cod. *de Agricol. & Censit.* lib. 11; Guid. Pap. *quæst.* 314; Mol. *ad cons. parif.* §. 41, n. 56.

D'où fut conclu en la grande Chambre, *omnium votis*,

que ledit Intimé n'étoit pas déchu de fon droit à faute de ladite preftation, *etiamfi fi per triennium ceffaffet*; qu'il falloit plutôt dans le doute préfumer que le contrat étoit en cenfive qu'emphytéotique ; Wefemb. *conf.* 62, *n.* 24 & 29, & *conf.* 5, *n.* 45.

ET quand il feroit emphytéotique, non-feulement les peines y ftatuées de Droit n'étoient plus en ufage ; Charond. *refp. lib.* 3, *refp.* 28; mais auffi ledit Intimé *pro parte dumtaxat ceffaverat in folutione, idque per impotentiam, vel paupertatem, non autem per contumaciam quamobrem caducitas debebat ceffare etiam in contractu emphyteutico* ; Jul. Clarus, §. *Emphyteofis, quæft.* 8, *n.* 4.

MAIS comme les premiers Juges avoient fuppofés qu'il falloit avoit obtenu décret du Juge, & que les criées ufitées audit pays ne fuffifoient pas, il a femblé à plufieurs Seigneurs de la Cour qu'il n'y avoit eu autre manquement que le décret du Juge, & que cela n'eut point aidé l'Intimé, *quia fufficit Dominum declarare voluntatem fuam folemniter*, par lefdites criées, *quantum ad effectum commiffi etiam in vero contractu emphyteutico*, d. Jul. Clar. d. §. queft. 19 ; & à cette occafion j'étois d'avis que l'Appellant avoit appellé fans griefs, & non que bien avoit été jugé : le même fut réfolu quant au fecond membre de la Sentence, fauf que l'on a ajouté que cela ne porteroit préjudice aux Seigneurs du pays de Luxembourg, auxquels les preftations de corvées font dûes en nature, quoique plufieurs de la Cour fuffent d'avis avec moi que mal avoit été jugé, en condamnant l'Intimé à quelques fommes par faute defdites corvées. Il auroit fallu pour le paffé condamner l'Intimé aux dommages & intérêts foufferts par le Seigneur, à faute de preſtation d'icelles corvées en nature, & ce en prenant égard à l'obligation réelle & perſonnelle qui en réſulte: Guid. Pap. déciſ. 422 ; néanmoins vu le mauvais traitement que ledit Intimé avoit reçu dudit Appellant, au lieu que *ex obligatione primævâ cum in perſonâ & rebus deffendere tenebatur ut dicit :* Guid. Pap. d. queſt. 314 , vu ſa pauvreté, & conſidérant que ſon impuiſſance procédoit du fait propre du Seigneur, il fut conclu qu'en équité ladite Sentence devoit ſortir effet, & que ladite réſerve ſeroit ajoutée pour la conſéquence deſdites preſtations en nature, auxquelles la Cour n'entendoit pas déroger, par Arrêt conclut le 11 Septembre 1615.

FUT auſſi traité au même jugement ſi l'expulſé de ladite *Vouerie*, pour juſte cauſe étoit tenu au paiement des arrérages deſdites charges, & fut réſolu que non, *ſi Dominus non erat expreſſè proteſtatus* , Jul. Clar. d. §. queſt. 9.

ARRÊT III.

1.° *Verba enunciativa probant, cum continent aliquid necessarium ad robur, aut validitatem actus.*

2.° *Venditione factâ propter æs alienum, emptor non tenetur probare æs alienum subfuisse.*

AU procès dévolu en cette Cour du Conseil Provincial de Namur, entre Gilles Foulon & Consors, Appellans dudit Namur, Nicolas Lalousée & Consors, Intimés, ces derniers ont intenté procès en l'an 1609, sur ce que leurs père & mère respectives ont durant leur minorité aliéné quelque canton de Terres situé audit Namur, dont les aliénans étoient usufructuaires, & qu'en ladite aliénation il y a lésion d'outre moitié du juste prix ; ils concluent à la nullité, *& subordinément afin de relief,* contre ladite vente. Les Appellans exhibent l'acte de la proclamation & passation de la vente de l'an 1579, contenant narrativement que décret ou autorisation du Juge y seroit intervenu, & ce sur Requête présentée par lesdits père & mère en qualité de tuteurs, & ayant l'administration des biens de leurs enfans : ils disent aussi qu'il paroît du même acte, que la vente s'est faite pour les dettes légitimes de celui du chef duquel lesdits mineurs avoient droits esdits biens, & doivent ladite lésion. Ceux du Conseil Provincial faisant droit sur le premier membre desdites conclusions, déclarent ladite vente nulle, condamnent les Défendeurs à se départir desdits biens, avec restitution des fruits & levées, & aux dépens, par Sentence du 27 Février 1614. Sur l'appel par eux interjeté sur les mêmes actes, a été considéré que, par la Coutume de Namur, prescription des biens immeubles a lieu par le laps de vingt-deux ans; que lesdits biens étoient aliénés, & qu'ainsi *verba enunciativè vel narrativè probata*, au susdit acte de proclamation & passation, *faciebant fidem prout faciunt in antiquis*; vide Pap. lib. 18, tit. 6, art. 30, *in fine* : & qu'il étoit aussi à remarquer *quod verba enunciativa tunc etiam probant, cum aliquid necessarium ad ejus quod geritur validitatem ac robur continent*; Jaf. in L. *ex iis*, cod. *de contract. stipulatione* : or dans le cas présent la susdite autorisation se pouvoit être nécessaire à la validité de la vente, & l'énonciation qui en étoit faite audit acte, *faciebant inter partes, ut omnia præsumebantur ritè & solemniter acta*; ladite vente avoit d'ailleurs été faite pour paiement des dettes légitimes, & ne devoient les acheteurs être déchargés de preuve à ce sujet, *quia venditione factâ propter æs alienum, si venditio subsistit emptor non tenetur probare æs alienum subfuisse* : Ant. Fab. in suo. cod. tit. *de præd. min. sine decreto non alien. per textum & jura. ibid.* J'ai encore ajouté que lesdits père & mère étoient usufructuaires desdits biens, & qu'ils avoient vendus l'usufruit avec la propriété appartenante à leurs enfans pour ledit paiement, & que partant en telle aliénation *non requirebatur judicis decretum, pater enim qui est legitimus bonorum filii sui administrator potest ejus bona in quibus usumfructum habet alienare sine decreto pro necessitate æris alieni*, L. *ult.* §. *sin. autem æs alienum*, cod. *de bonis quæ liberis*; Mynsing. cent. 6, obs. 6.

Pour ces raisons, & vû que ladite lésion n'étoit pas prouvée au procès, il a été dit par Arrêt du 10 Juillet 1618, que

que mal auroit été jugé, bien appellé, & les dépens ont été compensés: Louet, lett. M. arr. 19, qui traite la question, conclut qu'il se soutient au Palais, qu'en contractant avec le mineur pour ses immeubles, sans observer les formalités, c'est à l'acquéreur à vérifier *quod in rem versum*; & que dans le cas contraire, c'est au mineur à montrer qu'il n'est rien tourné à son profit.

ARRÊT IV.

Quand une vente est nulle par défaut de formalités, celui dont les biens ont été vendus, ne doit rendre, que ce que l'acheteur vérifie avoir tourné à son profit.

AU procès de Jean Servais, Demandeur sur liquidation contre N. Dewael & Consors, Défendeurs, ledit Servais avoit, par Arrêt de cette Cour, confirmatif d'une Sentence de Flandres, fait déclarer nulle certaine vente de biens immeubles à lui appartenans, situés en la Châtellenie de Bergues St. Winock, & ce tant à cause de sa minorité, que par faute des formalités requises en l'aliénation des biens des mineurs; & les possesseurs étoient condamnés d'en départir, en leur restituant par ledit Demandeur le prix de ladite vente: le Demandeur dit que suivant cet Arrêt il ne doit rendre le prix que pour autant que les acheteurs vérifieroient qu'icelui été converti à son usage & profit; les Défendeurs soutiennent le contraire, & fut résolu en la grande Chambre, que comme ladite vente étoit nulle par faute desdites formalités & autrement; il

n comboit aux acheteurs de vérifier que le prix avoit tour‑
né au profit dudit mineur; L. *prædior. & ibi gloss. cod. de
præd. min. sine decreto non alienand.* Menoch. *præsumpt.* 8,
lib. 3; & sur la difficulté mûe par moi, que l'un desdits
Défendeurs étoit tiers possesseur *qui non habebat causam
immediate a minore,* fut aussi résolu que (a) *propter alie‑
nationem factam sine debitis solemnitatibus minor potest quo‑
que agere contra tertios possessores, & rem suam cum fruc‑
tibus vindicare;* L. *magis puto,* §. *si æs alienum, &* §.
sequenti, ff. *de rebus eorum;* Cástr. *cons.* 103; s'il eut été
question de restitution en entier & point de nullité, l'on
eut tenu le contraire *per L. planè,* ff. *de minor.* par Arrêt
du 13 Juillet 1613, *vide distractionem de bonâ & malâ fide
infra,* arr. 13, *& annotat.* ad Arrêt 3.

(a) *QUANDO venditione nullâ minor potest à tertiis possessoribus rem
suam cum fructibus vindicare non autem quandò restituitur adversus ven‑
ditionem.*

ARRÊT V.

Femme pour son Douaire conventionnel, vient en ordre avec les créanciers à titre lucratif, après les créanciers à titre onéreux.

AU procès de décret poursuivi par les Exécuteurs du Testament de M.ᵉ Jacques Lorent, Chanoine de Tournai, à la charge de Philippe Cuvillon condamné, D.ˡˡᵉ Isabeau le Febvre, femme dudit Cuvillon, s'est opposée avec son mari, entre autres choses, pour conserver son Douaire, le cas advenant qu'elle survive à son mari. Le Douaire coutumier, selon la Coutume d'Artois, est privilégié, & le Douaire conventionnel ne l'est point : à cette occasion il fut, par Arrêt du 6 Septembre 1615, au rapport de M.ʳ Boulet, résolu d'ordonner à ladite le Febvre de faire choix dudit Douaire, & au cas qu'elle choisisse le coutumier, qu'elle seroit colloquée en préférence selon son ordre ; mais quant au Douaire conventionnel, qu'elle ne viendroit en ordre qu'avec les créanciers à titre lucratif : après les créanciers à titre onéreux payés, on allégua les textes *in L. qui ex donatione & ibi gloss. §. de donat. L. inter eos qui in pr. & in fin de re jud. L. marit. 54, ff. solut. matrim, DD. ad L. privilegia, ff. de privileg. credit.* & les Arrêts de la Cour donnés en pareils cas, l'un touchant la maison mortuaire du Marquis de Laverre, l'autre contre la Dame Princesse de Mansfeldt, au profit de la maison mortuaire du Prince de Mansfeldt. Voyez pour la différence qu'il y a aux termes de droit entre le titre onéreux & le titre lucratif, la *L. apud Celsum, §. si cum, ff. de doli mali.*

ARRÊT VI.

Les amendes adjugées à leurs Alteſſes, au Procureur-général, & à quelques Egliſes, chacun pour un tiers, ſont exécutoires nonobſtant appel.

LE Procureur-général de Namur, ayant, le 11 Septembre 1613, préſenté Requête, & remontré que Jean Chaboteau & ſes enfans, avoient par Sentence de Namur, été condamnés chacun en une amende de quatre-vingt florins, & que ſur l'appel par eux interjeté ils avoient obtenus les clauſes d'inhibitions & défenſes : que cela étoit contre les Ordonnances, & que deſdites amendes le tiers étoit adjugé à leurs Alteſſes, autre tiers à l'Egliſe de Bouvignies, & le troiſième tiers au profit du Procureur-général. Que le Receveur des exploits avoit reçu le tiers concernant leurs Alteſſes, pourquoi il requeroit que nonobſtant leſdites clauſes, le même ſoit dit pour les deux autres tiers ; & ainſi fut ordonné le 11 Septembre 1615, à la Requête du Procureur-général, nonobſtant que du premier abord il pouvoit ſembler que ſuivant les Ordonnances de la Cour, art. 19, tit. *des Requêtes*, l'exécution deſdites amendes n'étoit permiſe que pour autant qu'elles concernoient le fiſc de leurs Alteſſes ; ayant depuis vu exercer le contraire au relief d'appel impétré en l'an 1619, pour Jean de Liverdin, Appellant de Luxembourg.

ARRET VII.
Des Donations.

1.º *Un acte d'entre-vifs ne reçoit pas d'interprétation si favorable qu'un acte de dernière volonté.*

2.º Factâ donatione alicui pro se & suis descendentibus, eis extinctis, non revertitur res ad donantem.

3.º *Enfans d'un bâtard & d'une légitime succèdent aux parens de leurs père & mère, & è contra.*

4.º *Ceux qui n'ont pas consenti à la légitimation d'un bâtard ne doivent pas lui succéder.*

5.º Quand quelqu'un donne pour lui & ses enfans, talis clausula nihil disponit in favorem liberorum, sed tantum designat ordinem successionis legitimæ.

6.º Fiscus, extinctâ unâ lineâ, non excludit descendentes ex aliâ lineâ.

7.º *Veuve du Donataire est fondée d'avoir son Douaire coutumier sur le Bien sujet à fidéicommis, situé en Artois.*

8.º Authent. res quæ communis, de legatis, habet tantum locum in descendentibus, non autem in collateralibus gravatis fideicommisso, nisi donatio facta sit collaterali aut extraneo in favorem matrimonii.

ROBERT DE MONTMORENCY, a délaissé un fils naturel, nommé Nicolas, lequel depuis le trépas de son père, en l'an 1593, avoit obtenu de Sa Majesté des lettres de légitimation; Philippes de Montmorency, frère dudit Robert . . . . . . avoit donné audit Nicolas, son neveu naturel, par donation d'entre-vifs absolue & irrévocable, la Terre & Seigneurie d'Escarpel, tenue du Château d'Oisy, pour ladite Terre & dépendances *de jouir, user & profiter* par ledit Nicolas & ses enfans légitimes, s'il en a aucun héréditairement, & à toujours; & en cas de son décès & de sesdits enfans, sans qu'iceux délaissent enfans, ladite Terre compéter & appartenir à celui des enfans de son frère Floris de Montmorency, qui seroit alors Seigneur de Montigny. Il est arrivé que ledit Nicolas s'est marié, & au jour de son trépas il a délaissé deux enfans; le susdit Floris Seigneur de Montigny est mort sans laisser aucun enfant, moyennant quoi la substitution paroît avoir été éteinte, & le Donataire en avoir été déchargé, ainsi que les enfans qu'il auroit délaissé : les enfans sont aussi morts sans postérité, ainsi la ligne dudit Nicolas étoit éteinte; & comme ladite Terre d'Escarpel lui étoit acquise, le dernier de ses enfans donna à sa mère les biens dont il pouvoit disposer. L'on demande si ladite mère n'étoit bien fondée de se porter & déclarer héritière de son enfant en la Terre d'Escarpel, à l'exclusion des cousins du Donateur, de la ligne desquels ladite Terre étoit sortie par la donation susdite, n'étant pas soumise à côte & ligne, sauf que celle commencée par ledit Nicolas : on observe que suivant la Coutume générale d'Artois, où ladite Terre d'Escarpel est située, héritages patrimoniaux, tant fiefs que côtiers, suivent la côte & ligne de ceux dont ils procèdent.

Sur ces difficultés s'étant mû procès au Conseil d'Artois, entre le S.r Deplantin, Demandeur, & depuis continué par ceux du furnom de Longueval, prétendant être plus proches de la ligne du Donateur, d'une part, & le S.r Devroelant, repréſentant la mère des enfans dudit Nicolas de Montmorency, & le S.r de Landas ayant le droit & action des enfans de la ſœur des Donateurs, d'autre : & étant ledit procès dévolu par Appel en cette Cour, à cauſe que leſdits Demandeurs avoient été déclarés non recevables, audit Artois, par Sentence définitive du . . . . pluſieurs queſtions ont été examinées.

Si par l'effet de la donation conçue dans les termes que deſſus, les plus proches parens étoient indiſtinctement appellés à ladite Terre, par préférence aux perſonnes énoncées par la donation ; ſur quoi, par Arrêt conclut le 26 Septembre 1615, fut conſidéré que le fidéicommis en queſtion ne contenoit pas acte teſtamentaire ou de dernière volonté, mais étoit conçu par acte d'entrevifs, & qu'ainſi il ne recevoit interprétation ſi favorable que font les diſpoſitions de dernière volonté, qu'il falloit la reſtreindre, & que le Donateur devoit s'imputer *quod legem contractui non dixerat apertiùs vulgatis juribus*, auſſi-bien qu'en termes de Droit ; *factâ donatione alicui pro ſe, & ſuis deſcendentibus, iis extinctis, res non revertitur ad Donantem, vel ejus hæredes, ſed ultimus ex deſcendentibus Donatarii, cap. à caſu & fortunâ.* Peregrin. *de fideicommiſſis*, art. 50, n. 21 ; & conſidéré que tous ceux qui étoient appellés perſonnellement audit fidéicommis, étoient décédés avant le dernier deſcendant dudit Nicolas, le fidéicommis étoit devenu caduc, & les plus proches de la ligne de Montmorency n'y pouvoient plus prétendre, *virtute dictæ donationis*, par cela même que le Donateur, au défaut des enfans dudit

Nicolas, avoit appellé les enfans de son frére, & non le frère qui étoit le plus proche *ab intestat*, si bien que *provisio hominis faciebat cessare dispositionem legis*.

Mais il fut après discuté si les Demandeurs étoient fondés *ab intestat*, comme plus proches de la ligne dont ladite Terre étoit procédée; sur quoi fut conclu que les Demandeurs n'étoient pas recevables de ce chef; & il fut considéré que ladite Terre étoit acquêt audit Nicolas, en vertu de ladite donation, & qu'il avoit délaissé une sœur utérine, dont les enfans étoient plus proches & habiles à succéder *ab intestat* à l'enfant de Nicolas; & qu'ainsi il ne falloit prendre sa ligne de plus haut que de lui; & les plus proches d'icelle ligne étoient les plus habiles à succéder, parce que quand l'héritage est immeuble, qu'il part d'un collatéral, & qu'en lui ledit héritage a commencé à ne plus procéder de plus haut, il ne *fourche ni branche* plus haut que ledit collatéral. Papon, en ses Arrêts, tit. *des Successions légitimes*, art. 14, ajoute que les enfans nés en tel mariage d'un père bâtard & d'une mère légitime, succèdent aux parens de la mère, comme pareillement les parens leur succèdent, *quia inter eos est naturalis & legitima cognatio*; Gillet, en son Traité *de Tutelle*, chap. 20, & encore cela cessant, lesdits Demandeurs n'avoient pas droit de succéder, ni audit Nicolas, ni à ses descendans *ab intestat*, parce que les plus proches du Donateur n'avoient point consentis à la légitimation dudit Nicolas, ensorte qu'il ne pouvoit leur succéder; pourquoi il fut jugé que réciproquement ils ne devoient succéder ni à lui ni aux siens: & quoique les Docteurs François, comme Bacquet, en son Traité *du droit d'Aubeine*, 2.ᵉ part. tit. *du droit de Bâtardise*, chap. 13:

Chopin,

Chopin, en son premier livre *du Domaine*, tit. 10, n. 11, & plusieurs autres, sont d'avis contraire, & citent divers Arrêts, par lesquels les parens légitimes ont été admis à succéder aux bâtards issus de leur ligne, à l'exclusion du Roi, encore que les bâtards légitimés ne leur succèdent pas, faute de par lesdits parens avoir consentis à leur légitimation ; néanmoins il a paru que la disposition du Droit écrit est contraire ; la Novel. *quib. mod. natur. efficiunt.* §. *filium vero*, & qu'il falloit s'arrêter à cette disposition, à laquelle aucune Coutume ni Placard ne dérogeoient : j'ai dit de plus que Chopin au passage ci-devant cité, sembloit trop restreindre la disposition de la Loi, quand il ne veut l'appliquer que *ad legitimatum per oblationem curiæ*, parce que Justinien, en la susdite Novelle, parle aussi expressément, *de legitimatis per rescriptum principis*, & donne le même effet à l'une & à l'autre de ces légitimations, *in* §. *generaliter autem & vers. sive per aliam quamlibet* : outre qu'il n'y avoit aucune raison de diversité entre elles, j'ai encore ajouté à ce sujet la résolution de *Benedictus*, suivie par Tiraquau, *de retract. gentil.* §. 1, *glos.* 8, *n.* 7, *ubi tradit patrem matremque naturalis batardi & eorum consanguineos, admitti ad retractum rerum à batardis venditarum, sicut è contra tradit filios legitimos ex batardis non comprehendi in statuto retractûs, quod ad instar successionum reputatur*; & quant aux Arrêts des Parlemens de France, on pouvoit encore dire que la plupart ayant été rendus contre le fisc, qui avoit consenti auxdites légitimations, & renoncé à son droit, ils n'étoient point applicables au cas présent, comme le dit Gillet, en son Traité *de Tutelle*, chap. 20 : il seroit d'ailleurs dangereux de suivre l'exemple desdits Arrêts, *cum reciproca debeat esse*

C

hæreditatis delatio, gloss. in L. hâc parte, ff. *unde cognati*; d'où je concluois, avec quelques autres Seigneurs de la Cour, que les possesseurs de ladite Terre ne devoient rien craindre de ce chef de la part des Demandeurs.

ENFIN, on considéra que le Donateur ayant dit qu'il donnoit cette Terre à Nicolas, pour en jouir par lui ou ses enfans, héréditairement, il avoit ensuite mis en condition lesdits enfans, & les avoit chargés de retour, s'ils décédoient sans enfans, au profit des enfans du frère du Donateur, & comme, *non potest gravari non honoratus, L. ab eo, cod. de fideicommiss.* il résultoit de là que l'enfant dudit Nicolas avoit été appellé, & avoit possédé ladite Terre à titre de donation & d'acquêt, *quantum ad activam vocationem* ; selon Pereg. au passage cité ci-devant, *vers. cæterum* ; & que par ainsi, suivant la Coutume d'Artois, il en avoit pu disposer par testament, comme il l'avoit fait au profit de sa mère : ce point ne fut cependant pas résolu ; on y trouva de la difficulté, en ce qu'une donation faite à quelqu'un pour lui & ses enfans, ne dispose rien en faveur des enfans, Nicol. Valla, *de rebus dubiis, tract.* 2, & que telle clause n'emportoit qu'une désignation d'ordre de succession légitime, ainsi qu'il avoit été jugé par Arrêt de cette Cour, le 2 Juin 1571, entre le curateur de la maison mortuaire du Marquis de Laverre, prétendant faire vendre les Seigneuries de Bonevere & autres, & les tuteurs du S.ʳ de Croeninghien, descendant des bâtards de Bourgogne, à l'occasion d'une semblable clause contenue en un traité de mariage ; on pensa que si telle vocation emporte quelque disposition, ce n'est que *per vulgarem patre non adeunte* ; Charond. en ses mémorables, *verbo* donation, *quod tamen cogita per ea quæ*

tradit ; Cravett. *conf.* 22, *n.* 4 ; Covar. *ad caput* ; Raynut. §. 2, *n.* 10, *idem.* Cravett. *conf.* 131, Pereg. *art.* 18, *n.* 4.
On douta encore, lors de la conclusion dudit Arrêt, si le fisc *extinctâ lineâ paternâ*, n'excluoit pas les parens maternels ; mais après quelques délibérations il fut conclu qu'en Artois le fisc n'étoit pas préférable aux parens maternels, & qu'en cas de défaut de la ligne paternelle, *& è contra*, les plus proches parens de l'autre ligne succèdoient à l'exclusion du fisc, comme il avoit été jugé par Arrêt de cette Cour, confirmatif d'une Sentence d'Artois, au profit de Pierre de Petencourt, Seigneur de Haplincourt, le 30 Mai 1581: Molin. *ad conf. parif.* §. 16, *n.* 13 ; *L. ult. cod. de petit. Bonor. sublat. L. ult. de Bon. vacant. lib.* 10 ; Chopin. *de donat.* liv. 7, tit. 12 ; néanmoins on allégua qu'on observoit le contraire en Flandres ; voyez Mansuer. en sa pratique, tit. *des successions & dernières volontés, in pr. & en l'annot. franç.* Bacquet, tit. *de déshérence*, chap. 4 ; voyez Arr. 16 & 24 de M Grispere. (*a*) On arrêta enfin, par ladite délibération, que nonobstant le lien du fidéicommis, la veuve du Donataire étoit fondée d'avoir son douaire coutumier sur le bien sujet à fidéicommis situé en Artois, quoique la disposition du Droit ait parue contraire, *quia eramus in lineâ collaterali juxtà communem Doctorum dispositionem vel distinctionem in auth. res quæ, cod. com. de legat.* ainsi qu'il a été jugé par Arrêt de cette Cour, contre la Dame de Mansfeldt, au fidéicommis de Boestrale : la donation dont il s'agissoit dans la présente cause ayant cependant été faite en termes exprès pour avancement de mariage & alliance

---

[*a*] Les Arrêts de Mr. de Grispere, se trouveront à la suite de ceux de Mr. Cuvelier, qu'on va mettre incessamment sous-presse.

dudit Nicolas, on a jugé par cette raison que le douaire coutumier étoit dû *ex conjecturatâ mente defuncti, ut tradit in simil*; Menoch. *de præsumpt.* 89, n. 156, on ajouta *quod facilius videbatur posse admitti ea alienatio quæ à lege, vel consuetudine semper introducebatur, quàm quæ à lege facto hominis DD. in L. filius famil. §. divi*, ff. *de leg.* 1.° après avoir vu tout ce que disent les Auteurs, ci-devant cités, il m'a paru que *extinctâ unâ lineâ*; *altera potius succedere debet, excluso fisco*, à moins qu'il y ait coutume contraire; tel est le sentiment de Loyseau au traité *des Seigneuries*, chap. 12, n. 10 & suiv. où il admet aussi la succession du fisc, & Cassiodorus, *lib.* 10, *variar. in hoc casu principis persona post omnes est, hunc optamus non acquirere modo sint qui debita valent*; mais j'entendois le tout quant à la succession des biens cotiers & allodiaux seulement, & non quant aux Fiefs, à l'égard desquels le Seigneur du Fief dominant semble devoir être préféré aux parens de l'autre ligne; ce que prétend d'Argentré *ad conf. Britan.* tit. *des bâtards*, art. 456, n. 5; voyez l'Arrêt 16, de M. de Grispere.

ARRÊT VIII.

Celui qui est condamné à restituer quelques Biens avec les fruits, ne doit pas restituer ceux des améliorations par lui faites.

AU procès d'entre Jean Reniers & Consors, Appellans de Flandres, & Maillard comme mari & bail de Marguerite de Mariaval, Intimé, s'étant mue difficulté sur la nullité de certain décret des biens immeubles, les Appellans avoient été condamnés, par la Sentence dont il y avoit Appel, à se départir de ces biens, & restituer les fruits perçus; & quant aux bâtimens & améliorations par eux faites, il avoit étoit ordonné que le prix d'icelles se rencontreroit sur les fruits : on a douté si les premiers Juges avoient entendus par-là condamner les Appellans à la restitution des fruits des améliorations, ou si les fruits d'icelles devoient appartenir aux Appellans, *faciendo computationem fructuum ipsius rei secundum antiquum statum sine meliorationibus*; la Cour a jugé qu'en liquidant les fruits les Appellans ne seroient tenus de rendre compte que de ceux qui eussent procédés desdits biens, dans le cas où l'acquéreur ne les eut point amélioré, selon l'avis de Garsias, *de expens. & meliorat. cap.* 23, *n.* 54 ; mais s'il eut consté que l'acheteur desdits biens *scienter rem alienam emisset*, la difficulté eut été plus grande, selon que traite le même Garsias, chap. 7, n. 9, & 17, qui dans le cas se décide cependant pour la même opinion.

ARRÊT IX.

Huiſſiers extraordinaires du grand Conſeil ne ſont attrayables qu'en la Cour pour choſes dépendantes de leurs exploits, faits en vertu des proviſions du Conſeil.

PAr réſolution du 10 Octobre 1615, la difficulté ayant été communiquée aux deux Chambres, il fut conclu que les Huiſſiers extraordinaires du grand Conſeil, pour choſes dépendantes des exploits & exécutions faites en vertu des proviſions du Conſeil, n'étoient point traitables pardevant les Juges domiciliaires, ni les Conſuls provinciaux, mais ſeulement audit grand Conſeil; voici le fait. Ceux du Conſeil Provincial d'Artois avoient condamné par défaut certain Huiſſier extraordinaire du grand Conſeil, qui avoit été ajourné audit Conſeil d'Artois pour cauſe de certains exploits; celui-ci n'étant point comparu, l'impétrant de cette condamnation avoit préſenté Requête à la Cour contre le cautionnaire dudit Huiſſier, afin d'avoir Lettres exécutoires, à ſa charge; cette Requête fut apoſtillée néant, & il fut ordonné aux Parties de procéder de nouveau : vu que les procédures d'Artois étoient nulles, *defectu Juriſdictionis*; Sebaſt. Vantius, *de nullitate defectu juriſd. ordin.* Le contraire s'obſerve cependant quant aux actions réelles & perſonnelles qui ne dépendent pas de leur charge; on doit les intenter pardevant le Juge du lieu où les choſes ſont ſituées, ou du domicile des Huiſſiers; je l'ai vu ainſi obſerver, & on l'obſerve de même en France; Chenu en ſes Réglemens; *tit.* 28, *cap.* 152; *vide* Chaſſan. *ad conſ. Bitur.* des juſtices, §. 7. *n.* 37 *& ſeqq.*

de Malines. 23

ARRÊT X.

Si cette clause appofée en bas d'un teftament, feront héritiers l'un de l'autre, emporte une fubftitution réciproque ? Quando in medio teftamenti pofita eft, an afficiat præcedentia ? Et an teftamentum militis extrà caftra factum gaudere debeat privilegiis Militaribus.

PHILIPPE D'AUSTREL par fon teftament, dit « que con-
» noiffant que rien n'eft plus certain que la mort, ni
» plus incertain que l'heure, ne voulant mourir *inteftat*,
» ai fait mon teftament & ordonnance de dernière volonté,
» en la forme & manière que s'enfuit, contenant option
» de par moi, & promet révoquer, accroître ou diminuer
» par codicilles, ou autres, ainfi & toutefois que bon me
» femblera. Je recommande à Dieu, mon créateur & père,
» mon ame, délaiffant mon corps pour être inhumé dans
» le cimetière de l'Eglife de Dieval: quant aux obféques
» & funérailles, je les laiffe à la difcrétion de mon fils
» ainé, auquel je laiffe la Terre de Dieval, ainfi qu'elle
» fe comprend & extend avec les arrêts, arrentemens,
» fans rien réferver ni charge de quint, ni autrement. Je
» laiffe encore à Jacques, mondit fils ainé, la Terre &
» Seigneurie de Batefcourt, ainfi qu'elle fe comprend &
» extend, tenue du Comte de Buquoy, & je lui laiffe tout
» le quint de Beauvoir, Pays de France, fans nulles
» charges, comme dit eft, de la Terre de Dieval;
» je lui délaiffe l'arrentement que j'ai à Béaurain, près
» d'Efquerdes, auffi fans nulles charges; je lui délaiffe ma

» maison que j'ai à Bethune, dont je suis libre légataire,
» parceque ce m'a été un don que feue Jeanne Deha-
» vilre m'a donné, l'ayant appréhendé par droits Seigneu-
» riaux. Je délaisse à mon second fils, & par la prière de
» ma femme, que Dieu absolve, tout son bien qu'elle a
» au Pays de Brabant, là où ils sont situés & assis, tant
» en Zélande qu'autre part, à la charge de donner à Charles,
» mon quatrième fils, deux cens livres de rente, & les deux
» maisons que j'ai acquises de feue Madame Scheifs. Je dé-
» laisse à mon troisième fils la Terre & Seigneurie de Cam-
» bligneul, ainsi qu'elle se comprend & extend sans y rien
» réserver & sans charge de quint ; je délaisse à mon qua-
» trième fils mille livres de rente, prins sur mes rentes hé-
» ritières, & si lui délaisse la cense de Richebourg ; & si
» délaisse à ma fille mille livres de rente, prins aussi sur
» mes rentes héritières, qui portent vingt-quatre à vingt-
» cinq cens livres. Si délaisse encore à mon fils ainé la Sei-
» gneurie de Lierre en Lesurain, & aussi les rentes de Va-
» chin & Houdain ; & si délaisse encore à mondit fils ainé,
» toutes les vaisselles & meubles qui se trouveront à mon
» trépas, chaisnes, bagues, joyaux, & quant à l'argent se
» distribuera par égale portion ; quant aux arrérages que
» l'on sera trouvé redevables, seront au profit de mondit
» fils ainé : quant à ma fille n'aura part audit argent
» comptant, & si veut & entend que madite fille ait tous
» les accouftremens de sadite mère selon qu'elle m'a prié
» au jour de son trépas, & au surplus de ses rentes héri-
» tières, montantes à quatre à cinq cens livres, demeure-
» ront à mondit fils ainé, dont mondit fils & fille pren-
» dront à leurs choix les meilleures rentes héritières ; & au
» cas

„ cas que mondit fils ainé ne veuille tenir ce préfent tefta-
„ ment, je le prive de tous mes acquêts, de tous mes meu-
„ bles & les donne à mes quatre enfans ; & fi leur donne
„ un quint d'aumofne & trois ans de revenu, bien entendu
„ que madite fille ne pourra avoir que quatorze mille livres,
„ comme dit eft, & au furplus mefdits trois enfans parti-
„ ront également, fauf ce qui eft tenu du Fief Grunberg,
„ qui appartiendra à mondit fils Guillaume ; & en témoin
„ de ce, ai figné le préfent teftament, le 27 Août 1589,
„ & feront héritiers l'un de l'autre ; *figné*, PHILIPPE
„ D'AUSTREL. „

LE Teftateur étant décédé, Jacques fon fils ainé, S.gr de Dieval moderne, fe conformant à la volonté de fon père, approuve le teftament, par où la claufe finale & la difpofition du teftament, au cas de contravention de l'ainé, qui eft la feconde partie dudit teftament, vient, comme il eft dit, à ceffer ; la queftion étant de favoir fi la claufe, *& feront héritiers l'un de l'autre*, mife à la fin dudit teftament, & après la date devant la fignature, doit être rapportée à la feconde difpofition immédiate précédente, qui eft en cas de contravention de l'ainé, ou bien à la première partie du teftament, à effet que ladite claufe induiroit une fubftitution fidéicommiffaire entre tous les enfans mâles, d'autant plus que la vérité eft que Charles d'Auftrel, l'un defdits enfans, avant fon trépas, a fait un teftament, par lequel il difpofe de fes biens au profit de fon frère ainé, & donne des legs à l'un & à l'autre, que ledit S.r de Cambligneul débat, foutenant qu'à raifon de ladite claufe, *& feront héritiers l'un de l'autre*, ledit Charles étoit chargé de fidéicommis & de prohibition de tefter: le S.r de Dieval dit au contraire, que ladite clause ne s'entend qu'au cas auquel elle se trouve immédiatement apposée, savoir, au cas de contravention au testament, lequel n'est advenu, mais le contraire.

La difficulté s'étant mue au Conseil d'Artois, sur l'intelligence de cette clause, le S.ʳ de Cambligneul, par Sentence du . . . . a obtenu un décret de mise de fait sur le tiers des biens délaissés par ledit Charles, & cela fondé sur ce que ladite clause, *& seront héritiers l'un de l'autre*, emporte une substitution réciproque entre les quatre enfans mâles du Testateur; de laquelle Sentence le S.ʳ de Dieval s'étant porté pour Appellant en cette Cour, l'Intimé par nouvelle Requête, à lui validée pour civile, tient sans préjudice des conclusions qu'il a obtenues en première instance, afin que subordinément le testament dudit Charles soit déclaré nul, & ses biens partagés *ab intestat*, alléguant à ces fins que le testament est fait à Bruxelles, & qu'il n'est pas passé pardevant Notaires & témoins, mais sous la simple signature dudit Charles & d'un témoin, & que selon la Coutume de Bruxelles, les testamens ainsi faits, sont nuls & de nulle valeur.

Par Arrêt du 15 Octobre 1615, rendu en la grande Chambre, il fut résolu que mal avoit été jugé par le Conseil d'Artois, & bien appellé : que le S.ʳ de Cambligneul seroit déclaré non-recevable ni fondé *ès fins & conclusions par lui prises* en première instance, en vertu de la prétendue clause de substitution réciproque, parce qu'en considérant l'entière teneur & contexte du testament, il contenoit un partage de biens paternels & maternels, fait par le père *inter liberos*, lequel partage étoit parfait & absolu en tous ses points, avant la clause pénale & de comminiation appofée fur la fin, pour obliger l'Appellant d'entretenir ledit teftament, & *en cas que mondit fils ainé ne veuille entretenir ce préfent teftament, je le prive*, &c. par où le Teftateur étant parvenu jufqu'aux moyens, par lefquels il induifoit fon ainé à *l'entretenement* d'icelui, il a préfuppofé que quant à fon partage il n'y avoit plus rien à dire ni ajouter, mais qu'il falloit feulement pourvoir que fon ainé n'y contrevint pas, comme il pouvoit faire en fe fondant héritier de tous les biens patrimoniaux feulement, tant paternels que maternels ; ainfi tout ce que le Teftateur a ordonné en ladite claufe finale, a rapport au cas de *contradiction* par l'ainé, laquelle n'étant arrivée, toute cette claufe ceffe, d'autant plus que comme elle confervoit un avantage aux puinés, dans le cas de contravention, ils n'ont pas été faits héritiers l'un de l'autre hors de ce cas, & ladite fubftitution réciproque mife à la fin *per copulam refertur ad proxima, & ea copulat gloffa in L. fi idem,* § *fin.* ff. *de jurifd. omn. jud. & in L. 1,* § *deinde, &* § *cum* ff. *de poftul.* comme s'il eut dit, mes trois fils au fufdit cas de contravention, auront mes meubles, acquêts, &c. les partageront également, & feront héritiers l'un de l'autre.

Quoiqu'on put dire encore que *conditio appofita in precedenti parte teftamenti referri debet ad fequentia & in eis cenfetur repetitio*, toutefois cela ne pouvoit avoir lieu *in cafu converfo*, pour plufieurs confidérations.

1.° Parce que *fequentia non ita influunt in precedentibus ficut precedentia in fequentibus* ; Bartol. *in L. fi legatarius*, ff. *fin. de legat.* 3.° & *in L. avia, de condit. & demonft.* Jafon, *in L. fi ita fit fcriptum de leg.* 14.° Decius, *conf.* 500, *n.* 8, Pereg. *de fideicom. art.* 16, *n.* 13.

2.° PARCE QUE *neque precedentia in sequentibus censentur repetita quando agitur de aliquâ repetitione adversus juris communis dispositionem*, Molin. *de primog. Hispan. lib.* 3, *cap.* 5, *n.* 57. Or, en tenant la clause de substitution réciproque pour *repetio in precedentibus dispositionibus*, cela eut emporté une disposition contraire au Droit civil ou coutumier d'Artois, parce qu'en ce cas il eut fallu présupposer que l'ainé de tous eut été chargé de fidéicommis en tous ses Biens patrimoniaux, venant de père & mère, & que le Testateur avoit voulu faire & ordonner, ce qui étoit défendu par ladite Coutume, ainsi il n'y avoit parité de raison ; cela étoit fondé sur ce que le fils ainé, qui étoit, pour peine de sa contravention, privé de l'hérédité de ses frères, ne le devoit être pareillement, en approuvant & obéissant à la volonté de son père.

QUE de plus il est dit, *le comprouvant soubs ladite substitution fut arrivé un effet du contraire à la volonté du Testateur* ; car au lieu qu'il pensoit, en le faisant, désavantager son ainé, il pouvoit arriver que par l'effet de cette substitution, il eut été avantagé sur tous autres, d'autant plus que l'ainé eut en ce cas succédé aux Fiefs que chacun de ses frères eut délaissé, *secundum statuta Artesiæ quæ censentur influere in omnem dispositionem testamentariam vulgatis juribus*. De sorte que de quelque côté qu'on considéra la chose, il n'y avoit parité de raison pour appliquer ladite substitution d'un cas à l'autre.

MAIS la difficulté fut plus grande quant à l'alternative desdites conclusions prises sous bénéfice de Requête civile, parce qu'il étoit certain que la Coutume de Bruxelles étoit telle que l'Intimé l'avoit dit ; le fait se trouvoit vérifié fuffifamment au procès, & il n'étoit pas dénié par ledit Intimé que ledit Charles étoit Capitaine au fervice de Leurs Alteffes au temps qu'il fit fon teftament; que durant l'expédition, & paffant par Bruxelles, il y avoit fait ce teftament, & étoit depuis décédé au Camp : il étoit auffi notoire qu'il étoit du Pays d'Artois, que fes biens y étoient fitués; & que felon la Coutume du Pays, teftamens font valables quoique faits fous fimple fignature, moyennant qu'elle foit reconnue : de forte qu'on doute s'il étoit befoin d'ordonner à l'Appellant de contefter fur les conclufions nouvelles, qui fe prenoient *ex alio capite & nova & inteftati caufa*. Toutefois il fut réfolu que quoiqu'il fut certain qu'ordinairement *teftamentum militis extrà caftra jure communiter fieri debet*, § 1, *inftit. de milit. teft*. L. *penult. eod. tamen teftamentum militis extrà caftra factum, dummodo in tranfitu procinctu vel expeditione factum fit gaudere debet privilegiis militaribus*, felon l'opinion de Vigilius, ad § *illis autem temporibus, inft. de teftam. milit. verfu crediderim tamen, & ff. fed & fi quis, verfu interdum tamen*, où eft réfolue cette queftion, *in terminis omnino noftris*.

D'AUTRE part il fut confidéré que cela ceffant, il ne falloit pas s'arrêter aux difputes des Docteurs, mais felon la difpofition du 13.ᵐᵉ article de l'Edit perpétuel de Leurs Alteffes, fuivre la Coutume d'Artois, dont ledit Charles étoit originaire, où fes biens étoient fitués, & non celle de Bruxelles quant à la formalité dudit teftament; de forte que par cette réfolution, les faits contenus en ladite Requête, étant jugés irrelevans, il fut auffi arrêté que la Requête venoit à ceffer par ledit Arrêt, & qu'il n'étoit befoin de procéder davantage fur ce fait.

ARRÊT XI.

Un Conseiller étant promu à une autre Dignité hors la Cour & la Ville de Malines, ne peut plus donner ni accorder d'Apostille.

LA Cour étant informée que Messire Nicolas Despez, ayant été Conseiller Ecclésiastique à Malines, prétendoit que leurs Altesses Sérénissimes lui avoient, après sa promotion à l'Evêché de Bois-le-Duc, *octroyé & réservé place* de Conseiller & Maître aux Requêtes de la Cour; & qu'en vertu de cette réserve sur Requête à lui présentée, étant pour d'autres affaires en cette Ville, il avoit comme Maître ordinaire aux Requêtes, renvoyé les Supplians pardevant le Magistrat de ladite Ville, & tenu en surséance, l'exécution mentionnée en ladite Requête, tant & jusqu'à ce que par les Magistrats autrement seroit ordonné, le tout par apostille écrite de sa main, depuis que leurs Altesses avoient conféré & disposé de son état de Conseiller Ecclésiastique, vacant par sa promotion : la Cour craignant les conséquences de cette démarche, & ayant égard qu'une semblable apostille contenoit un acte d'exercice & fonction de Conseiller ordinaire, que néanmoins Mr Nicolas Despez n'avoit pas fait notifier ni insinuer sa Patente ou Commission, en vertu de laquelle il entendoit telle autorité lui appartenir; il n'avoit pas non plus été reçu à serment; outre que Lettres-Patentes & Commission de Conseiller surnuméraire ou extraordinaire, sont directement contraires aux Ordonnances du Pays, par lesquelles

de Malines.

toutes provisions de Conseiller sont défendues, on déclara ladite apostille nulle & de nul effet, & fut faites défenses aux Greffier & Secrétaire, & à tous autres qu'il appartiendroit, de ne plus grossoyer ni signer semblables apostilles, sous telle peine qu'il seroit trouvé y échoir; & on écrivit à M. Nicolas Despez, pour lui faire connoître ladite résolution, que la Cour fit coucher sur les registres en pleine Chambre, le 17 Novembre 1615.

ARRÊT XII.
Du crime de Sortilége.

1.° *Sorciers comment doivent être punis ?*

2.° *Les biens des hérétiques & des criminels de lèze-Majesté, sont confisqués de droit, au moment qu'ils commettent le crime.*

3.° *Si l'amendement peut empêcher que les biens du délinquant ne soient confisqués de droit, à l'instant qu'il a commis le crime ?*

4.° *Si les enfans ont droit de légitime dans les biens de leur père, lorsqu'ils sont confisqués ?*

5.° *La vente de biens est censée faite en fraude, 1.° lorsqu'elle comprend tous les biens; 2.° lorsque le vendeur en conserve la possession; 3.° si elle est faite en faveur de proches parens.*

ENTRE les enfans & héritiers de Louis Theys de Gostinghem, Supplians, originels & Appellans de Luxembourg d'une part, le Lieutenant-Prévôt de Macheren le

Comte, Intimé d'autre part: s'étant mue difficulté fur ce que Ludevoife-Marguerite, mère des Appellans, avoit pour crime de fortilége été condamnée à mort, & fes biens confifqués par Sentence des Prévôt & Juftice de Macheren, les Appellans après le fupplice de leur mère, avoient foutenus que par le prédécès dudit Louis Theys, les biens patrimoniaux & autres immeubles de ladite Marguerite, leur étoient dévolus fuivant la Coutume de Luxembourg, & qu'ainfi la propriété de ces biens leur étant dévolue, il ne pouvoit écheoir confifcation quelconque. 1.° Que ladite Marguerite avoit fait tranfport de tous fes biens au profit defdits enfans, & paffé déshéritance environ *huit mois* avant la Sentence de condamnation: 2.° que de plus elle avoit, par le traité de mariage de Ludevois Welton, avec fa fille, l'un des Appellans, donné & tranfporté en dot le tiers de tous fes biens; ce qui avoit été fait quatre ans avant ladite Sentence: ainfi les Appellans foutenoient qu'en ladite confifcation n'étoient compris autres biens que ceux que la délinquante avoit *tempore publicationis*, & non ceux ainfi dévolus & difpofés refpectivement; qu'ainfi il avoit été mal jugé, d'autant plus que par Sentence de Luxembourg du 15 Avril 1606, il avoit été dit, que tous les biens immeubles patrimoniaux, délaiffés par ladite Marguerite, comme auffi fes biens meubles, enfemble la moitié des acquêts faits par elle & fondit mari, appartiendroient audit Intimé à titre de confifcation; quant audit Welton il demeureroit le maître de pourfuivre le droit qu'il croyoit lui appartenir, en vertu de fon traité de mariage: on interjeta appel de cette Sentence en cette Cour; il fut, au jugement, préfuppofé que felon la Coutume générale

nérale du pays de Luxembourg, dévolution n'avoit lieu, & après examiné, si ceux qui sont atteints du crime de sortilége, étoient punissables comme criminels de léze-Majesté divine ou d'héréfie; il fut décidé qu'oui, & que *sortilegium cum hæresim sapit punitur pœnâ hæreseos;* Menoch. *de arbit. jud. lib.* 2, *cent.* 4, *casu* 388; Clar. §. *hæresis, circa finem.*

Or, comme ladite Criminelle étant examinée d'Office, avoit confessée que depuis vingt ans elle avoit été entachée dudit crime, il fut résolu *quod ipsius bona fuerant ipso jure confiscata, statim à die contracti criminis; bona siquidem hæreticorum & reorum Læzæ-Majestatis statim à tempore, quo delictum contraxerunt, confiscantur & tales rei illicò amittunt bonorum suorum administrationem & eorum bona confiscantur etiam filiis existentibus;* Clar. D. §. *hæresis,* n. 14 & 17, & §. *Læzæ-Majestatis,* n. 12; ainsi toutes les dispositions & tous les transports postérieurs furent jugés nuls & de nul effet : toutefois on pourroit considérer à ce sujet que le crime d'héréfie n'est pas punissable *pœna ordinariâ,* quand ceux qui en sont entachés viennent à résipiscence, & quittent leurs erreurs, Clarus, D. § *hæresis*; d'où l'on peut douter si les sorciers, qui avant leurs supplices renoncent au diable, & retournent au giron de l'Eglise Catholique, & font pénitence, ne sont pas excusés du dernier supplice, du moins de la peine précise d'héréfie, à tel effet que la confiscation ne puisse avoir lieu *ipso jure à tempore commissi delicti,* mais seulement *à tempore latæ sententiæ; quod cogito cum enim resipiscentia & purgatio efficiant ut pœna mortis evitetur in crimine hæresis, videtur quod non excusent à cæteris pœnis confiscationis, sic & aliis;* Bossius, *tit. de hære-*

ticis, n.° 171, *per cap. excommunicamus*, §. *si qui autem*, *de hæret. in* 6, *accedit quod Pontificiæ leges quæ hæreticos pænitentes recipiunt non sunt ad eos trahendæ qui non una morte sunt digni, sed pluribus & leges quæ de crimine semper loquuntur non sunt servandæ cum alia crimina concurrunt*; L. *nunquam de privat. delictis*; Jacobus Simon, *in suo tractatu violatæ Religionis*, tit. 59, n. 5 & 6.

ON examina aussi audit procès *an filius non competeret legitima in bonis parentum*, nonobstante dictâ confiscatione, de manière que les Juges appellés en doivent avoir fait distraction; & quoique l'opinion des Docteurs soit assez commune en terme de Droit, & que *in criminalibus in quibus bona patris confiscata filii succedunt in legitimâ & eam à fisco revocant & quod ejus filii dotari debent*; Mich. Grassus, *recept. sentent.* §. *legitima, quæst.* 44; Clarus, §. *hæresis*, n.° 25, §. *Læzæ Majestatis*, n.° 1.° Charondas, sur les Coutumes de Paris, art. 183, tit. *des arrêts & exécutions*, en rapporte un Arrêt du 8 Mars 1561.

TOUTEFOIS quelques Conseillers étoient d'avis que cette disposition n'étoit pas en usage, & sans s'arrêter ni à l'affirmative ni à la négative, il m'a semblé que ce n'étoit point proprement notre cas, *quia agebatur de bonis maternis in quibus filius non potest petere legitimam quando bona materna publicantur*; L. *de bonis matris*, cod. *de bonis proscript.* Clarus, §. *fin. quæst.* 78, n.° 26; Grassus, *d. loco, quæst.* 44, *quidquid contradunt*; Charond. *d. loco*; & sans cela la difficulté eut été plus grande à mon avis, parce qu'il étoit incertain si les Appellans étoient nés avant que leur mère eut contracté ledit crime; en ce cas, plusieurs sont d'avis *quod pœna filiis hæreticorum imposita propter delictum paternum non comprehendit filias natas ante delictum, adeò ut eis debeatur legitima* ; Jul. Clar. §. *hære-sis*, n.° 17, *citans* Roland à Valle, *conf.* 74, *lib.* 31 & §. *Læzæ-Majestatis*, n.° 12 ; mais je suis appaisé du doute qui pouvoit avoir lieu à ce sujet, tant parce qu'il s'agissoit des biens maternels, que parce qu'au procès il y avoit quelques preuves & autres conjectures, que lesdits transports avoient été faits par la criminelle, *in fraudem & metu pœnæ* ; 1.° parce que la cession faite à ses enfans *erat de omnibus bonis* ; 2.° *quia post pretensam alienationem steterat in possessionem* ; 3.° *quia erat facta personis conjunctis* ; chacune desquelles conjectures, outre la déposition des témoins, étoit suffisante pour arguer la criminelle de fraude, suivant Jul. Clarus, §. *fin. quæst.* 78, n.° 17.

J'ÉTOIS aussi d'avis que l'Intimé étoit fondé de dire griefs *à minimâ*, de ce que par la Sentence, dont y avoit appel, l'on avoit fait réserve audit Welton de son action en vertu de son traité de Mariage ; car quoique son titre fut onéreux, & que *alienatio titulo oneroso facta, ante sententiam confiscationis valet, tamen hoc non procedit quando sub est fraus, vel ubi delictum est tale quod bona ipso jure confiscentur, & suis interdicatur omnis alienatio à tempore delicti prout in crimine Hæresis, Læzæ-Majestatis & Sodomiæ*, Clarus, d. *quæst.* 78, n.° 18 ; mais comme ledit Intimé n'avoit en ce sujet proposé aucun grief, la Sentence de Luxembourg, fut, par les raisons rapportées ci-dessus, confirmée en tous ses points, par Arrêt du 15 Novembre 1615.

ARRÊT XIII.

1.º On ne doit pas nommer un curateur aux Biens, lorsque l'héritier est certain & connu.

2.º Après un long laps de temps, les contrats judiciaires sont censés faits avec leurs solemnités.

3.º Si la déclaration de ne vouloir être héritier, faite après l'appréhension de l'hoirie, n'a effet de répudiation ?

4.º Lorsque les enfans s'emparent des effets de la succession de leur père, ils sont plutôt censés le faire en vue d'appréhender la succession, que de s'en emparer furtivement.

5.º Celui qui fait & souffre une chose qui lui est préjudiciable, doit s'en imputer la faute.

6.º Un mineur en puissance de curateur, ne peut appréhender une succession onéreuse sans son consentement.

7.º Une femme, ne peut de son autorité, appréhender une succession onéreuse en apparence, sans le consentement de son mari & de ses proches.

8.º La vente des Biens d'une succession, faite par un tuteur avant avoir appréhendé la succession, n'est pas censée une vente de Biens pupillaires.

9.º Un mineur relevé de la renonciation qu'il a faite d'une succession, est obligé d'approuver tout ce qui a été fait pendant le temps de la renonciation.

10.º La défense de la Loi étant expresse, emporte avec soi la nullité, L. 5, cod. de Legibus.

de Malines.

11.° *Lorsqu'il paroît du mérite de la cause, on n'a pas d'égard aux nullités qui s'y rencontrent.*

12.° *En cas de nullité ou de restitution, les possesseurs ne doivent rendre les fruits.*

13.° *L'héritier sien & la veuve peuvent, après leur renonciation, appréhender la succession.*

ADRIEN & Catherine Vanrielreghen, héritiers de Philippe leur frère, contre M.e Guillaume Vanrielreghen & Consors, Défendeurs, intentent action aux Défendeurs au Conseil Provincial de Flandres, & posent en fait qu'à Jacques Vanrielreghen & Jossine Semhove, leurs père & mère, ont appartenus certains héritages situés en la Châtellenie de Courtray, & trouvé en leur maison mortuaire, depuis acquise par lesdits Défendeurs, respectivement à titre de vente, à eux faite par le curateur de ladite maison, dans les années 1584 & 1586 : lesquels héritages ils entendent revendiquer vingt ans après, sous prétexte que la vente seroit nulle & de nul effet ; ils se disent engagés à en agir ainsi, parce que par l'avantage des Tréves & d'un temps plus tranquille, les choses sont dans un plus heureux état, & les héritages augmentés en valeur; alléguant de plus qu'Adrien Desmet, curateur commis aux biens de ladite maison mortuaire, n'a pas été duement ni légitimement établi, & que sa commission a été nulle, parce qu'à l'octroi de cette commission, les prétendans à ladite maison mortuaire, n'ont pas été appellés nommément, ni les tuteurs desdits Adrien & Philippe, qui étoient mineurs, ni ladite Catherine qui étoit lors mariée, *debent enim, ut curator hæreditati detur; citari proximiores, & appa-*

rentes hæredes idque nominatim, L. 1, ff. *de Carboniano edicto*; § *largius* 12, *ibi fane non numquam urgentibus creditoribus interrogandi funt in jure an fibi bonorum poffeffionem admittant, ut fi repudiare fe dicant fuam, creditores quid fibi agendum effet, neque etiam curator vendere immobilia poteft antequam juraverit & cautionem præftiterit ad inftar tutorum*; *Lege* 23 & 24, C. *de adminift. tutor.*

Ils difoient de plus, que ladite Catherine & ledit Adrien, dès l'inftant du décès de leur mère, qui étoit demeurée dans les biens & dettes de leur père, s'étoient avec Philippe leur frère, fondés héritiers d'icelle, par appréhenfion des meubles par elle délaiffés en payant les dettes, & cultivant les terres de la maifon, comme il conftoit par enquête; que même lefdits tuteurs avoient relevé quelques Fiefs de ladite maifon au nom de leurs mineurs, & qu'ainfi ils avoient été certains qu'il y avoit des héritiers jà immifcés, & que ladite maifon mortuaire n'étoit abandonnée *curator bonorum nulliter conftitutus fuerat ubi certus & notus erat hæres*; Menoch. *de arbitrar. judic. cafu* 150, & *quæ femel hæres femper manebat hæres*, L. *ficut. cod. de repud. vel abftin. hæred.*

Que l'une defdites ventes, favoir, de l'an 1584, avoit été faite précipitamment, & *caufà non cognitâ*, le propre jour que l'état des biens de ladite maifon mortuaire avoit été exhibé par le curateur, que les Demandeurs difoient n'avoir été curateur abfolu, *fed ad unum actum venditionis dumtaxat*, de feize bonniers de terres, fans qu'il apparut que lefdits tuteurs euffent été duement établis, & euffent prêté ferment & caution fuivant la difpofition, pour en cette qualité, confentir à telle vente.

de Malines.

QUANT à celle de l'an 1586, on difoit que les criées avoient été tenues avant que le curateur fut duement établi, & qu'il avoit d'abord été curateur abfolu le jour de l'adhéritance de la vente, dont l'action étoit recouvrable ; finalement ils fe fondoient fur ce que les ventes avoient été faites *non inftantibus creditoribus*, & que de leur prix avoient été acquittés des capitaux de rentes & arrérages d'icelles, & que les biens defdits mineurs n'avoient par-là point été ménagés ni vendus avec fuffifante connoiffance de caufe, duquel chef ils maintenoient ladite vente être auffi nulle, nonobftant *decreto judicis quia grave onus faltem tale propter quod omnia immobilia minorum vendi debuerant, & quod faltem per eorum confervari potuerat*.

CONTRE quoi les Défendeurs difoient, 1.° qu'il conftoit de la commiffion de curatelle par acte judiciaire, & que *propter lapfum temporis omnia rectè & legitimè præfumebantur acta*, fans qu'ils fuffent obligés à d'autres preuves : que les tuteurs avoient eux-mêmes préfenté Requête en l'an 1589, pour faire commettre ledit curateur ; que les Demandeurs, nommément ladite Catherine, avoient fouvent déclaré aux créanciers de la maifon mortuaire qui s'étoient adreffés à elle, qu'elle n'étoit pas héritière ; qu'elle ne fe vouloit pas mêler des biens de la maifon, ni fe fonder héritière ; il paroiffoit par le dire de plufieurs témoins, que fuivante elle n'avoit voulu prendre en louage aucunes defdites terres, après la vente en queftion ; 2.° ils ajoutoient que par l'octroi ou décret des Juges, pour paffer à la première vente les tuteurs étoient connus par nom & furnom, & que fur leurs informations & ferment le décret étoit enfuivi, par où falloit auffi préfumer que quant à eux ils avoient de même été duement conftitués, attendu que les dettes excédoient la valeur des biens de ladite maifon mortuaire, comme il apparoiffoit par l'état exhibé; que lefdits Demandeurs avoient furtivement fouftraits les meubles de la maifon, & que c'étoit un larcin, & non un acte d'appréhenfion, *per L. fi fervum*, ff. *de acquir. hæred.* que la poftpofition defdites enchères & criées, quant à l'ordre (je dis avant l'établiffement du curateur abfolu) ne pouvoit emporter nullité de l'acte en termes de Droit, & qu'en tout événement, felon la Coutume de Courtray, les criées fe faifoient ordinairement avant *l'établiffement*, fans que pourtant l'acte fut de ce chef nul; que les tuteurs avoient judiciairement déclaré, avant que curateur fut commis à ladite maifon mortuaire, que vu ledit état, ils ne trouvoient convenable ni profitable pour leurs mineurs, d'accepter à préfent l'hérédité en queftion, & qu'à cette occafion le curateur avoit été commis comme à une hérédité encore *jacente & vacante*, le tout fans oppofition ni contredit de ladite Catherine, encore que de fon fçu; concluant lefdits Défendeurs parmi ces raifons, afin d'*abfolution & dépens*.

Sur quoi le Confeil Provincial de Flandres, faifant droit, auroit par Sentence du . . . . condamné les Défendeurs à fe départir defdits biens avec reftitution des fruits levés & perçus, fous préfuppofition que le tout fut nul & de nulle valeur.

De laquelle Sentence ayant interjeté Appel en cette Cour, en examinant les griefs propofés par lefdits Appellans, il fut agité plufieurs queftions, par Arrêt du 21 Novembre 1615.

Premièrement, quant à la commiffion de curateur,

il fut décidé, puisqu'il en conſtoit par acte judiciaire, qu'il falloit préſumer qu'elle avoit été paſſée *vocatis vocandis, & ſervatis ſervandis, & propter lapſum viginti annorum omnia præſumebantur, ritè & ſolemniter acta, quamvis in actis non enumerabantur;* Mornac, *ad conſ. pariſ.* §. 5, *n.* 41, 59 & 62 ; Mynſinger. *cent.* 6, *obſer.* 75, *quia ſolemnitates extrinſecæ poſt* 10 *annos præſumuntur extit.* le Maiſtre, *in ſuis deciſ. c.* 32; Grimaudet, *tractatu de decimis, lib.* 3, *c.* 1 ; Papon, en ſes Arrêts, tit. *des criées & ſubhaſt.* Arrêt 30: & à ce ſujet il étoit à conſidérer *quod ſufficiebat habuiſſe conſenſum tutorum;* pour l'abſence qu'alléguoit leſdits Demandeurs, ou pour la difficulté d'accès à leurs perſonnes; Chaſſan. *ad conſ. Burg. rub.* 4, §. 7, des prochains parens, *præcipuè cum, nullo petente, poſſit conſtitui curator per prætorem aut magiſtratum, modo illi notum eſt quomodo bona diſſipari; gloſſ. in* L. 2, ff. *de curat. bon. dan. & argum.* L. 2, §. *ſi quidem,* ff. *qui pet. tut.* §. *creditoribus, leg.* 4, ff. *de fideicom. libert.* L. 22, *ſi mandavero,* §. *ſi curator,* ff. *mand.*

Il fut auſſi conclu que la qualité d'héritiers, que s'attribuoient leſdits Demandeurs, ne pouvoit avoir empêché l'octroi de ladite commiſſion, pour vendre les biens immeubles; car quant à Catherine, qui étoit majeure, il étoit bien véritable que pour l'appréhenſion des meubles & autres actes, elle avoit dès l'inſtant du trépas de ſa mère, été héritière, & que *ſemel hæres non poteſt amplius repudiare, ſed ſemper remanet hæres,* L. *ſicut, cod. de repud. vel abſt. hæred.*

Mais comme elle, étant pourſuivie pour dettes de ladite hérédité, avoit déclaré à divers créanciers qu'elle n'étoit héritiére, & ne vouloit se fonder héritière ni *s'immiscer esdits* biens, il fut considéré que de telles déclarations qui eussent emporté une renonciation formelle à ladite hérédité, si elles eussent été faites avant ladite appréhension, Momie. *de conjecturis ultim. volunt. lib.* 12, *tit.* 14, *per totum gloss. in L. finali, cod. de repud. vel abstin. hæred.* Menoch. *de præsumpt. lib.* 4, *præsumpt.* 112, n.° 5; ne pouvoient avoir effet de répudiation, sinon *quantum ad adversarios, quibus ita responsum fuerat secundum distinctionem* Bartholi *& aliorum quos refert* Grassus, *lib.* 2, §. *acquisitio hæreditatis, quæst.* 14; mais nonobstant ce il fut résolu que de telles déclarations avoient été faites de mauvaise foi, au préjudice des créanciers, d'autant plus que les meubles en avoient été appréhendés clandestinement, ce qui dénotoit de la fraude.

QUOIQUE *in filiis potius præsumebatur subreptum animo adeundi quam furandi, aut delinquendi,* L. *si servum,* §. *ait prætor,* ff. *de acquir. vel amit. hæred.* Graf. *lib.* 2, *recept. sentent. art. acquisitio hæred. quæst.* 6, n.° 6, *& quæst.* ..... n.° 11.

AINSI eu égard à la mauvaise foi, & à ce que ladite Catherine ne pouvoit avoir ignoré lesdites ventes, ni la commission de curateur, envers lequel lesdits créanciers avoient été souvent renvoyés, il fut conclu, *omnium votis*, que présupposant que ladite Catherine eut été héritière, que néanmoins elle ne pouvoit de ce chef débattre ladite commission de nullité, principalement à cause de son silence ou dissimulation. *Pulcher textus*, en termes plus forts, *in* L. *si minor*, ff. *de bon. author. jud. possid. ubi si minor* 25 *annis, qui habet curatores, à curatoribus non defendatur, nec alium defensorem inveniat, bonorum venditionem patitur, &*

ſi non latitare videatur, qui ſui non eſt idoneus defenſor. Et ibid. in verbo licet, *ubi non alias creditor ad ſuum debitum non deveniret*; item. in L. *apud Julianum,* 3.º §. *ſi vero, &* §. *fin.* ff. *quibus ex cauſis in poſſeſſ.* L. *ſive poſſ.* L. *ad velleianum*, L. *ſuper ſervis qui milit. non poſſ.* Robert. rer. jud. lib. 4, cap. 14; *ubi traditur communiter quod ſi quis aliquod negotium geri reſciverit unde ſibi præjudicium naſci veriſimili conjecturâ præſumere debeat atque id fieri permittat vel diſſimulet æquum illud eſt ei imputari.*

QUANT aux mineurs les mêmes raiſons avoient auſſi lieu, parce que leurs tuteurs avoient préſenté requête pour faire établir le curateur *atque ideo in eorum perſonâ non poterit cadere aliqua ignorantia* : de plus il falloit encore remarquer que quant aux mineurs, ils n'étoient pas tenus pour héritiers, nonobſtant qu'il fut prouvé qu'ils avoient fait les mêmes actes d'appréhenſion que ladite Catherine, *quia hoc erat ſine curatoris authoritate conſenſu vel facto, minor autem curatorem habens, hæreditatem, præſertim oneroſam, ſine ejus authoritate adire non poteſt, neque ſe obligare,* L. *ſi curatorem habens,* cod. *de in integ. reſtit.* Graſſus, d. §. *acquiſitio hæred. quæſt.* 17, n.º 10, la déclaration judiciaire des tuteurs faiſoit voir auſſi que tout ce qu'ils avoient faits juſqu'alors n'avoit pas été dans l'intention de ſe fonder héritiers; la même choſe pouvoit être objecté à Catherine, parce que lors de ladite appréhenſion elle étoit mariée, & ſon mari étoit en même temps à la guerre; ainſi on pouvoit ſoutenir, *quod non mulier ſola, ſine mariti & conſanguineorum aſſenſu, hæreditatem apparenter oneroſam adire non potuerat,* Bart. Jaſon caſtr. in L. *more,* ff. *de acquir. hæredit.* Graſſus, d. loco, *quæſt.* 17, n.º 13, & finalement on obſerva qu'elle avoit demandé en louage quelques-uns des biens vendus par ledit Curateur, par où elle avoit affez avoué fa commiffion & répudié ladite hérédité, quant à ces biens, & *quantum ad iftum actum*, car en offrant de les louer, *cenfebatur ea repudiare ; debiti oblatio non convenit hæredi, quia per aditionem hæreditatis fit confufio.* Mantica, *ad lib.* 12, *quæft.* 14, *n.* 30 ; enforte que le tout mûrement examiné, il fut réfolu que les Demandeurs n'étoient de ce chef fondés en leurs conclufions.

QUANT à la vente de l'an 1584, fur laquelle, & ce qu'en dépendoit, les Demandeurs faifoient grand fondement ; quelques Confeillers étoient d'avis d'interloquer & de faire quelques devoirs d'office, parce que dans ces ventes, l'on devoit avoir obfervé toutes les folemnités requifes pour les aliénations de biens immeubles de mineurs. Mais je dis qu'il falloit confidérer deux chofes ; la Coutume de Courtray, exhibée au procés, qui permet que *foit baillé Curateur aux hérédités vacantes & jacentes indiftinctement, à effet de vendre tous les biens y étans, & de rapporter le prix d'iceux au profit des créditeurs* ; Déclaration judiciaire des tuteurs qui fe trouvoient en Confeil, convenir de fe fonder quant à préfent, héritiers au nom defdits mineurs ; à raifon de quoi j'étois d'avis, & il fut fuivi par la pluralité des opinions, qu'il ne falloit prendre lefdites ventes pour aliénation des biens de mineurs, mais qu'il s'agiffoit *de jure adeundi quod ipfi dumtaxat competebat, quod jus ante aditam hæreditatem non dicitur effe in bonis noftris,* L. *pretia rerum,* ff. *ad* L. *falcidiam, & hoc eft ordinarium ut facilius tollatur* . . . . L. *ult. cod. de acquir. poffeff.* Mantica *de conject. ult. volunt. lib.* 12, *cap.*

14, *n.* 5; & de plus le mineur qui eſt reſtitué contre la répudiation d'une hoirie, eſt tenu d'avoir pour bon, tant ce qui a été géré *medio tempore*, L. *in integrum* 22, ff. *de minor.* Le même eſt à l'égard des abſens, quand les biens vacans font vendus au plus offrant durant leur abſence; Maſſuer. en ſa pratique, *tit. de vend. n.* 41; il fut donc arrêté qu'il ſuffiſoit, qu'en conformité du 14.e article de ladite Coutume, rubr. 15, le curateur, ſur préalable autoriſation & décret de Juge, eut fait ladite première vente ſans qu'il fut beſoin d'autre connoiſſance de cauſe, & cette Coutume fut jugée fort équitable, & plus utile aux créanciers que le remède du bénéfice d'inventaire, & il ſembloit être aſſez conforme à cette Coutume, la Loi *ſi non expedierit*, ff. *de bon. autorit. judic. poſſid.* verba textûs ſunt: *ſi non expedierit pupillo hæreditatem patris retinere, Prætor bona defuncti venire permittit, ut quod ſuperaverit, pupillo reſtituatur.*

ET à l'égard de la *précipitation*, fondée ſur ce que le même jour de l'exhibition de l'état des biens de ladite maiſon mortuaire, la vente avoit été faite; il fut conſidéré que ſuivant l'état, il y avoit plus de dettes que de biens en ladite ſucceſſion, & que cela devoit ſuffire ſuivant la Coutume de Courtray; auſſi ce ſeul examen d'état, avec l'apparente inſolvence de la maiſon mortuaire, & établiſſement antérieur de curateur, fait à la Requête des tuteurs, pouvoit ſuffire, *ut eſt textus admodum appoſitus, in* L. *magis puto*, §. *imprimis igitur* 11, ff. *de rub. eorum qui ſub tutelâ ibi: Requirat ergo neceſſarios pupilli, vel parentes, vel quem alium qui notitiam rerum pupillarium habet,* (tels qu'étoient les tuteurs & curateurs ſuſdits,) *aut ſi nemo in-*

veniatur, vel suspecti sunt qui inveniuntur, jubere debet edi rationes; au moyen de quoi venoit à cesser l'objection des Demandeurs, touchant que *non visis tabulis, & non examinato hæreditatis statu, tutor hæreditati pupillo delatæ renuntiare non poterat, si imperator*, §. 1, ff. de transact.

QUOIQUE ces mots là soient à propos pour résoudre la validité ou l'invalidité de la vente, faite en 1586, néanmoins parce que l'adhéritance de ladite vente n'étoit pas exhibée, & que la commission *absolue* du curateur étoit datée du même jour que l'adhéritance desdits biens avoit été passée, ensorte que les criées & enchères avoient été faites sans commission; il fut décidé qu'un commis de la Cour s'informeroit du fait, & nommément de l'observation de la Coutume de Courtray, citée au procès, sur ce qu'ordinairement les criées se font avant que le curateur soit commis pour vendre.

IL pouvoit sembler qu'en termes de Droit, telle préposteration de criées & enchères n'emportoit nullité de l'acte, *& nihil intererat hoc factum esse prius vel posterius sicut in simili, & si actus ab initio non tenet propter defectum consensus requisiti tamen ex post facto confirmatur,* L. *finali,* c. *communia præd. c. prudenti,* ff. *de leg.* Panorm. *in c. eum vos de his quæ sunt a prælat.* Bartol. *in L. si quis nisi bona,* §. *jussum, de acquir. hæred. vide* Vantium *de nullit. process. ex defectu process. in. ord. jud. n.* 48, *& seqq. præsertim cum statutum in proposito nihil disponat de nullitate talis enim actus seu contractus habet validum, nisi aliter de mente statuti, aut legis appareat quod velit actum esse nullum;* Bart. *ad* L. *non dubium, n.* 22, *& ibi notata in margine ad litteram c. cod. de legibus.*

de Malines. 47

NÉANMOINS, parce que *expreſſa legis prohibitio nullitatem importat*, Evrad, *in loco ab expreſſo ad tacitum*, 61 ; *&
conſ.* 231, *n.* 17 ; Coſtal. *ad L. cum hi*, §. *vult igitur*, ff. *de
tranſact.* que peut être divers acheteurs avoient été dégoûtés
de hauſſer faute de ladite commiſſion, & que d'ailleurs, *venditio facta eodem momento quo quis tutor creatur, tanquam
precipitata nulla eſt.* Alciat, *Conſ.* 267, *vol.* 5, Afflict. *decif.*
249, il fut jugé plus sûr ſans décider ce point de la pré-
poſtération, & de la nullité *per ea quæ tradit;* Alphonſus,
de rebus minorum non rite alien. lib. 2, *cap.* 5, *n.*
130, *& ſeqq.* Il fut jugé, dis-je, plus aſſuré d'informer
ſur la Coutume, comme auſſi ſur l'état des biens de ladite
maiſon mortuaire, parce que cet état n'avoit jamais été arrêté, & même il ſembloit que ſi vraiment il y avoit plus
de dettes que de biens dans la maiſon, au jour des ventes, puiſqu'il comptoit dès l'inſtance des créanciers, tant
par titres, que parce que les ventes avoient été faites dans
un temps aſſez miſérable, il ne falloit, ni plus grande ni
plus exacte connoiſſance de cauſe, & qu'il falloit avoir
égard que du prix des ventes avoient été acquittés quelques capitaux de rentes ; car outre que nous n'étions pas
dans le cas d'aliénation d'un bien appartenant aux mineurs,
il étoit bien véritable *quod quando prætor permittit diſtrahi
rem minorum, non imminente ære alieno, venditio nullá eſt
nullum que decretum*, L. *magis puto*, §. *ſi æs alienum*, ff.
*de reb. eor. decreta enim & confirmationes ſuperiorum, etiam
de certâ ſcientiá factæ, ſupplent defectus ſolemnitatum non autem ſupplent ſubſtantialia :* Guill. de Rodoano, *de rebus
eccleſ. non alien. rubr.* 21, *n.* 76, *& ubicumque narratim in
litteris gratiæ detigitur eſſe falſum corruit ipſa gratia ;* Decius,

conf. 142, *n.* 2; mais quando æs alienum urget, comme l'on faifoit paroître par ledit état & pourfuites defdits créditeurs, *aut ufurarum modus parendum æri alieno fuadeat;* en ce cas l'aliénation des biens du mineur fubfifte, & ainfi quand nous aurions été dans cette hypothèfe, puifqu'il y avoit plus de dettes que de biens; *nihil intererat minores quod ufurarum modum parendum æri alieno fuaderat*, par l'extinction defdits capitaux, & autrement *res enim erat eodem modo peritura*, L. *fi plures*, ff. *depofiti*, *& quando de meritis caufæ principalis apparet, non attenditur nullitas, vel præcipitantia commiffa in formalitatibus*, c. 1, *de accufat in* 6, Gaill. *pract. obferv. lib.* 1, *obferv.* 42, *& obferv.* 75, *n.* 7, Mynfing. *cent.* 5, *obfervat.* 93; il me fembloit que la confidération, qu'il eut été plus utile & profitable aux mineurs d'avoir confervé quelques immeubles, en laiffant courir les rentes fans en faire remboursement, n'étoit pas à propos dans une hérédité onéreufe, & quand il y a plus de dettes que de biens, car en ce cas *cum bona non intelligantur, nifi deducto ære alieno*, les mineurs ne pouvoient en gardant ces rentes, efpérer aucun profit; mais ou par faute de bien le cours des rentes eut ceffé, *ipfo facto*, & le cours des ufures eut augmenté les charges de l'hérédité, à la furcharge des mineurs, de forte qu'après ils en euffent fait appréhenfion.

FINALEMENT, il ne faifoit rien pour eux que *mutato rerum ftatu*, les biens étoient après devenus de plus grande valeur, car *ex folo lapfu quadrinnis à tempore majoritatis omnia erant confirmata, quia filentium utile a die perfectæ ætatis currit; ut probat* Tiraq. *in tract.* des retraits lignagers, §. 35, *gloff.* 2, *n.* 43; Boerius, *quæft.* 39; Menoch. *de recuper.*

recuper poſſeſſ. remed. 15 , *n.* 110, *uſque ad* 146, *ubi dicunt nullam in nullitatis ſpecie conſtituendam differentiam quin lapſu temporis ratihabitione qua etiam tacite fit ſpatio quatuor annorum vitium ipſius tollatur ; quæ tacita ratihabitio æquiparatur expreſſæ.* Corv. conſ. 36 , lib. 1 , vol 2 ; *dicens legem illam qualiter intelligi de omni defectu ; quod etiam ſentit*, Pariſ. conſ. 49 , *n.* 24 , ... *& longum tempus*, & d'autres circonſtances faiſoient taxer les Demandeurs de fraude & de mauvaiſe foi ; & ce, parce qu'ils vouloient profiter après un ſi long ſilence, & autres actes de conſentement, (du moins tacite) de la meilleure fortune ſurvenue aux Défendeurs, &c. L. *verum*, §. *ſciendum*, ff. *de minor.*

ITEM. *Non reſtituitur minor qui ſobriè rem adminiſtrans occaſione damni non inconſulte accidentis , ſed fato velit reſtitui : nec etiam eventus damni reſtitutionem indulget , ſed inconſulta facilitas ; neque quod proſperitate fortuna acceſſit emptoribus, eis auferre debet ; leg. cum pro pecunia* 24 , C. *de ſolut. & liberat.* Guid. Papa , *quæſt.* 157 , *nec etiam minores , diſtractâ hæreditate & negotiis finitis , reſtitui debent ,* L. *Quod ſi minor* , §. *Scævola* , ff. *de minor. ſi quidem omnia integra ſunt ;* L. *ſi quis ſuus* , C. *de repud. vel abſt. hæred.* Alex. conſ. 66 , lib. 5.

CEPENDANT les concluſions ne furent pas alors prononcées aux parties , parce que par l'interlocutoire dudit jour, il fut ordonné que commis de la Cour les appointeroit, ſi faire pouvoit , ſinon feroit les devoirs ſuſdits.

JE fus à même d'obſerver plus particulièrement les raiſons ſur leſquelles étoit fondé cet Arrêt , parce que de jour à autre la Cour étoit occupée de ſemblables matières, venant du Conſeil de Flandres ; les Juges avoient auſſi con-

G

damnés les Appellans à la reſtitution des fruits perçus, *ante litem conteſtatam*, ſur quoi il ne fut pas opiné, mais la réſolution remis en définitif encore que quand il n'y a ni dol ni fraude, mais ſeulement de la nullité, ou bien reſtitution pour cauſes juſtes & raiſonnables, les poſſeſſeurs ne doivent être condamnés à la reſtitution des fruits ; Papon, tit. *des criées*; arr. 30 ; ayant depuis trouvé en quelques mémoires de M.ʳ le Conſeiller Griſpere, que la même cauſe avoit été jugée en cette Cour, par Arrêt du 15 Septembre 1584, entre les Abbé & Religieux de Murenven, Ordre de Prémontré, & Evrard Foulon, Appellant de Luxembourg, par lequel nonobſtant que le contrat en queſtion par faute de conſentement du Supérieur, ait été déclaré nul, néanmoins quant aux fruits des biens mal aliénés, ils furent compenſés contre les cours de rente du prix payé par les Défendeurs, & les Défendeurs ne furent condamnés qu'à payer les fruits à écheoir juſqu'au jour que le rembourſement ſeroit fait dudit prix, *vide* Arrêt 43, M. Griſpere.

VIDE Louet, *litt. R. Arrêt* 1, lequel rapporte pluſieurs Arrêts, par leſquels une veuve ayant ſouſtrait quelque choſe de la Communauté, nonobſtant ſa renonciation, eſt tenue pour immiſcée ; mais en examinant bien cette Loi, *ſi ſervum*, parlant *de rebus amotis*, il ſeroit dangereux de conclure généralement qu'une veuve ayant une fois renoncé, ne pourroit plus faire un acte de Communauté, car *ſi ſuus hæres poſt repudiationem poteſt rurſus adire*, en termes de Droit, à plus forte raiſon une veuve *quæ ſummo jure*, a plus de part aux actions de la Communauté que *ſuus hæres* aux biens de l'hoirie, peut après la rénonciation faire encore acte de veuve commune, & ſi elle le fait *verbi gra-*

de Malines. 51

tia, en administrant comme veuve, elle est tenue de répondre des dettes comme si elle n'avoit pas renoncée; Loiseau, *du déguerpissement*, liv. 4, tit. 2.

QUANDO enim non constat de ipso actu, commissionis solemnitates non præsumuntur, ne soit que par pluralité d'actes; il appert *de gestione & in simili ubi causâ ad essentiam actus non sufficit eam fateri sed debet probari*, L. *si forte*, ff. *de castrensi pecul*. Anchar, *cons*. 150, *circa medium*, vide capit. decis. 4.

Ex *antiquitate temporis præsumitur solemnitas tutelæ quando quis dum se gessit pro tutore, tunc enim præsumitur quod legitimè fuerit constitutus*; Gravett. *de antiquit. temp.* parte 3, argè vel n.° 37, vide . . . . *multa inutilia allegantes des testamens conjug*. lib. 3, cap. 22; Papon, *tit. des criées arr.* 30; Gilles le Maistre, en son traité *des criées*, Ch. 29, L. 6, *circa finem, dicit quod in judice faciente actum judicialem, vel interponente decretum, præsumitur solemnitas extrinseca intercessisse*, L. *ab eâ parte*, ff. *de probat*.

AYANT depuis vu décider dans cette alternative, (*aut si nemo invenitur*) que rencontrant ses parens & amis, l'exhibition de l'état & inventaire n'est pas du tout nécessaire, comme il ne l'est pas aussi quand la chose est notoire, & qu'il en conste *ex actis meis de decret. in præfat. n.* 47.

SED *jura quæ de hac ratihabitione loquuntur semper præsupponunt scientiam minoris, vel ejus præsentiam in alienatione*; en cette Cour souveraine, l'on n'est pas accoutumé de s'arrêter à cette rigueur de ratification présomptive, après ce laps de quatre ans, comme il fut encore décidé au mois d'Octobre 1618, en la cause de Bartol & Stenart, Intimés, contre . . . . Appellans de Namur.

Voyez en termes de Droit les distinctions que fait Gabrielius, *lib.* 2, *tit. de minor. conf.* 4, & signament, n. 13, où il dit, en confirmation dudit Arrêt, que cela est ainsi, *de jure canonico propter malam fidem* : voyez mes Annotations.

de Malines.

ARRÊT XIV.

Comment les enfans succèdent aux biens tenus en Echevinage de la ville de Béthune, acquis par leurs père & mère durant leur mariage ?

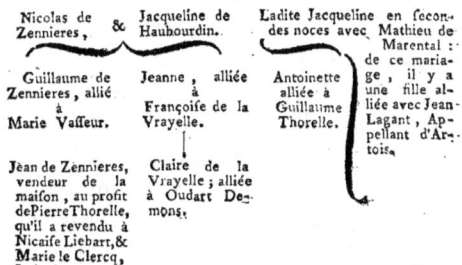

PAR la Coutume de l'Echevinage de Béthune, pays d'Artois, les acquêts faits par conjoints pendant leur mariage, appartiennent au survivant en propriété, sauf que l'on dit que le survivant se peut faire mort, & par anticipation d'hoirie, disposer au profit de chacun des enfans du mariage de sa part ; qu'en cas de leur *survie*, ils succéderoient auxdits acquêts *ab intestat* ; cela présupposé, Nicolas de Zennieres & Jacqueline de Haubourdin, acquièrent durant leur conjonction, à titre d'arrentement perpétuel, une maison à Béthune, laquelle par le prédécès de Nicolas échut à ladite Jacqueline, qui a retenu de lui trois enfans, savoir : Guillaume, Jeanne & Antoinette ; après cela, ladite Jacqueline convola en secondes noces avec Mathieu de Morental, & de ce second mariage, elle eut une fille alliée à

Jean Lagant. Guillaume, par acte du mois de Mars 1547, acquiert le droit de viage que sa mère avoit en ladite maison, & après meurt avant ladite Jacqueline; étant ensuite décédée, ledit Lagant, au nom de sa femme, fille en secondes noces de Jacqueline, prétend que la maison lui appartient, nonobstant que Marie Vasseur, veuve dudit Guillaume, eut dès le 22 Décembre 1570, donné en mariage à son fils Jean de Zennieres, telle part, droit & portion qui *lui compétoit en toute* ladite maison, & après que Jean l'eut vendue & en eut passé déshéritance le 25 & 27 Mai 1580, au profit de Pierre Thorelle, qui l'avoit revendu le 14 Décembre 1588, à Nicaise Liébart, & Marie le Clercq, conjoints. Lagant, du chef de sa femme, intente action contre Nicaise Liébart, & Marie le Clercq, par mise de fait à l'Echevinage de Béthune, prétendant revendiquer la maison à titre lucratif, dévolue à sa femme par le décès de Jacqueline sa mère; mais prévoyant que suivant la Coutume, les enfans du second mariage de Jacqueline, ne pouvoient prétendre droit audit acquêt; il s'approche de Oudart Demons & Claire de Vrayelle, fille & héritière de ladite Jeanne & de Guillaume Thorelle, ayant épousé Antoinette de Zennieres, & eu d'elle deux enfans, Noël & Antoine; par acte du 26 Septembre 1589, ledit Thorelle, mari d'Antoinette, cède audit Lagant, le droit des Noël & Antoine ses enfans; & ladite Claire & Oudart son mari, lui cèdent aussi le droit qu'ils ont en ladite maison du chef de Jeanne, sans y exprimer aucune cause de donation ni autre: mais par une cédule particulière du même jour, ledit Lagant promet deux cens florins à ladite Claire, en cas de gain du procès, & après que ledit Lagant eut déja institué son action du chef de sa femme, sans faire insinuer ni notifier aux possesseurs de ladite maison, la cession du droit de ladite Claire; il obtint une autre mise de fait sous le nom de Claire, le 12 Septembre 1591, à la charge de ladite Marie le Clercq, veuve Liébart; sur quoi procès étant mû à l'Echevinage de Béthune, il y propose de sa part que Guillaume est décédé avant sa mère, & qu'ainsi il n'a pu succéder à ladite maison, ni en transmettre aucune part à ses enfans, & qu'elle est dévolue à Jeanne, femme de François de la Vrayelle, à l'exclusion des enfans descendans de Guillaume, parce que représentation n'a pas lieu suivant ladite Coutume, ensorte que par Sentence du 12 Octobre 1597, ladite Claire obtint ès fins & conclusions par elle prises; & par autre Sentence du même jour, ledit Lagant est déclaré non-recevable dans les conclusions prises de son chef de la Sentence donnée au préjudice de ladite le Clercq; elle interjete appel au Siége de la Gouvernance de Béthune, mais quelques jours après par l'intervention de quelques amis, Claire de la Vrayelle, & Marie-Thérese le Clercq, transigent au sujet du procès, & Claire renonce à son droit moyennant la somme de 325 florins; le tout par acte du 29 de Décembre 1597: & incontinent après Marie impètre de nouvelles lettres, pour se faire mettre de fait & décréter en ladite maison, en vertu de ladite cession postérieure, dont Lagant étant averti, vient en opposition avant le décrétement : il dit qu'il a cession antérieure du droit, tant de ladite Claire que des enfans d'Antoinette, & que ladite le Clercq l'a sçu, parce qu'avant la Sentence du 12 Octobre 1597, ledit Lagant s'étoit fait connoître au procès par Requête présentée sous son nom, ajoutant que faifant la tranfaction, ladite Claire avoit déclaré à ladite le Clercq qu'elle ne fe foucioit de la ceffion qu'elle avoit fait audit Lagant, & qu'elle en conviendroit avec lui, par où le Clercq ne pouvoit avoir ignoré ladite ceffion, & faifoit ledit Lagant à préférer, *juxta*, L. *quoties*, C. *de fidéicom.* la commune limitation que l'on y fait, *de fcientiâ & mala fide ejus cui res fini traditæ.*

LADITE le Clercq dit au contraire qu'elle a traité & tranfigé avec ladite Claire pour fortir de procès, & pour affurer le droit, titre & adhéritance antérieure qu'avoit acquis Pierre Thorelle fon auteur, en l'an 1580; qu'encore que ledit Lagant a été connu au procès, cela a été fans expreffion de qualité de ceffionnaire, par où ladite le Clercq n'a pu être conftituée en mauvaife foi; elle dit de plus que fon titre eft onéreux, & celui dudit Lagant lucratif : enfin par Sentence ledit Lagant eft reçu en fon oppofition, ladite le Clercq déboutée, & demeure entière pour pourfuivre fon appel au même état qu'il étoit avant ladite tranfaction : elle fe conftitue pour Appellante de cette Sentence, & elle obtient que ledit Lagant foit débouté de fon oppofition, dont il fe porte pour Appellant en cette Cour.

EN examinant les griefs propofés de fa part, il fe trouva plufieurs difficultés remarquables, & à cette occafion, le fait fut repris & examiné de plus haut.

PREMIÈREMENT, on confidéra qu'il y avoit grande apparence que Guillaume, fes hoirs & ayans caufe, auteurs de ladite le Clercq, avoient poffédé la totalité de ladite maifon depuis l'an 1547, jour que ladite Jacqueline avoit cédé fon viage audit Guillaume.

D'AILLEURS, quelques témoins dignes de foi, dépofoient avoir

avoir ouï dire de diverses personnes, que ledit Guillaume avoit acquis le droit desdites Jeanne & Antoinette ses sœurs; que Marie Vasseur, veuve de Jean de Zennieres sembloit avoir, ensuite de ce, quelque droit de propriété à ladite maison, parce qu'elle l'avoit donné en mariage à son fils; il se pouvoit aussi qu'elle eut en son temps acquitté & acheté une partie de la rente qui se payoit à Jean-Julien, premier *arrentateur* de la maison: tous ces faits joints ensemble, faisoient conjecturer que Jean de Zennieres en avoit été propriétaire, & avoit eu droit de la vendre; car quoique ladite Jacqueline eut vécu long-temps après le mariage de Jean, & qu'aucune prescription n'eut été encourue durant sa vie, toutefois sans cela, *ad probationem Dominii sufficiunt conjecturæ*, L. *conjecturæ* C. *de rei vend. & ibi DD. & testes de auditu à certis personis quæ de hâc re probabilem notitiam habere poterant, maximè in antiquis, faciebant Dominii probationes*; Decius, *consf*. 638, n. 6, 7 & *seq. tradens ibidem solam famam sufficere, res enim antiquæ famâ probantur*, L. *si arbiter*, ff. *de probat*. §. tellement qu'il n'étoit pas assuré que Claire, du chef de Jeanne sa mère, eut le plus apparent droit.

TOUT ceci mis à part, & présupposant que Guillaume, Marie Vasseur sa veuve, & Jean leur fils, n'y avoient jamais eu qu'un tiers cédé à Guillaume par anticipation d'hoirie, dans l'année 1547, ce qui pouvoit être douteux, à cause qu'il avoit prédécédé sa mère, dont il avoit acquis le viage seulement, & que représentation n'avoit lieu suivant ladite Coutume, en tel cas il falloit considérer que Jean de Zennieres avoit vendu deux tiers ou la moitié de ladite maison sans y avoir titre, & que Guillaume Thorelle par la cession de l'an 1589, avoit cédé à Claire & Oudart le droit de ses enfans, qui ne lui appartenoit point, de sorte que pour cette part Marie le Clercq & Claire Delavrayelle, avoient tous deux *titulum à non Domino* : en ce cas, l'Intimée, comme étant propriétaire & adhéritée par voie de justice, après son auteur dès l'an 1580, étoit préférable selon le texte *in terminis*, in L. *sive autem*, §. *si duobus*, ff. *de publ. in rem act. quod si à diversis non dominis emerit, melior sit causa possidentis quam petentis.*

ET pour le surplus de ladite maison, il falloit douter si l'on pouvoit avoir égard *cui ex duobus res primo fuerat tradita vel acquisita*, ou si ladite le Clercq, par l'impétration de ladite mise de fait, & en vertu de sa cession postérieure, avoit acquis un droit dans la chose antérieurement à l'Appellant, suivant la Loi *quoties*, parce que l'on tient que le décrétement de la mise de fait se retrotrait au jour de l'impétration, *adeò ut qui prior est tempore, potior sit in jure*, selon la Coutume d'Artois. Quelques Seigneurs estimoient qu'il falloit prendre la tradition de cette action *tanquam in cessione nominis*, L. 3, cod. *de novat.* & que la seule signification au débiteur avoit effet de saisie, ainsi que traite Charondas sur les Coutumes de Paris, tit. *des actions personnelles*, art. 108; & que *liberatio facta post cessionem, ante significationem nocebat cessionario*, selon que dit fort amplement Cacheranus, décis. 45; de même dans le cas présent la cession postérieure de Claire, faisoit préjudice à Lagant, l'action directe ayant toujours demeuré en la personne du cédant: les autres soutenoient que la cession en question se devoit prendre pour simple aliénation d'une chose immobiliaire, de laquelle il n'y avoit pas encore de

de Malines.

déshéritance ni tradition faite, enforte que *qui prior erat tempore, potior erat in jure,* fuivant la doctrine des Docteurs, nommément de Jafon, *in d. L. quoties, C. de reivend. n.° 34, ubi tradit quod fi duobus fuit una res vendita & nemini tradita, præfertur is cui primo fuit vendita, per L. in operis,* ff. *locat. cond.* & à la vérité fi nous euffions été en termes d'une aliénation *rei certæ immobilis,* & s'il n'y avoit eu rien à dire au titre dudit Lagant, le droit eut été apparent pour lui, fuivant la doctrine des Docteurs, en ladite Loi *quoties* : ayant égard qu'il étoit venu en oppofition avant le décrétement de la mife de fait entre ladite le Clercq & ladite Claire, & que fon titre n'étoit antérieur, comme auffi à la fcience de ladite le Clercq, joint que d'autre part il fe pouvoit dire qu'en la ceffion fufdite, il ne falloit pas de tradition, mais que *folo contractu perficiebatur,* & que celui avec lequel *primo fuerat contractum,* étoit auffi préférable, Covarr. 2, *variar. refol. cap.* 19, *n.* 1, *circa finem, quia in incorporalibus ipfe contractus eft loco traditionis;* Cacheranus, *decif.* 51, *n.* 5 ; mais à mon avis nous n'étions pas proprement ni en l'un ni en l'autre de ces cas,, parce que la ceffion faite au profit de ladite le Clercq en l'an 1597, étoit une vraie & formelle tranfaction fur droit incertain & fur douteux événemens de procès, mus à caufe de ladite maifon, en laquelle ladite le Clercq étoit adhéritée & fes auteurs dès l'an 1580; que partant faifant cette tranfaction, elle ne s'étoit déportée du droit apparent qu'elle y avoit par fon premier titre, mais en avoit retenu la poffeffion & adhéritance, en tranfigeant du droit & de fa partie, *L. per diverfas Cod. mandati ibi, exceptis fcilicet ceffionibus quas inter cohæredes pro actionibus hæreditariis fieri contingit & his quafcumque vel creditor*, *vel is qui res alienas poffidet*, *pro debito*, *feu rerum apud fe conftitutarum munimine ac tuitione accepit*, de forte qu'elle n'avoit eu befoin d'être adhéritée de nouveau, ni de payer de nouveaux droits, *tum quia in hâc tranfactione nullum dominium transferetur nec notum jus in res requiritur*, *fed fola liberatio controverfiæ*; L. *fi pro fundo*, C. *de tranfact.* Mol. *ad conf. parif.* §. 22, *n.* 62 ; Grimaudet, *de retractu*, *lib.* 5, *cap.* 14; Bartol, *in L. cum vir* 42 ; *de ufucap. n.* 10, *tum quia ex fuperveniente jure quando adhuc jure meo antecedenti uti volo*, *confirmatur alienatio*, *traditio & poffeffio precedens*, *quamvis nulla & inutilis ita ut non fit opus nova traditione*, L. *fi à titio* 72 , ff. *de rei vindicat. fecundùm diftinctionem* Bartoli. *d. loco* : Covarr. *variar. refolut. d. cap. n.* 7 ; de manière que ladite le Clercq ayant ainfi tranfigé, n'avoit befoin pour acquérir droit réel en ladite maifon, de nouvelles œuvres de Loi, *ut in fimili quando ftatuti vel juris difpofitione prohibetur quis alienare rem vel diminuere patrimonium fine certâ folemnitate*, *poteft tamen renuntiare juri & actioni ad rem*, *fine eâdem folemnitate*. Phamicius *de lucro dotis*, *quæft.* 8, *n.* 17 ; tellement qu'il ne falloit plus confidérer autre chofe, finon de quelle force étoit le titre de ceffion antérieur dudit Lagant; or par l'opinion de tous il fut jugé nul & de nul effet, car il conftoit qu'il avoit été fait durant qu'il avoit intenté procès de fon chef, afin qu'en cas de perte il eut moyen d'inquiéter encore ladite le Clercq d'autre chef, & cela étoit plus évident parce qu'il n'avoit rien promis à ladite Claire, finon clandeftinement *poft victoriam*, *quo cafu multi tenent quod in odium litium ceffio ita concepta*, *non valet*, *& quod cedenti jus fuum falvum manet*. Ant. Faber, *cod. lib.* 4, *tit. mandati definit.* 23, *referens sic judicatum fuisse arresto senatûs.*

ET ce qui confirmoit cette nullité, étoit que Lagant avoit fait concevoir ladite cession *nullo dato*, par forme de donation, afin d'éviter la disposition des Loix *ab Anastasio, per diversas, cod. mandati*, & d'en frustrer ladite Intimée, parce que ces Loix n'ont pas lieu en vraies donations & cessions gratuites, & néanmoins par une cédule secrette il avoit promis deux cens florins à ladite le Clercq, ce qui étoit aussi nul & de nulle valeur, suivant la Loi *ab Anastasio ibi, sed & si quis donationem quidem omnis debiti facere adsimulaverit, ut videatur esse tota donatio, aliquid autem occultè susciperit; & in hoc casu tantummodò exactionem sortiri ejus quod datum esse comprobetur, & si hoc à debitore persolvatur, nulla contra eum vel substantiam ejus ex dissimulata donatione oriatur molestia. Neque etiam ex tali cessione aliter agere poterat cessionarius quam procurator*, selon l'avis d'Ant. Faber, *d. tit. defin.* 30.

PAR où l'Intimée étoit de toute part excusée de mauvaise foi positive; car si ledit Lagant eut exhibé & donné à connoître son titre en la forme & manière qu'il étoit conçu, c'étoit un titre lucratif audit Lagant, qui ne pouvoit être préféré au titre onéreux de ladite Intimée, ni lui faire aucun préjudice; Jason, *in d. L. quoties, n.* 27; Cacheran. *d. decis.* 25; Gabriel. *comm. conclus. lib.* 3, *tit. de empt. & vend. conclus.* 2, *n.* 32; en considérant d'ailleurs la promesse secrette des deux cens florins, & que *plus valebat quod agebatur, quàm quod simulatè concipiebatur*, ledit Appellant étoit lui-même en dol, parce qu'il sembloit avoir satisfait une promesse clandestine, pour empêcher que ladite le Clercq n'usât des Loix *per diversas*, *ab Anastasio*; & à la vérité si auparavant la transaction, cette promesse fut parvenue à sa connoissance, elle eut pu passer ensuite desdites Loix, en payant deux cens florins au lieu qu'elle en avoit payé trois cens vingt-cinq par ladite transaction, parce qu'à la conclusion de l'Arrêt tous les Juges furent d'avis que les Loix n'étoient pas abrogées, & qu'il les falloit suivre, comme l'on faisoit aussi en France; Chenu en ses questions sing. 47, 99; Charond. sur lesdites Coutumes de Paris, art. 108, & qu'elles avoient lieu dans les actions, non encore intentées, & que pour celles déjà intentées, il y avoit disposition particulière, *cod. de litigiof.* & pour ces raisons quoique de droit *secundus emptor, cui res est tradita, debet cedere primo propter scientiam & malam fidem*; Covar, Jason & Gabriel, *d. locis*. Toutefois par Arrêt du 21 Novembre 1615, il fut décidé que bien avoit été jugé, & l'Appellant condamné en l'amende & dépens.

ARRÊT XV.
De la Rescision des Ventes.

1.º *Quand & comment la circonvention est permise dans le contrat de vente ?*

2.º *Si la L. 2, cod. de rescind. venditione, a lieu à l'égard de l'acheteur ?*

3.º *L'acheteur est censé lésé d'outre moitié, lorsqu'il achette plus de six, une chose qui ne vaut que quatre.*

AU procès entre Jean Gobeau, mari & bail de D.^{lle} Marguerite Vecgmont, & en cette qualité Appellant du Conseil Provincial de Namur, contre Evrard Devehu, Ecuyer, Seigneur de Vequemont, Intimé, il a été discuté si celui-ci ayant intenté une action pour faire rescinder l'acquisition faite par ses père & mère, en 1586, d'une Ferme & Terres situées au Pays de Namur, du chef de léfion d'outre moitié, pouvoit en vertu d'icelle parvenir à la rescision dudit achat: le Conseil Provincial, Juge appellé, avoit par Sentence du 21 Décembre, condamné l'Appellant de restituer à l'Intimé le prix de cet achat, en rendant par lui les œuvres & transport de ladite Ferme, si l'Appellant n'aime mieux la laisser audit Intimé à juste prix, estimée à quatre mille florins, & de restituer le surplus qui seroit de trois mille florins seulement, parce que le prix total a été de sept mille florins: cela présupposé, l'Appellant dit pour griefs que, sans avoir égard à la léfion & aux preuves faites de part & d'autre, deux moyens se présentent, qui mettent les griefs en évidence : le premier, que de droit, les majeurs de vingt-cinq ans ne peuvent être restitués en entier en fait de vente & achat, quand la léfion est au deffous de la moitié, *ex generali clausulâ si mihi justa causa videbitur*, ou autres : le second, touchant l'estimation de la léfion, *ex L. 26, de rescind. vend.* & comme elle se doit prendre en la perte de l'acheteur, disant que si l'on démontre en termes exprès de Droit que la léfion ne doit être considérée quand elle est en deffous de la moitié, & que la léfion d'outre moitié en la personne de l'acheteur, est quand il ne profite pas de la moitié par son achat de ce qu'il donne en paiement ; la chose est claire que sans d'autre recherche, il a été mal jugé à Namur, vu que ladite Cense étant, par leur Sentence, estimée à quatre mille florins par forme de juste prix, l'acheteur la retenant profite plus que de la moitié de ce qu'il a exposé, car il profite d'un bien qui vaut quatre mille florins, selon leur estimation, ainsi en valeur plus de la moitié du prix entier par lui compté, qui est de sept mille florins seulement.

QUANT à la première de ces questions, l'Appellant dit que *tam ex mutuâ contrahentium indulgentiâ quam de naturâ contractuum in quibus si nimiâ scrupulositate consideraretur commercia ipsa impedirentur, licet contrahentibus se decipere, modo ipsa deceptio reipsa incidat & intra altitudinem justi pretii & mediocritatem contingat, talem enim deceptionem partes condonare sibi vident invicem, neglectâ exactâ & mathematicâ pretii computatione, & quia de natura contractuum sunt illa sine quibus non possunt in communi & promiscuo haberi, & hæc deceptio admittitur sicut dolus bonus, L. 1, §. non fuit, ff. de dolo, ut aliquis sit litium & quærelarum finis*, ainsi les

textes

textes & passages sont tous clairs, *in L. in causæ*, §. *idem Pomponius*, ff. *de minoribus*, *ibi*, *in pretio emptionis & venditionis naturaliter licere contrahentibus se circumvenire*; L. *item si pretio*, §. *ult.* ff. *locati ibi ut licet quod pluris est, minoris emere vel è contra quod minoris sit, pluris vendere: ita in locationibus & conductionibus*, L. & *ideò*, ff. *eod. ibi prætextu minoris pensionis, si nullus dolus adversarii probari possit, rescindi locatio non potest.* L. *à divo pio*, §. *si pignora*, ff. *de re judic.* Molin. *de commerc. quæst.* 14, *n.* 172; Covarr. 2, *variar. cap.* 4, *n.* 11; Pinel, *ad L.* 2, *parte* 2, *n.* 34, *ubi dicit, quod nemo doctus & fori digestionem habens probabit cautiones: & doctrinas in contrarium quas pueriles vocat*: il est aussi décidé que quand le dol a donné cause aux contrats d'où il résulte une léfion en dessous la moitié, mais qui est cependant confidérable, il n'est pas befoin d'ufer du remède de la Loi 2, *cod. de rescind. vend.* Mais l'Appellant dit que l'Intimé n'ayant point mis en fait qu'il fut intervenu une femblable fraude, & ayant encore moins rapporté quelque preuve qui pût le faire penfer, le Juge ne pouvoit s'arrêter à ce point de Jurisprudence pour en faire le motif de fa décision dans l'efpèce préfente : quant à la feconde des queftions, l'Appellant dit aussi qu'il n'y a pas raifon de relever ledit acheteur contre les vendeurs, par le bénéfice de la Loi 2, parce que ceux-là font fouvent incités d'acquérir bien fciemment, & à tel prix que ce foit, quelquefois par envie ou pour leur commodité, voifinage, & autres motifs, & ne méritent autant de faveur que les vendeurs, qui le plus fouvent font contraints d'aliéner leurs biens par néceffité.

FONDÉS fur ces raifons, plufieurs Docteurs & Parlemens font d'avis que les acheteurs ne doivent jouir dudit bénéfice, & de ce, il y a divers Arrêts côtés en plufieurs paffages fur Papon.

Les Appellans ajoutent encore à cela l'Arrêt folemnel, avec les plaidoyers fur lefquels il a été rendu, & qui eft rapporté par Chenu, en fes Queftions notables, queft. 75, où après avoir détaillé des raifons pour & contre, il dit que le 7 Septembre 1592, par avis des Chambres, il fut jugé que la Loi n'a lieu *in emptore*, & que cet Arrêt ferviroit de Loi & Réglement à l'avenir en tel cas ; Louët, lett. L, Arr. 10. Quand bien même on ne voudroit pas fuivre là difpofition de ces Arrêts dans le cas préfent, l'Appellant dit que l'acheteur pour les mêmes raifons ne doit être de meilleure condition que le vendeur en l'eftimation de la léfion outre moitié, mais qu'ainfi que le vendeur n'eut été relevé, en profitant par fa rente de la valeur de la moitié de la chofe qu'il vend, ainfi l'acheteur ne le doit être en profitant par fon achat de la Cenfe qui furpaffoit en valeur la moitié du prix par lui payé ; il ajoute que plufieurs Docteurs font de cette opinion comme très-équitable, notamment Molin. *d. tract. de commerciis, quæft.* 14, *n.* 175, *qui unus inftar omnium videre poteft* ; Minfing. *obferv.* 77, *cent.* 4, *ubi refert hanc opinionem multis Arreftis cameræ fuiffe confirmatam & amplexam* ; Chenu en ladite queftion 78, où il dit que la faute commife par les anciens Docteurs à cet égard, n'eft pas excufable.

A ces autorités on peut ajouter que ladite Loi 2, parle du vendeur feulement, & que fi elle eut difpofé de l'acheteur, elle en auroit fait mention, *dixiffet eum læfum fi non dimidium accepiffet ejus quod dederat & cùm fint verba legis prolata in venditore non funt attendenda in emptore quia alia ratio est cum non possit decipi ultra dimidium justi pretii nisi plus duo emat; sed ratio legis attendenda est præcipuè & æstimatio deceptionis in emptore quæ non potest aliter attendi quàm quandò dimidium non recipit ejus quod dat, neque in emptore est incipiendus à pretio, sed à re emptâ, alioquin esset confundere relationes.*

Comme le vendeur n'est pas léfé si la chose vendue ne vaut le double du prix qu'il reçoit, par la même raifon, l'acheteur ne l'est pas si le prix par lui payé ne furpasse au double la valeur de la chofe qu'il reçoit, autrement fans prendre égard à telle propofition, fuivant la différence des perfonnes du vendeur & acheteur, & fuivant les Docteurs qui font d'opinion contraire par une proportion arithmétique, si la Cenfe en queftion valant dix mille florins au jour de la vente, avoit été acheté feize mille, l'acheteur feroit recevable pour léfion avenue outre le tiers, & néanmoins au même cas le vendeur qui auroit vendu la même chofe valant dix mille pour fix, ne feroit reçu nonobftant *quod non minus esset deceptus quam dictus emptor cafu converso*; mais nonobftant toutes ces raifons, & plufieurs autres par moi déduites, en qualité d'Avocat lors de l'Appel, étant les deux Chambres affemblées pour le mérite de la caufe, & après mûre délibération, il fut conclu, par Arrêt du 24 Novembre 1615, que ladite Loi 2, avoit lieu auffi-bien à l'égard de l'acheteur que du vendeur, & que la léfion de l'acheteur devoit fuffire *quando quis rem valentem quatuor emat plufquam fex*; & de ce chef il fut jugé pour l'Appellant qu'il n'étoit grévé par ladite Sentence, & ordonné que notice en feroit tenue dans les Regiftres de la

Cour, pour fervir de Réglement à l'avenir; en ce que cet Arrêt eft principalement fondé fur la diverfité des opinions des Docteurs qui ont traité la queftion, ainfi qu'il fe peut voir dans Covarr. 2, *variar. cap.* 3, *n.* 8, qui réfout & conclut par cet Arrêt, qu'entre Chrétiens, & dans la confcience, une léfion notable n'eft tolérée ; encore qu'elle n'excède ni arrive à la moitié, il a femblé qu'il étoit plus équitable & convenable à la religion des Juges d'embraffer dans une telle variété de fentimens, celui qui approche le plus la charité & la moindre léfion du prochain : quoique je refpecte & révère fur-tout le jugement de la Cour, je tiens qu'aux termes de droit, l'opinion contraire eft plus véritable, & pour faire une Loi générale & réglement perpétuel à la moindre léfion des fujets, il faudroit, pour obferver l'égalité, ftatuer que réciproquement le vendeur feroit auffi reçu lorfque la léfion excède le tiers, felon la L. *fi quis fundum*, ff. *de leg.* 2.

ARRÊT XVI.

La caution offerte par l'Appellant, qui peut être exécutée nonobstant l'Appel, ne suffit pas pour suspendre l'exécution.

Aron Decus, prisonnier arrêté pour dettes, étant condamné pardevant son juge d'Arrêt, au paiement de quelque somme, en appelle en cette Cour, & obtient un relief d'Appel sans clauses d'inhibitions & défenses; & voyant qu'à cette occasion il étoit exécutable, il offre caution de fournir ce qui seroit jugé en cette Cour, ou de se représenter en prison, & soutient devoir moyennant ce être élargi. Durant la cause d'Appel, par décret du premier Décembre 1615, il fut décidé qu'élargissement n'échéoit, parce qu'étant exécutable comme il est dit, une simple caution de fournir à ce qui seroit jugé en cette Cour, ne pouvoit suffire.

ARRÊT XVII.

1.º *Une Loi ou privilége est abrogé par un usage contraire.*
2.º *Possession du droit d'élection s'acquiert par un seul acte.*
3.º *L'élection & la collation sont des fruits d'une quasi-possession.*
4.º *Un Officier pourvu par le Seigneur Engagiste ne peut être destitué, l'engagement fini.*
5.º *Les Officiers Royaux ne sont pas révocables à volonté par le Seigneur Engagiste.*
6.º *Les Procureurs d'Office, ne peuvent être condamnés aux dépens* ex præsumptâ calumniâ, *mais ils doivent, la cause finie, dénommer les dénonciateurs.*

AU procès du Procureur d'Office de Valenciennes, Jean Honine, suppliant, contre les Députés de cette Ville, rescribens, touchant la collation des états de pensionnaire & Greffier de cette Ville, il fut par Arrêt du 24 Décembre 1615, jugé que la collation desdits états, faite contre la forme des Ordonnances de Sa Majesté, de l'an 1574, devoit subsister, parce qu'auparavant & après cette Ordonnance, on en avoit toujours usé autrement ; c'est ce que résout Decius, *conf.* 638, *n.* 11, *quod per non usum, accedente contrario usu, tollitur lex & statutum & privilegium,* joint à cela que ceux de Valenciennes étant en possession d'en user & élire autrement, cela devoit suffire pour la validité de l'élection dernière, sans préjudice des autres à l'avenir, *non enim de pluribus actibus dumtaxat, sed etiam ex unico actu qui effectum fuit fortitus acquiritur possessio eligendi*; Consult. *in notis*, glos. *de jure patronatus*. Avar. *pract. quæst. cap.* 14, *n.* 2; ensorte que la collation faite par celui qui est en possession de conférer, doit valoir & subsister, tant au possessoire qu'au petitoire; quand même la collation ne lui appartiendroit pas, *C. cum olim, de causa poss. & propriet. d. C. Consultus, & D.* Covarr. *d. l. quia electio & collatio pertinent ad eum qui est in quasi-possessione horum jurium cum sint fructus quasi-possessionis*, ut tradit locis supradict. & vide Peregrin. *de jure fisci*, L. 6, tit. *de conduct.* n. 43; sur ce fondement s'étant mû ci-devant procès entre le Procureur-général, contre Guillain le Jeune, remercié de l'Echevinage de la haute Cour de Durbin, sous prétexte, entre autres choses, que leurs Altesses ayant défengagés cette terre de Durbin, & l'ayant jointe à leur Domaine, ils étoient fondés de conférer de nouveau tous les offices de ladite Terre, dont le Seigneur Engagiste avoit disposés durant l'engagement; il a été résolu que la collation faite des états d'Echevins, par le Seigneur Engagiste de Durbin, lui appartenoit irrévocablement, ainsi que tous autres fruits de sa possession par engagère; & que leurs Altesses n'étoient de ce chef fondé d'en commettre d'autres après ledit défengagement, sous prétexte que *resoluto jure dantis, resolvebatur jus accipientis*, ainsi fut jugé par Arrêt le 16 Mai 1615: quoique par un autre Arrêt provisionnel antérieur, la Cour sembloit l'avoir entendu autrement touchant le Greffe dudit Durbin, conféré par leurs Altesses à Jean Rosière, après le défengagement, par lequel Rosière a été maintenu provisionnellement par ledit Arrêt contre le pourvu, par le Seigneur Engagiste. J'ai depuis trouvé & recueilli du Conseiller Martini, qu'au procès du S.ʳ d'Isser, Prévôt de Durbin, contre le Seigneur Engagiste, il avoit, par Arrêt du 5 Février 1595, été jugé de toutes voix, que l'état de Prévôt n'étoit pas révocable à volonté par le Seigneur Engagiste, parce que cet état étoit Royal, quoique conféré par l'Engagiste, qui n'étoit Souverain. Au même procès le Procureur d'Office fut déchargé des dépens prétendus à sa charge, & résolu qu'à cause de son Office il ne pouvoit être condamné aux dépens *ex præsumptâ calumniâ, sed opportebat quod verè calumniatus fuisset; ita observatur ne officiarii deterreantur ab officio & ab accusationibus, sic que delicta remaneant impunita*, Jul. Clarus, §. *fin.* quæst. 1, 7, & 10, n. 4; conférences des Ordonnances, L. 2, tit. 6, § 1, *vel in annot.* quoique je fusse d'avis qu'il falloit réserver aux rescribens leur action contre les dénonciateurs, & que les Fiscaux sont tenus de les nommer, la cause finie, afin que les personnes innocentes ne soient inquiétées trop facilement; Frerot, sur les Ordonnances Royales, lib. 5, tit. 2, §. 4.

CETTE résolution du mois de Mai 1615, ne doit tirer à conséquence, parce qu'à ma poursuite & opposition elle n'a sortie effet; & le Conseil privé étoit d'avis contraire, sauf *in beneficialibus necessitas enim afficit officialis excusat & qui jure publico utitur, nemini facit injuriam, subvenitur quoque alicui ratione officii, in eo quod non fit illicitè*; Farinac, *de accusat.* quæst. n. 22 & 52.

ARRÊT

ARRÊT XVIII.

1.º *Celui qui possède des Terres non sujettes aux inondations, est exempt des charges de digues.*

2.º *Pour être constitué en possession d'exemption de tailles, il suffit de ne les avoir pas payées pendant plusieurs années, & il n'est pas nécessaire d'en avoir fait refus.*

3.º *Celui qui est exempt d'impositions, se fait préjudice, s'il se laisse mettre sur le rôle, sans s'y opposer.*

4.º *Si celui qui possède des Terres sujettes aux inondations, peut prescrire l'exemption des charges de digues ?*

AU procès du S.ʳ Huverie, Appellant de Flandres, contre les adhérités de Hertfeld, Intimés, la Sentence dont étoit Appel, a été mise au néant par Arrêt de la veille de Noël 1615, & par nouveau jugement l'Appellant a été déclaré exempt des charges de Digues en la terre de Huverie ; il fut observé que les terres de cette Seigneurie n'étoient pas sujettes aux inondations de la mer, mais qu'elles en étoient garanties par leur situation : quoique l'on allégua au contraire qu'en la même Paroisse de Hertfeld il y avoit des terres, qui quoique non sujettes aux inondations, contribuoient cependant aux frais de Digues, néanmoins il a semblé que cette exemption étoit de Droit commun, & que s'il y avoit quelque usage contraire qui obligeoit tous adhérités indistinctement auxdites Digues, le S.ʳ de Huverie avoit pû s'en être exempté par prescription, *& facilè præsumebatur reversum ad jus*

K

commune ; or il avoit été fans payer depuis l'an 1488 , jufques environ l'an 1530, il fut donc jugé qu'il avoit en tous cas prefcrit ladite exemption, tant parce qu'il devoit fuffire qu'il n'eut pas payé depuis fi long-temps, & qu'il n'étoit befoin de faire paroître qu'il en eut refufé le paiement, à effet de le conftituer en poffeffion de la liberté, fuivant ce qu'enfeigne Cravet. *conf.* 111 , *aliud eft in jurifdictionalibus & juribus negativis* ; Guid. Pap. *quæft*. 631 , *n.* 99, parce qu'en telles matières il fuffit de n'être pas compris dans le rôle, à effet d'acquérir ladite poffeffion, de même qu'au contraire *is qui eft immunis fi adfcribitur libro debentium & non contradicit, fibi in poffeffione libertatis præjudicat*; Decius, *conf.* 638 , *n.* 9; Gabriel. *comm. concluf. lib.* 6 , *de jure immunitatis concluf. prima.*

ET quoiqu'au procès il eut confté que depuis ledit an 1530, l'Appellant avoit payé deux fois fa quote-part defdites charges, néanmoins parce que cela a été avec proteftation, il a été réfolu que cela ne pouvoit emporter privation de ladite exemption, *tum quia immunis folvens collectas cum proteftatione, non amittit privilegium*; Gabriël , *d. loco*, *n.* 4, *tum etiam quia unus, atque alter actus non præjudicat in futurum quando actus eft reiterabilis, fed requiruntur* 30 *anni ut quis fibi perpetuo præjudicium gereret* ; Guid. Pap. *decif.* 387 , la difficulté eut été plus grande fi les Terres de ladite Seigneurie euffent été fujettes aux inondations, car en ce cas, à caufe de l'intérêt public, de la confervation de fon bien propre, & que perfonne ne doit mefufer de l'exemption en tel cas, elle ne paroît pas prefcriptible, Egid. Thomatus *tract. de collectis, cap. incipit exact. fol.* 318, *n.* 26 *& feq.* tient que non : il fut auffi conclu par le même

de Malines.

Arrêt, que cette exemption ordinaire ne pouvoit être appliquée aux inondations extraordinaires, pour lesquelles les non exempts & exempts font d'Autorité Souveraine quelquefois côtifés.

JUGÉ au différent du Procureur-général contre les Etats de Namur, prétendant affranchissement de confiscation, par Arrêt du 7 Juin 1607.

ARRÊT XIX.

Les actes judiciaires ne sont pas nécessaires pour prouver une Coutume ; les actes volontaires suffisent : il suffit même que la Coutume soit parvenue à la connoissance du peuple, & qu'il l'ait reçu.

EN la cause de Christophe Despubroucq, Appellant de Flandres, contre Piérre Desmet, Intimé, a été décidé, par Arrêt prononcé en l'an 1615, le 24 Septembre, que certaine Coutume exorbitante, induisant communion de biens meubles & immeubles, généralement entre mari & femme, à effet qu'au décès du premier des conjoints tous les biens se partageoient moitié par moitié, entre le survivant & les héritiers du défunt comme s'il n'y avoit qu'une hoirie ; il étoit suffisamment vérifié par usages & actes volontaires, non donné en jugement contradictoire ; la Cour présuposant qu'il ne falloit tel exemple pour vérifier une Coutume, encore qu'elle fut exorbitante, & nonobstant qu'il fut question d'étendre l'effet d'icelle hors de son ressort par toute la Flandre flamingante, plusieurs Seigneurs de la Cour étoient d'avis que pour prouver un usage, il devoit suffire qu'il fut parvenu à la connoissance du peuple, & eut été reçu par la plus saine partie en quelque manière que ce fut par des actes judiciaires ou extrajudiciaires, & qu'autrement il seroit presque impossible de vérifier aucun usage; Bartol. *in L. de quibus & in repet. ff. de leg.* Molin. *de primogen. lib.* 2, *cap. . . . . n.* 27; Tiraqueau, *de primog. quæst.* 91 , *in fine*; Mynsing. *observ.* 41 , *n.* 16, *lib.* 1; Abbas, *in cap. fin.* 10, *de consuet.* Socinus, *lib. conf.* 99; Mascard. *de probat. vol.* 1, *conclus.* 427; il fut considéré en ce procès que les Flamands avoient voulu ci-devant attribuer tant d'effet au droit de leur bourgeoisie en fait de mariage, qu'en vertu d'icelle ils avoient partagés, suivant la Coutume du lieu de leur bourgeoisie & des maisons mortuaires de leurs bourgeois, toutes sortes de biens immeubles de l'un & de l'autre des conjoints pêle-mêle, quoique situés hors de la Flandre flamingante, même en autre Province; mais cela ayant été entendu autrement, par Arrêt de la Cour donné au procès du Sr de Hottoy, pour biens situés en la Flandre gallicane, savoir en la Châtellenie de Lille, il est arrivé qu'au décrétement de plusieurs Coutumes de Flandres, leurs statuts ont été restreints quant aux biens situés sous le district des quatre membres de Flandres, dans lequel l'on tient être comprise toute la Flandre flamingante, & sans cela la Cour n'entendoit pas, par ledit Arrêt, les étendre plus avant, quoiqu'à propos de cette Coutume, il fut par l'un des Seigneurs cité un Arrêt donné en 1562, par lequel on avoit étendu la disposition de cette Coutume, au point qu'on y avoit compris des biens situés en Brabant, suivant la Coutume de la maison mortuaire de l'un des conjoints, échue en Flandre ; Mynfing. *cent.* 5 , *obferv.* 19 ; Argent. Cravetta , *conf.* 30, n'étant befoin de s'arrêter davantage à cette queſtion pour les Provinces de pardecà , d'autant que par les articles 11 & 13 de l'Edit perpétuel de leurs Alteſſes, il eſt ordonné fimplement & abfolument que l'on fuivra la Coutume du lieu de la fituation des biens, *& ita fæpiſſime judicatum fuit in magno fenatu ante edictum ;* Peck. *de teſtam. conjug. lib.* 4, *cap.* 28 , *n.* 6.

LA même queſtion a encore été décidée au procès du S.r d'Erpe, Appellant de Flandres, contre le S.r de Melder , Intimé, par Arrêt de la veille de Noël 1617 , en corrigeant la Sentence de Flandres ; & en la même délibération il fût conclu que les fufdits droits de bourgeoifie n'avoient effet à l'égard des Fiefs fitués dans la Flandre flamingante.

ARRÊT XX.

Pour teſter valablement , il fuffit de fuivre les folemnités de la Coutume du lieu où l'on teſte.

ENSUITE de l'art. 33 , des Treves faites avec les Provinces-unies, les fujets de l'un & l'autre parti font rendus capables des fucceſſions à eux échues durant les troubles , tant par teſtament que *ab inteſtat.* L'un des fujets defdites Provinces demeurant à Midelbourg, a fait fon teſtament , & difpofe d'un tiers de tous fes biens au profit de fon fils, réfident fous l'obéiſſance de leur Alteſſe Séréniſſime , & de deux autres tiers au profit de fes neveux , tenans le parti du teſtateur après les treves ; ces neveux demandent les deux tiers des biens fitués pardeçà , & notamment à

Valenciennes, & cela en vertu du testament fait auparavant les treves: le fils dit que selon la Coutume dudit Valenciennes, testamens ne sont de valeur s'ils ne sont passés & reconnus pardevant deux Echevins, ce qu'il ajoute n'avoir été observé au testament en question, & qu'il est derechef nul à l'égard desdits biens de Valenciennes. Les neveux répliquent que les biens de Valenciennes sont de libre disposition, & que la Coutume en question n'est pas prohibitive de tester, mais qu'elle prescrit seulement certaines solemnités, à l'égard desquelles il suffit que le testateur ait suivi celles du lieu où il a testé, savoir à Midelbourg, selon la commune opinion rapportée à ce sujet par Mynsing. *observ.* 20, *cent.* 5; on ajoute que durant les guerres il n'a pas été possible au testateur d'observer les solemnités requises par la Coutume de Valenciennes, parce que tenant le parti contraire, comme il faisoit, il n'a eu accès ni permission de ce faire; pris égard à cette impossibilité & à la Coutume du lieu où le testament étoit passé, il fut jugé qu'il étoit bon & valable, & que les deux tiers des biens seroient adjugés aux neveux, en corrigeant la Sentence rendue à Valenciennes, par Arrêt prononcé la veille de Noël 1615, contre Chrétien Hens, Appellant, & Philippes Pottiers, Intimé. On allégua le cas de peste & contagion, durant lequel, à cause d'impossibilité, les testamens sortent effet, nonobstant que les solemnités ordinaires de Droit n'y aient pas été observées; Clar. §. *testam. quæst.* 56; *vide* Robert. *rer. judicat. lib.* 2, *cap.* 10, & *in terminis quod testamentum factum tempore Belli, vel in loco hostili valeat cum minori solemnitate*; Michael Grassus, *recep. sent. lib.* 1, §. *testamentum, quæst.* 54, *n.* 5.

ARRÊT XXI.

Teftament fait inter liberos, vel ad pias caufas, *n'eft pas compris fous la difpofition du* 12.*^e article de l'Edit perpétuel de l'an* 1611.

PAR le douzième article de l'Edit perpétuel, publié en l'an 1611, il eft ordonné " que quant aux folem-
" nités & formalités des teftamens, ès lieux où il n'y a
" Coutumes décrétées, iceux teftamens & autres difpofitions
" de dernière volonté feront fignés des teftateurs, & de
" deux témoins à ce appellés, s'ils favent écrire, &c. "
Michel Degavere, réfident à Wurnes en Flandres, par fon teftament fait après la publication dudit Edit, ordonne plufieurs legs pieux, d'importance & autres, & ajoute que
" fi tous iceux legs n'arrivent à la valeur du tiers de fon
" bien, il veut qu'un tiers entier foit diftribué en œuvres
" pieufes, ne pouvant difpofer par teftament des deux
" autres tiers, en préjudice de fes héritiers *ab inteftat*,
" fuivant la Coutume notoire de Flandres. "

LE Teftateur mort, les héritiers *ab inteftat* paient quelques legs pieux ordonnés par ledit Teftament, mais font refus de payer les autres, alléguant que ledit Teftament n'eft paffé pardevant deux Témoins & Notaires, en conformité dudit Edit, & qu'il eft ainfi nul & de nulle valeur. Les Légataires répondent que par la Coutume écrite de Wurnes, obfervée fans contredit, l'on peut tefter fous fimple fignature, que le Teftament en queftion eft entièrement écrit & figné du Teftateur, que partant il eft bon

& valable, & que ce n'eſt pas de telles Coutumes que le Prince a voulu parler par ledit Edit, mais des Coutumes incertaines non reçues ni approuvées, & que notamment le Texte entier ne parle pas des Coutumes décrétées, mais bien des Coutumes non homologuées, ainſi les ſujets de Wurnes & nommément le Teſtateur, a eu en tout cas juſte cauſe d'eſtimer que les Coutumes écrites des lieux de ſa réſidence, étoient ordonnées, ſtatuées & inviolablement obſervées, & qu'il falloit d'autant plus s'y arrêter, que l'Edit avoit été publié en françois audit lieu, dont les habitans ſont Flamands: par Sentence du Conſeil-Provincial de Flandres, du . . . . . . ledit Teſtament fut déclaré bon & valable, leſdits héritiers condamnés de rendre les biens aux Exécuteurs Teſtamentaires, pour fournir aux legs; de laquelle Sentence Appel fut interjeté en cette Cour : cette queſtion fut premièrement agité ; ſi le nombre & aſſiſtans deſdits Témoins & Notaires, ſtatué par l'Edit perpétuel *erat de formâ probatoriâ ipſius teſtamenti, an vero de ejus forma ſubſtantiali,* ſuivant la commune opinion rapportée par Clar. §. *teſtam. quæſt* 53, *n.* 2, *in fin.* ores que ledit Edit ne portoit peine de nullité, je dis en termes généraux, non par ſuppoſition; mais nonobſtant ce, il fut conſidéré que cet Edit recevoit interprétation du Droit commun *jus autem commune conſuetudinibus communi conſenſu populi approbatis & receptis tantumdem defert, quantum privilegiis à principe emologatis, item admittit teſtamenta manu teſtatoris ſcripta & ſubſcripta favore liberorum & piæ cauſæ ſine alia ſolemnitate ergo ita argumentatur in terminis fere noſtris;* Mynſing. *obſervat.* 5, *cent.* 1, *circa finem*, Theſaur. *deciſ.* 53, *n.* 2.

Et puiſque par ledit art. 12, n'étoit dérogé par ſpécial,

aux

aux testamens faits *inter liberos vel ad pias caufas*, tels teftamens n'étoient compris fous la difpofition de cet article,
mais étoient auffi ceux paffés *coram judice*, *vel apud acta
quæ teftibus de jure non egent*; Graff. §. *teftam. quæft.* 53,
n. 18.

Or le teftateur avoit voulu qu'à concurrence d'un tiers
de tous fes biens, fes héritiers en fiffent des œuvres pies,
y compris quelques autres legs, enforte qu'on pouvoit dire
que par la nullité ou caducité d'aucuns d'iceux, cela ne
devoit accroître aux héritiers *ab inteftat*, mais *piæ caufæ &
teftatoris animæ quam difponens prætuliffe videbat fuis hære-
dibus ufque ad concurrentem tertiæ partis bonorum quantita-
tem, maluerat enim piam caufam habere eam partem, quam hæredes fuos*; voyez à ce fujet la réfolution de Tiraq. *de
privileg. piæ caufæ, privil.* 21, *circa finem*, *ubi tradit quod
inftituta pia caufa in teftamento minus folemni valent legata
aliis facta in hujufmodi teftamento.* Clarus, §. *teftam. quæft.* 6,
n. 9; ainfi préfuppofant *quod eramus in piâ caufâ*,
il fuffifoit en tout cas *quod quoquo modo conftaret de volun-
tate teftatoris & fola ejus fubfcriptio fufficiebat favore piæ caufæ
etiam quoad cœtera legata*, *L. in teftamento*, *ff. de fideicom.
libert. in verbis & ideo fideicommiffa etiam ei præftanda. Et præcipuè in propofito, quia conftabat teftatorem voluntatem fuam
quam fcripferat & fubfcripferat pro perfecta habuiffe*; Graff.
§. *teftam. quæft.* 19, n. 3; Tiraq. *de privilegio piæ caufæ,
privil.* 2 & 4; Clarus, §. *teftam. quæft.* 6, n. 7.

Outre ce, on obfervoit qu'encore que le teftament fut nul
par faute de folemnité, que néanmoins lefdits héritiers favoient
bien que la volonté du teftateur avoit été telle, & qu'ils
l'avoient affez reconnu en payant lefdits legs pieux entièrement,

atque ita is qui sciebat ejusmodi testamentum fuisse factum nec tamen satisfacere volebat relictis prætextu quòd essent testes in foro conscientiæ, poterat videri peccare ex eo quod dici poterat deficere probationem dumtaxat, non jus; Tiraq. dicto tract. privileg. 2, Alciat. de quinque pedum præscript. fol. mihi 4, versiculo videtur nobis. Lessius de justitiâ & jure, lib. 2, cap. 19, dubit. 3, ubi pro communi resolvit contra; Covar. ad caput cum esses; vide Grass. lib. 2, §. officium hæred. quæst. 7, n. 1; ce qui semble aussi être assez conforme à la disposition du Droit écrit, suivant laquelle quand la chose est réduite *ab intestati causâ*, à cause de quelque imperfection, *tunc propter annexam voluntatem, vel affectionem testatoris ejusmodi legata præstare debent*, L. *ex eâ scripturâ*, ff. *qui testam.* & L. *in testam.* ff. *de fideicom. libertat.* .... *& ea cum sibi vindicare possunt inter christianos favore animæ propter ejus dilectionem quæ cunctis est præponenda*, L. *Sancimus*, cod *de sacros. ecclef.*

Quoiqu'au cas que l'héritier n'eut reconnu la volonté du testateur, *ita ut dici non possit eum scire defuncti voluntatem, vel quod testamentum ratione voluntatis perfectum non esset; hoc est quod testator eam non habuisset pro perfectâ & absolutâ.* L'opinion de Covar. est bien probable, & divers Seigneurs sembloient s'y accommoder, suivant la distinction de Grassus, *d. quæst.* 19, *n.* 2, 3 & 4, *& quæst.* 54, *n.* 4.

Finalement quand tout ce que dessus eut cessé, le testateur par la publication dudit Edit, qui ne fait mention que de Coutumes statuées, *habebat justam excusationem & communis error jus facere videbatur vulgari*, L. *Barbarius Philippus*, ff. *de Officio Prætorio, præcipuè in proposito, propter testatoris opinionem qui haud dubiè juxtà prædictorum statuto-*

rum difpofitionem exiftimavit teftamentum fuum omni ex parte perfectum & abfolutum effe. Auth. *ut novæ factæ conftitut.* §. *provinciar.* ubi vult imperator non folum præterita omnia teftamenta, fed ea quoque quæ proximè poft legem novam fecundum formam veterem facta funt valida firmaque effe ; Peck. *de teftam. conjug. lib.* 4 , *cap.* 25 , *facit etiam* , L. *jubemus* 8 , *cod. de teftam. ibi quid enim antiquitas peccavit quæ præfentis legis infcia priftinam fecuta eft obfervationem ;* ainfi il fut conclu &. arrêté, en confirmant le jugement de Flandres , par Sentence prononcée la veille de Noël 1615 , entre les exécuteurs du teftament dudit Gavere d'une part, & lefdits légataires d'autre ; *vide* Ann. Robert, *rer. judic. lib.* 2 , *cap.* 1.

CETTE queftion, pour ce qui concerne l'omiffion des folemnités prefcrites par ledit Edit, a été jugé au mois de Mai 1616 , entre le Comte de Berlemont & Confors, contre le Comte de Hoeftrate. Charond. fur le code Henri, lib. 6, tit. 5, tient que fi le teftament n'a pas les folemnités ordonnées par l'Edit perpétuel, qu'il eft nul *etiam ad pias caufas*; & *lib.* 13 , *refp.* 18 , que quand un teftament eft débattu par ledit défaut, la provifion demandée par celle des parties qui fe fondent fur ce teftament, doit être jointe au principal ; & ainfi fut jugé par la Cour au mois de Mars 1620, entre Adam Mafyer, dit Vigneron, & les exécuteurs du teftament de fa belle-mère : il faut néanmoins confidérer que la forme prefcrite par l'Edit n'eft pas étroite, ainfi la plus aifée de celles permifes de droit approchant fort à la forme du Droit commun, en préfence de témoins & Notaire, par où il pourroit fembler que cette forme devroit auffi être obfervée *in teftamento inter liberos , & ad pias caufas*; Peck. *de teftam. conjug. lib.* 1 , *cap.* 18 , *tenet ita in perfectam voluntatem non valere etiam ad pias caufas.*

Suivant quoi, la veille de Noël 1635, il fut jugé que le teftament de Jeanne Paulus, veuve de Nicolas Letaindeur, fait entre fes enfans, fans y obferver la forme prefcrite par ledit art. 12 de l'Edit perpétuel de l'an 1611, étoit bon; & enfuite de ce, la Sentence rendue par ceux du Confeil de Luxembourg, entre Henri de Warenges & Confors, héritiers de ladite Jeanne, Appellans de Luxembourg, fut réformée, & l'Intimé déclaré non fondé ni recevable, & condamné aux dépens de la Sentence de première inftance, & en la moitié de celle du Confeil.

ARRÊT XXII.

Paiement d'une rente héritière & foncière fait pendant quelques années, a force d'obligation.

AU procès du S.r Detilly, Appellant de Namur, contre M.e Tradiot, Chapelain, fut réfolu que le paiement d'une rente héritière & foncière, fait pendant quelques années, avoit force d'obligation, quoiqu'il ne parut de titre conftitutif: Il fut jugé qu'il n'étoit befoin d'avoir payé par temps, fuffifant à prefcription; Guy Pape, *décif.* 407; Grimaudet en fon traité *des ufures & contrats pignoratifs*, chap. 20, traite & réfoud la queftion fort à propos, par Arrêt prononcé le 24 Novembre 1615.

Voyez Mafuer, en fa pratique, tit. *des louages, n.* 25 & 39; *vide, L. cum de in rem verfo* 6, ff. *de ufur. L. fi certis annis, cod de pactis, L.* 1, *cod de fideicomm.*

ARRÊT XXIII.

Praticiens ne peuvent retenir les pièces des parties, faute de paiement.

LE 12 Janvier 1616, il fut résolu que les Huissiers, Praticiens, Procureurs & Avocats, ne peuvent retenir les pièces des parties, sous prétexte qu'ils ne sont pas payés de leurs salaires, & qu'à faute de délivrance des pièces, ils étoient tenus aux dommages & intérêts soufferts par les intéressés. *Boer. decis.* 15.

ARRÊT XXIV.

Exhérédations faites avant l'an 1567, à cause d'hérésie, ne sont pas comprises sous le traité de Trèves.

AU procès de Philippe Vanerp, Secrétaire de cette Cour, & Consors, Appellans des Juges d'Artois, contre les héritiers de Robert Cambier, Intimé; il a été résolu qu'une exhérédation faite pour cause dont est procédé la guerre, contenue en un testament de l'an 1566, le testateur étant mort dans l'an, n'étoit comprise au traité de Trèves, fait avec les Provinces-unies, parce que les termes d'icelui devoient être pris étroitement & à la lettre, & que suivant l'art. 27 & autres, la guerre n'est censée avoir commencée qu'après l'an 1567, à tel effet que ceux qui se sont retirés en pays neutre auparavant, & ont été exhérédés par testament, qui a aussi sorti effet auparavant, ne sont capables du bénéfice de Trèves, *quia inspecto tempore mortis, illud testamentum erat ante bellum factum*; Peckius, *de testam. conjug. lib.* 4, *cap.* 25, *n.* 3, *præterea restitutio principis & post liminium æquiparantur*, L. *si quis filio*, §. *penult.* ff. *de injusto rupto testam. sicuti ergo sub restitutione non continentur ea quibus non fuit stipulatum, ita non comprehenduntur sub post liminio ii qui non fuerunt hostes*; néanmoins comme au même procès le testateur n'avoit pas exhérédé son fils nommément, mais seulement celui d'entre ses enfans qui changeroit de religion & ne retourneroit pas au giron de notre Ste. Eglise, on doutoit si cette exhérédation étoit valable, & si la cause en étoit suffisamment prouvée : quant au premier point il fut résolu que le testateur avoit usé d'une singulière prudence envers l'un de ses enfans, qui au temps dudit testament, & quelques années auparavant, avoit abandonné sa patrie, s'étoit retiré en Pays suspect, & que pour le ramener à résipiscence doucement, & sans aucune tache ou note expresse d'infamie, il ne l'avoit pas dénommé, mais que ce nonobstant *causa exheredationis vice nominis fungebatur & respiciebat eum qui exheredebatur non autem liberos præsentes orthodoxos, quamobrem habeatur ac si nominatim esset facta exheredatio*; Jas. *in* L. 2, *de liberis & posthumis, col.* 2, *lib.* 2, *tit.* 13, *instit. de exheredatione liberorum*, §. 6, *in fin. verbo nominatim*.

Et quant à la preuve de la cause d'exhérédation, il fut considéré qu'un père n'exhérédoit son fils qu'avec juste cause ; ainsi son jugement & dernière ordonnance faisoit grande présomption contre le fils, parce qu'il n'étoit pas croyable qu'il eut voulu imaginer une raison aussi affligeante sans cause préexistente ; *L. inter stipulantem*, v. 3 , §. *sacram.* ff. *de verb. oblig.* comme il ne s'agissoit point de la preuve du crime d'hérésie, sinon pour effets civils, & non pour la punition du crime, il fut résolu que cette cause pouvoit se prouver par conjectures & présomptions, & il y en avoit plusieurs, qui seules devoient suffire ; Menoch. *de præsumpt. lib.* 5, *præsumpt.* 6 ; Jacob. Simoneal, *in inchiridio violatæ religionis*, *cap.* 40, *n.* 9, *& seq.* Panorm. *cons.* 42 ; *huic omninò simile est quod tradit.* Bald. *cons.* 254, *proponitur, vol.* 2, *quod sufficit probare uxoris odium per famam & indicia & leviores probationes quoad effectum excludendi maritum à dotis lucro, licet illæ probationes non essent sufficientes contra virum & ad eum criminaliter condemnandum* ; par où, comme il constoit au procès, que le fils exhérédé ne s'étoit reconcilié, mais étoit marié & mort en la religion prétendue réformée. La Sentence des Juges d'Artois, par laquelle ils avoient tenus le cas de ladite exhérédation, être compris ès Trèves, fut mise à néant, & lesdits héritiers Demandeurs originels, déclarés non-recevables ni fondés en leurs conclusions, par Arrêt conclut le 16 Février 1616.

Au même procès lesdits Demandeurs s'étoient aussi prévalus des articles de la pacification de Gand, mais aucuns des Seigneurs estimoient que cette pacification n'avoit sorti effet, & que les Etats y avoient contrevenu les premiers : il fut même allégué par l'un des Seigneurs, qu'il avoit entendu de l'un des assistans à la pacification, que durant que l'on arrêtoit d'un côté les points & articles y mentionnés, l'on traitoit d'un autre côté à trouver les moyens pour y déroger, pourquoi on ne devoit y avoir aucun égard, *quia fallenti fidem, fides frangatur eidem, exemploque licet pro-*

dere quemque suo. Toutefois comme le point est de conséquence, & que par autres délibérations la Cour semble avoir suivi les points contenus en la pacification, si le cas arrivoit que de cette pacification se devroit rendre jugement définitif d'une cause, il seroit mieux de consulter le Prince, à mon avis.

AYANT depuis trouvé un avis de la Cour, du 12 Février 1598, étant en un volume aux lettres closes ou avis, fol. 142, par lequel est dit qu'à l'égard des sujets de Brabant & de Flandres, qui ont acceptés ladite pacification, & se sont réglés selon le contenu d'icelle, elle devoit être entretenue, nonobstant qu'iceux l'ayant ainsi accepté en continuant leurs résidences esdites Provinces de Brabant & de Flandres, étoient compris les nouveaux troubles, depuis survenus, attendu qu'après ils ont été reconciliés avec pardon général.

ARRÊT

ARRÊT XXV.

1.º *La Loi* pactum quod dotali, cod. de pactis, *est abrogée.*

2.º *Conventions faites par traité de mariage entre deux conjoints, ne font pas révocables par le survivant.*

3.º *Quand le fils ou l'héritier est tenu d'entretenir le fait du défunt.*

4.º *Le fils peut contrevenir au fait du défunt, non comme héritier, mais comme fils.*

5. *L'héritier peut contrevenir au fait du défunt quand il tend à le priver du bénéfice de la Loi.*

6.º *Contre-lettres sont réprouvées de droit*, voyez Arrêt 51 de M. de Grispere.

7.º *Si l'estimation du legs est due au légataire, lorsqu'il est incapable d'appréhender le legs ?*

AU procès du Sr. Deraville, Intimé, contre la Dame Douairière de Palant, Appellante de Luxembourg, touchant la récréance prétendue par l'Intimé, des biens délaissés par le trépas de feu noble homme Hastard de Palant, son beau-père, il fut jugé que les procédures en matière de main-tenue & de récréance sur la Coutume, *le mort saisit le vif*, faites tant pardevant l'Huissier extraordinaire qu'audit Luxembourg, étoient nulles ; & qu'ainsi il falloit examiner sommairement au fond de la matière, laquelle des parties avoit le plus apparent droit & titre, pour selon ce, lui adjuger ladite récréance ; car quant à la seule

M

possession, l'une & l'autre des parties se fondoit sur la Coutume, *le mort saisit le vif*, l'un *ex testamento*, & l'autre *ab intestato*.

Ledit Sr. Deraville se fondoit particulièrement sur le traité de mariage de l'an 1564, par lequel les deux tiers des biens patrimoniaux dudit feu Hastard avoient été promis & affectés aux enfans de son premier mariage, à procréer de Dame Anne de Fleodrof, dont la femme dudit Sr. Deraville étoit procédé, aux conditions expresses que ledit Hastard ne pourroit disposer que *d'un tiers d'iceux biens, le cas avenant qu'il convolat en secondes noces*, comme il avoit fait avec la Dame Douairière Appellante, qui soutenoit que par traité & contrats postérieurs, son mari avoit pu déroger, à la clause du premier contrat de mariage nommément par son testament, par lequel il lui avoit laissé l'entier usufruit desdits biens patrimoniaux, consistans entr'autres en diverses terres situées au Pays & Duché de Luxembourg; elle ajoutoit que la récréance de ces biens, quant à l'usufruit, lui devoit être adjugée en conformité de son traité postérieur & testament, qui devoient avoir effet, malgré le douaire convenu & stipulé au traité de mariage d'entr'elle & ledit Palant.

Suivant quoi on examina seulement si la convention de succéder dans les deux tiers contenus au traité de mariage dudit an 1564, étoit valable; il fut résolu que la Loi *pactum quod dotali, cod. de pactis*, n'étoit pas en usage, qu'au contraire elle étoit abrogée, comme il a souvent été jugé en cette Cour; & il me sembloit que la chose étoit assez claire en termes de Droit, *per novel. Leonis 19, his verbis: statuimus verò ut parentum nemo jura filiorum quibus cum reliquis liberis æqualem hæreditatis portionem servatum iri, in nuptialibus con-*

tractibus spoponderint innovare tentet. At si quis pactiones suas aspernari & illius, cui tantumdem, quantum alii fratres habituri sunt, promiserit, portioni detrahere compertus fuerit: sciat is, pœnitentia mutatam voluntatem invalidam atque vanam habendam. Suivant quoi on a souvent jugé en cette Cour, que par des conventions anténuptiales on pouvoit promettre une hérédité, nommément au procès du Sr. Delare, contre la Dame Dequarre, sa belle-mère, & qui approche encore plus de notre cas : il est certain que *jure feudorum ita contrahi potest matrimonium ut existentibus ex priore matrimonio liberis, si qui postea ex secundo matrimonio nascuntur, patri non succedunt, cap. unico, tit. de filiis natis de matrim. ad Morgan. contracto, & §. filii nati, tit. si defendo defuncti contentio sit, &c.*

Il fut examiné si telles conventions étoient révocables par le survivant, ou si en aucune manière elles pouvoient être altérées au préjudice de ceux auxquels droit étoit acquis: il fut aussi résolu que non, & que *contrariarum pactionum nullus erat effectus, d. Novellâ Leonis* 19 ; Robert. *rer. judicat. lib.* 1, *cap.* 15, *& lib.* 4, *cap.* 1 ; Boer. *decis.* 204 ; Charond. *responf. lib.* 11, *quæst.* 145 ; Papon, *ad consuet. Burbon.* §. 219 ; Menoch. *conf.* 92.

On douta si le Sr. Deraville, qui du chef de sa femme étoit héritier des biens disponibles dudit feu Hastard, étoit tenu d'approuver ses dispositions postérieures pour sa part héréditaire, en telle sorte que de ce chef il ne pouvoit débattre le legs dudit usufruit; & les autres dispositions d'entre-vifs postérieures audit traité.

Sur quoi il fut considéré qu'en termes de Droit, *quando defunctus pater alienavit rem filii & hæredis, vel de eâ disposuit, talis hæres non potest ejus facto contravenire, neque potest rem suam vendicare etiamsi filius non habeat ex hæreditate patris nisi legitimam*; Rodericus Luaris *in repet.* L. *quoniam in prioribus, cod. de inoff. testam. ampliat.* 7 , *n.* 11 ; Grassus , *receptarum sententiarum ,* §. *hæreditas , quæst.* 12 , *n.* 21 , *cum enim in casu vendicationis per filium qui una eademque persona est , cum patre , dandus esset regressus contra hæredem pro interesse etiam in præjudicium legitimæ filii quæ juri alieno postponitur , sine dubio res tali casu esset æstimanda & secundum ejus æstimationem fieri debet compensatio cum bonis æquivalentibus paternæ hæreditatis quæ penes filium reperiuntur titulo hæreditario. Et in omnibus obligationibus filius repræsentat defuncti personam quatenus bona hæreditaria quæ habet à defuncto se extendunt , adeo ut sic confundatur actio hæredis quam habet adversus defunctum ut nec ei permittatur , nequidem sub beneficio inventarii , factum ejus impugnare* ; Grassus , *d. loco versiculo sed nunquid.*

Vu ces raisons , quelques-uns étoient d'avis que ladite Douairière avoit le plus apparent droit , & que ledit Sr. Deraville devoit permettre la jouissance de l'usufruit à elle laissé, sur les deux tiers desdits biens patrimoniaux ; les autres pensoient au contraire que *hæres non tenetur præstare factum defuncti quando res de quâ quæritur non ab ipso defuncto , sed ab hæredis majoribus procedit , & quando contravenit non ut hæres , sed ut filius* ; Cravet. *conf.* 200 , *n.* 7 ; Grammat. *conf.* 93 ; Cacheran. *decis. pedemont.*

QUANT à moi , quoique la difficulté fut assez grande , notamment ayant égard que *uxor quæ doarium habet conventionale non impeditur quominus maritus ei leget aliquid supra doarium* ; Peckius , *de testamentis conjugum , lib.* 4 , *cap.* 15 ; néanmoins en notre hypothèse il m'a semblé que la cause

de Malines.

principale, par laquelle telles promeſſes & conventions ne ſont révocables, procède de l'aſſemblée publique des parens de part & d'autre; & de ce qu'en tels traités de mariage la bonne-foi y doit régner, à faute de quoi il ſeroit aiſé de les rendre illuſoires, & donner ouverture à la fraude; pourquoi il m'a ſemblé que ce n'eſt pas tenir le chemin que l'on doit, même que c'eſt contre l'honnêté civile, & contre les bonnes mœurs, de donner à une marâtre, particulièrement par acte teſtamentaire, l'uſufruit des biens, dont la pleine propriété & jouiſſance a été promiſe par traité public aux enfans d'un premier mariage, parce que par ce moyen les gendres ayant épouſés les filles provenant de ce mariage, ſeroient trompés, s'étant contentés, comme ils ont faits, d'une dot médiocre de leurs femmes, dans l'eſpérance qu'après le décès de leur père ils entreroient en pleine jouiſſance deſdits biens patrimoniaux, en conformité dudit traité; & ſelon que dit fort à propos Annæus Robertus, *d. lib.* 4, *c.* 1, *cum tabulæ nuptiales præſentibus propinquis & amicis conficiantur, neque æquum eſt, neque honeſtati publicæ conveniens matrimonii exinde alia ſecreta pactiones reſcindi, aut contraria conventione eis derogari.*

PAR où leſdits traités & teſtamens poſtérieurs, & ſpécialement ceux faits après le décès de ladite Dame de Fleodrof, première femme dudit Haſtard, comme répugnant aux bonnes mœurs, n'étoient à mon avis obligatoires; ce qu'eſt ſtatué aſſez clairement en ladite Novelle 19, *ibi ſi quis portioni detrahere compertus fuerit, ſciat is pœnitentia mutatam voluntatem invalidam eſſe, & in* L. *unum ex familia*, §. *ult. de leg.* 2, *ibi, ne ſcilicet honos bene tranſacti matrimonii, fides etiam communium liberorum decipiat, præmorientem qui melius de superstite præsumpserat* : à quoi est aussi conforme ce que résoud Peckius, *de testam. conjug. lib.* 1, *cap.* 32, *n.* 3, où il dit fort à propos *hæredem juvari in tali casu exceptione non juxtà voluntatis defuncti, ita ut obliquè uxor conventione suâ matrimoniali contenta debeat* ; or, est-il que *dispositio de jure invalida nullam parit obligationem ad interesse*; Wesemb. *consf.* 79, *in fine*, & l'héritier n'est pas tenu d'avoir pour agréable les dispositions réprouvées par la Loi, *quas ipsemet qui facit poterat revocare auth. C. de fideicom.* Cravet. *d. consil.* 200, *n.* 7; Grammat. *consf.* 93, Peck. *d. loco*, *n.* 3, *ubi tradit hæredem venire contra factum defuncti quod tendit ad se fraudandum beneficio legis, aut statuti. Similiter in eo casu quo vasallus de fundo disponere non potest, hæres non debet ejus æstimationem legatario, quia res feudalis propter legis prohibitionem non censetur esse in communi commercio* ; Graff. *recept. sentent. lib.* 1, §. *legat. quæst.* 19, *n.* 22.

Ainsi il m'a paru équitable, & à plusieurs autres Seigneurs de la Cour, que le plus apparent droit étoit pour ledit Sr. Deraville, & suivant ce, sans avoir égard audit testament, ladite récréance lui fut adjugée par Arrêt rendu aux vacances de Noël 1615 : bien entendu que ladite veuve de Palant seroit maintenue en la jouissance desdits Biens, d'autant plus que partie d'iceux lui avoient été promis par son traité de mariage, & que ce traité avoit été ratifié par les parens de part & d'autre, & par ledit Sr. Deraville, à quoi est conforme la résolution dudit Peck. *d. c.* 32, *n.* 3.

Le même point de droit avoit été arrêté & jugé en un cas moins favorable, par Arrêt du 24 Décembre 1603, entre D.lle Marguerite Degrutere, Appellante d'Artois, & D.lle Catherine Degrand, par lequel les contre-lettres &

promesses secrettes, quoique ratifiées constant le mariage, & nonobstant que les héritiers desdits contractans étoient en cause, furent déclarées nulles, comme reprouvées de Droit, contre les bonnes-mœurs & bien public, avec défenses de se servir à l'avenir de telles promesses, ni en jugement, ni dehors, *vide* Papon, tit. *de dot & douaire*, Arrêt 21 ; Charond. lib. 2, réponf. 34.

LOUET, en son Recueil, lett. C, Arr. 28 ; Bacquet, *des droits de justices*, c. 21, n. 362.

MOLINA, *de primog. Hispan. lib.* 4, *cap.* 1, *n.* 23 & 26.

LOUET, en son Recueil, lett. M, Arr. 4, *hæres, subaudi feudorum, aliud enim dicendum in hærede mobilium*, vide Arr. 6, *Domini* de Grispere.

CELA peut être véritable à l'égard des Créanciers, mais point à l'égard des enfans entre eux, car celui qui n'a que sa légitime, la doit avoir libre & déchargée de dettes, & c'est ce qui se dit vulgairement que *legitima debetur, omni ære alieno deducto*; c'est ce qui a lieu lorsque sur tout le bien, les dettes, obséques & funérailles ont été déduits & précomptés, & à faute de quoi l'enfant qui tire sa légitime sans cette déduction, est tenu aux dettes pour son contingent : Bacquet, *du droit de bâtardise*, c. 5, n. 6, où il traite fort distinctement & clairement comment la supputation de la légitime se pratique.

VIDE *distinctionem* Peckii, *de testament. conjug. lib.* 4, *cap.* 32, & *rursus de amortisatione bonorum, cap.* 6 ; Everard. *conf.* 71, *n.* 11, où il traite des statuts ; & de la Caroline de l'an 1520, par laquelle il est défendu aux Eglises & autres mainmortes, d'acquérir immeubles par don ou legs, savoir, s'il leur en est dû l'estimation, il est d'avis que non lorsque la clause est irritante. J'ai vu deux Arrêts du grand Conseil, le premier du 16 Juillet 1541, donné en la cause de Corníl Campen, Bourgeois d'Amsterdam, Intimé, contre la maison des Ladres, & autres main-mortes dudit lieu, Appellans d'Hollande, par lequel l'Intimé fut condamné à payer l'estimation des biens immeubles, que les Appellans ne pouvoient acquérir suivant les Placards.

Le deuxième Arrêt du 24 Février 1547, entre le Procureur-général d'Hollande, & .... fille de Cornelis & Consors, Intimés, contre les Religieuses du Couvent de Ste. Elisabeth Judenhâghe, Appellans d'Hollande, par lequel fut dit bien appellé & mal jugé; & par nouveau jugement lesdits Appellans furent déchargés des conclusions contre eux prises en première instance par les Intimés, bien entendu que les Appellans seroient tenus de vendre les biens immeubles à eux laissés, dont il étoit question ensuite de leurs offres & des Placards; par où il m'a semblé que suivant ces mêmes Placards & usages d'Hollande, il n'y avoit alors aucune défense de laisser à gens de main-morte, biens immeubles, à peine de nullité, comme en la susdite Caroline publiée au Duché de Luxembourg.

Au mois de Février 1620, ayant été prise résolution contraire en cette Cour, au fait des Pères Jésuites de Tournai, contre la Dame de Meghem, cette résolution fut envoyée à son Altesse, par son ordre, avant la prononcer, & le fait mis en délibération, il fut résolu par commun avis audit Conseil, que l'estimation n'étoit pas dû auxdits Pères, parce qu'ils n'avoient pû acquérir, malgré la Caroline, ensorte que les parties s'accordèrent sans attendre le jugement.

ARRÊT

ARRÊT XXVI.

En matière de pleine maintenue, celui qui a plus ancienne possession la doit obtenir.

AU procès du Sr. de Ribaucourt, Impétrant de maintenue contre le Sr. du Lict, ajourné, l'on a exposé de la part de l'Impétrant que les Bailli & Hommes de Fief de Ribaucourt sont en possession de toute ancienneté, quand ils sont chargés de logement de soldats par ordre de son Altesse, de répartir un sixième d'iceux sur le Hameau du Lict, Paroisse dudit Ribaucourt, sauf que depuis dix-huit à vingt ans, il conste que lesdits Bailli & Hommes de Fief ont envoyés des billets de répartition aux habitans du Lict, qui les ont refusés à cause que le Seigneur dudit Lict étant lors Lieutenant ou Cornette d'une Compagnie d'Hommes d'Armes, a prétendu les exempter, & a renvoyé quelquefois lesdits billets & soldats.

Au contraire le Seigneur du Lict dit que ce Hameau est Pays d'Artois, & que Ribaucourt est terre d'Empire, les Officiers de laquelle n'ont aucun droit de *billeter* les sujets du Pays d'Artois; il ajoute qu'il est lui-même avec ses sujets en possession d'exemption, & de ne recevoir lesdits billets de répartition, & quoique ledit Hameau soit de la Paroisse de Ribaucourt, cela ne fait rien, sinon pour le spirituel, & nullement pour le temporel; étant avoué de plus au procès que quant aux tailles, contributions, aides, & autres charges des Provinces & Communautés, ceux dudit Hameau contribuent avec les sujets du Pays d'Artois, & non avec ceux dudit Ribaucourt : mais malgré cela, il fut considéré au jugement du procès, que quand il est question de loger des gens de guerre par ordre du Prince, qui est Souverain de l'une & l'autre des terres, ou provinces où le logement se fait, les répartitions & quartiers se font communément, par clochers & paroisses, sans avoir égard si en icelui il y a des Hameaux & lieux de différens ressorts & jurisdictions; au moyen de quoi l'impétrant avoit en sa faveur le titre & le droit le plus apparent, auquel on a eu plus d'égard qu'à la simple possession des dernières années & exploits qui étoient contraires; Charond. *sur les Coutumes de Paris*, art. 97, *in fine*.

OUTRE cela il falloit remarquer que quoiqu'il fut véritable que depuis dix-huit à vingt ans le Seigneur du Lict avoit refusé lesdits billets, & envois de soldats, faits par les habitans de Ribaucourt, il constoit par la déclaration d'une multitude de témoins qu'avant le temps de la charge militaire de leur Seigneur du Lict, ils avoient toujours reçus sans contredit les susdites répartitions & envois, ainsi il a semblé qu'en cette matière de pleine maintenue & d'interdit, *is obtinere debebat qui antiquiorem possessionem probabat, ex quâ sequens præsumebatur vitiosa, cap. licet X de probat.* Wesemb. conf. 6, n. 6; Menoch. *de recuper. possess. remed.* 5, n. 383; vide Cravett. conf. 258.

QUANT à ce que l'on objectoit qu'on ne pouvoit proposer interdits après dix ans du trouble & perte de possession, il falloit avoir recours au pétitoire; Masuer. en sa pratique, titre *des matières possessoires*; Charond. sur lesdites Coutumes, art. 98, où il dit que selon l'usage françois la complainte n'est reçue qu'après l'an; il fut à ce répondu de diverses sortes de manières.

PREMIÉREMENT, que cette matière étoit d'Etat & de police, & que par conséquent elle ne devoit être réglée selon les formules de pratiques ordinaires, & moins selon quelqu'usage ; cela étant il a semblé que nous n'étions pas au cas de complainte en cas de nouvelleté, mais en cas de maintenue, & que *hujusmodi interdicta tam secundum leges quam statuta sunt perpetua sicuti cæteræ contradictiones ex lege neque præscribuntur nisi spatio 30 annorum*; Wesemb. *d. consil.* 6.°, *n.* 74, qui cite plusieurs autorités à l'appui de son opinion.

SECONDEMENT, au cas qu'une prescription moindre de 30 ans fut de quelque considération, elle doit être accompagnée de bonne-foi, sans laquelle aucune prescription ne peut avoir lieu ; Wesemb. *de consf. n.* 69, *& seq. vide* Cravett. *consf.* 559.

OR, au fait dudit Sr. du Lict, il y avoit peu de bonne-foi au commencement de sa possession, & elle sembloit vicieuse à la plupart des Seigneurs, parce qu'elle avoit commencé par crainte durant les guerres, lorsqu'il fut fait Cornette de ladite Compagnie, *unde perpetua erat actio contra eum & ejus successores*, C. *sæpe de restitut. spoliat.* Wesemb. D. *consf.* 6, *n.* 6, *& seq.*

TROISIÈMEMENT, il constoit au procès que les Bailli & Hommes de Fief de Ribaucourt, avoient durant sa charge *billeté* les habitans du Lict, quoique leurs billets & soldats eussent été le plus souvent renvoyés. Ceux de Ribaucourt avoient par ce moyen suffisamment retenus leur possession, sinon entièment & réellement, du moins civilement ; ils étoient censés par ce moyen s'être maintenus autant que la conjoncture du temps, & la crainte d'être maltraités par ledit Lieutenant l'avoient permis. Ils s'étoient comportés de manière qu'il n'avoit eu dix ans de possession paisible, & on ne pouvoit prouver que les impétrans eussent volontairement abandonnés leur possession & l'eussent perdu par leur faute & négligence, ainsi que faire se devoit; Menoch. *de recup. remed.* 15, *n.* 384; d'ailleurs c'étoit assez d'avoir retenu la possession civile dans l'intention de recouvrer la possession naturelle, L. *clam. possidere*, §. *qui ad nundinas*, ff. *de acquirend. possess.* Menoch. *d. loco, n.* 389, Covarr. 3, *cap.* 5, *n.* 6, & *practic. quæst. c.* 17.

Enfin, encore que par quelque Coutume ou Statut municipal *ad obtinendum interdicto vera possessio & realis exigeretur tempore possessionis interversæ*, (dont il n'a consté au cas présent) *adhuc tamen censetur probata spoliatio illo tempore, si probatum est possedisse ante, probando scilicet antiquiorem possessionem ante spoliationem*; Menoch. *D. L. n.* 398, & *seq.*

Pour ces raisons, & par Arrêt rendu le 21 de l'an 1616, la maintenue a été adjugée audit Impétrant, & le Défendeur condamné ès dépens.

ARRÊT XXVII.

Les actes passés devant le Juge, qui a été établi durant la guerre, sont bons & valables.

PAr Arrêt du mois de Janvier 1616, entre Guillaume Casier, Demandeur contre Jean & Charles Marchulet & Consors, Défendeurs, furent décidées quelques questions considérables. La première, que les actes & adhéritances passés pardevant les Loix & justices, qui ont exercé la supériorité durant les troubles de guerre de pardeçà, sont bons & valables, encore que par les traités & capitulations des villes réconciliées avant les trèves, il en eut été autrement statué, comme il a été traité par plusieurs d'iceux, & entr'autres par l'art. 11 *de la reconciliation d'Anvers*, du 17 Août 1585; néanmoins cela a été ainsi entendu, parce qu'autrement il seroit arrivé un très-grand désordre & confusion entre les sujets, au préjudice du repos public, si tous les actes de justice, sentences, & autres dispositions fussent restés nuls & de nulle valeur, comme il a encore été jugé au procès de Gaspard de Blois, Sr. de Trelon, Appellant de Flandres, contre le Sr. Dewerp & les Conseillers Fiscaux, par Arrêt du 5 Novembre 1616; aussi telles capitulations & traités faits avec les villes, particulièrement celles qui n'ont été prises par force d'armes, ne doivent être considérés comme graces, ainsi qu'il sembloit à aucuns des Seigneurs, mais doivent être regardés comme des restitutions par forme de contrat. *Pax enim facta cum rebellibus non habet vim simplicis indulgentiæ, sed restitutionis in integrum*; Peregr. *ubi infra*, n. 67;

l'interprétation de pareils traités doit s'entendre à l'égard du Prince, en faveur des sujets & de la chose publique, *L. finali*, ff. *de conflit. princip.* & telles résolutions *denotant plenam aut plenariam gratiam, quæ non esset plena, si non extenderetur ad bona & actus de quibus est quæstio*; Peregr. *de jure fisci, lib.* 5, *tit.* 2, *n.* 22, 29, 72 & 75, *in fine, per L. si quis filio,* §. *quatenus,* ff. *de in inst. testam.* Clarus, §. *fin. quæst.* 59, *ubi tradit quod actus gesti & ob damnationem infirmati per restitutionem convalescunt.*

Il étoit à propos en ce cas de considérer que les dispositions & actes qui se passent en temps de troubles & d'hostilités, sont valables de Droit, quoique passés avec moins de solemnités que d'ordinaire; Mich. Graff. *recept. sentent. lib.* 1, §. *testam. quæst.* 54, *n.* 10.

Secondement, il fut conclu qu'encore qu'il ne constoit que la donation & déshéritance des biens en question, eut été acceptée par les donataires avant la mort du donateur, toutefois elle devoit sortir effet de donation d'entre-vifs, parce que les Bailli & Gens de Loi avoient, par leur acte de déshéritance, déclarés que les donataires avoient été adhérités, tellement qu'il falloit de nécessité que le Bailli, ou quelqu'autre homme de Loi, eut mit la main au bâton ou à la verge de justice, pour de leur part faire l'acceptation d'icelle adhéritance, *quamobrem videbatur donationem ab eo tempore per personam publicam fuisse acceptatam & irrevocabilem, imo & judiciali stipulatione corroboratam*; Molin. *consf.* 60, *n.* 9 & 10; Molina, *de primogen. lib.* 4, *cap.* 2, *n.* 67 & 70, même au cas que l'on eut voulu tenir que droit avoit été acquis auxdits donataires par l'acceptation d'un tiers, mais point irrévocable, sinon après formelle acceptation par eux faite ; Molina, *d. locis*, fi eſt-ce que le donateur ne l'avoit révoqué de ſon vivant, elle étoit devenue irrévocable par ſa mort, parce que felon la commune opinion le droit de révoquer ne paſſe pas aux héritiers ; Covar. 3, *var. cap.* 14; Colar. §. *donatio*, *quæſt.* 13 ; Molina, *d. loco*, *n.* 77.

Enfin comme on objectoit que la minute de l'acte de donation & déshéritance en queſtion, avoit repoſé chez le donateur juſqu'à ſon décès, & que par ce moyen la donation étoit demeurée imparfaite, même du côté du donateur ; Molin. *d. conf.* 60, *in fine*.

Il fut confidéré que cela pouvoit être vrai en termes de Droit, quand la donation ne ſe paſſe que par fimple déclaration, & point quand elle ſe fait par œuvres de Loi, ou avec acceptation de Notaires ou d'autres perſonnes publiques, aux noms des donataires abſens, car quand la donation ſe fait par œuvres de Loi & déshéritance, en ce cas le donateur, qui en eſt déveſti & déshérité, n'a plus rien en la choſe pour en pouvoir diſpoſer de nouveau : comme auſſi il a ſemblé que quand le Notaire, ou autre perſonne publique a accepté le don au nom du donataire, que la rétention de la minute de l'acte n'eſt confidérable, pour de la part du donateur en inférer quelque imperfection & défaut de volonté.

ARRÊT XXVIII.

1.° *Si le procès verbal d'un Huissier, qui déclare avoir été maltraité faisant ses fonctions, fait foi en pleine justice?*

2.° *Et quelle est la peine de la rebellion faite à justice en la personne de l'Huissier Exploiteur & d'un Recors?*

EN la cause du Procureur-général, Demandeur, contre Charles Dhains, Seigneur de Thassenhein, ajourné en personne & Défendeur, furent traitées diverses questions.

LA première, si les rebellions & résistances faites à justice, tant par paroles que de fait, dont ledit Défendeur étoit accusé, étoient suffisamment vérifiées par la relation de l'Huissier Exploiteur, & de son assistant qui relatoient avoir soufferts ladite résistance.

LA seconde, quelle peine & châtiment ledit Défendeur avoit mérité en cas de conviction?

QUANT à la première, la plupart des Juges étoient d'avis qu'on devoit ajouter foi à la relation, corroborée du témoignage dudit assistant ou Recors, & de quelques autres preuves, parce qu'il ne s'agissoit de faire droit sur l'injure & résistance en question, au profit dudit Huissier, mais seulement de la vindicte publique à la poursuite du Procureur-général, Guid. Pap. quæst. 628, & quæst. 557; Peckius, *de jure sistendi, cap. 32, ubi tradit non esse alienum à jure, ut apparitori asserenti se percussum esse à debitore, & aliter non probanti credatur, non est tam alienum [inquit] ab officio hoc factum, quàm vulgò est existimatum, quippè quod ratione officii fiat hæc injuria adeoque ad principem atque judicem spectet, non autem ad apparitoris personam.*

ET

de Malines.

ET pour ces raifons, & ayant égard à la dépofition du Recors, qui étoit conforme, & quelques vacillations du Défendeur, le tout joint enfemble, il fut jugé atteint & convaincu defdites voies de fait & réfiftance.

QUANT à la feconde queftion touchant la peine de la rebellion à juftice, il faut remarquer *quod ejufmodi apparitores munus fuum obeuntes, reprefentant perfonam principis ac Senatum, & proinde is qui verberat apparitorem, vel ei refiftit in executione officii, cenfetur principi & Senatui injuriam inferre, cujus perfonam gerit in eo ftatu*; Guido. Papæ, *d. decif.* 557; Peckius, *de jure fiftendi, cap.* 32, *n.* 2, *quarè tradunt ibidem eos qui fic apparitoribus refiftunt, & vim illis adferunt in Gallâ, aut capite, aut manûs amputatione quâ facimus admiffum fuit, punire; alii verò pœnâ arbitrariâ puniendi effe exiftimant.* Suivant laquelle opinion cette Cour Souveraine eft accoutumée de punir telles réfiftances & injures de fait & de paroles, en condamnant les accufés à faire amendes & réparations honorables en la Chambre, enfuite au lieu où le délit a été commis, avec amendes pécuniaires, & autres peines, fuivant divers Arrêts que j'ai vu dans les regiftres de la Cour, & entr'autres du premier Mars 1566, & du 16 Juin 1595. Néanmoins prenant égard à quelques circonftances qui excufoient le Défendeur, comme la maladie dont il étoit attaqué au temps de la réfiftance, à fon offre de fournir à l'exécution en dedans vingt-quatre heures, ainfi que de fournir le jugé, ce qu'il fit réellement avant la retraite de l'Huiffier, & défiftement de fon exécution, & autres raifons relevantes, il fut feulement condamné en une amende de cent écus, & aux frais & mifes de juftice, par Arrêt conclut à ma pourfuite le 13 Février

1616; & sans ces circonstances, ainsi que les Juges l'ont déclaré, il eut été condamné à faire amende honorable, & en plus grosse amende pécuniaire pour l'exemple, ayant depuis reconnu par les registres, que les résistances faites à son de cloche, ou autre émotion & clameur publique, ont été punies quelquefois du fouet & à faire réparation honorable ; nommément par Arrêt du premier Septembre 1565, en la personne de Gaspard de Vienne ; & par Arrêt du 18 Mars 1598, Jacques Machin fut condamné à l'amende de trois cens florins & aux dépens, pour avoir battu un Huissier exploitant.

Pour connoître comment on punit ce crime en France, il faut voir Sebast. Rouillard, *en ses Reliefs Forenses*, cap. 21 ; Jean Chenu, *en son Recueil de Réglement*; voyez Damhoudere, *en sa Pratique Criminelle.*

ARRÊT XXIX.

1.º *La restitution en entier peut être demandé par les Ecclésiastiques devant le Juge Laïque, dans le ressort duquel les biens sont situés.*

2.º *Si les Appellations comme d'abus sont admissibles pardeçà ?*

3.º *Si dans un contrat d'échange, l'une des parties donne une somme d'argent qui excède la valeur de la chose qu'il donne, alors c'est un contrat de vente & non d'échange ?*

4.º *Pour reconnoître si un contrat en est un d'échange, il faut considérer l'intention des contractans.*

5.º *Celui qui a approuvé un acte, ne peut après l'arguer de faux.*

6.º *On approuve un acte, lorsqu'on appréhende la chose donnée par le même acte ; & la vente, lorsqu'on reçoit le prix de la chose vendue.*

AU procès des S.rs & D.mes de Gelegue, & Confors, joint à eux le Procureur-général de leurs Altesses Sérénissimes, Défendeurs, contre le Cardinal de Guise, Abbé Commandataire de St. Pierre à Corbie, & les Prieur, Religieux & Couvent du Lieu, Impétrans & Demandeurs, furent traités & résolus plusieurs points & questions notables, par Arrêt du 26 Février 1616.

LA première, si le grand Conseil étoit Juge compétant de la matière, touchant l'aliénation des biens de Corbie, situés en Flandres, parce que les Défendeurs soutenoient au contraire que ladite aliénation avoit été autorisée par intervention de Juges délégués, en vertu de commission spéciale apostolique, partie appellée & avec connoissance de cause, & que partant l'on ne pouvoit plus connoître de nullité ni du défaut des solemnités & causes de l'aliénation, ni de la restitution en entier, ou rescision de contrat prétendu par les Demandeurs, *quia authoritas Papæ omnem defectum, si quis obrepsisset in actu, suppleverat & excluserat quoque ab actu omnem nullitatis exceptionem, cap.* 1 , *de transact. glossa in* C. *quia diversitatem in verbo forma de concess. præbendâ addebant rei quod prædicta authoritas faciebat quoque cessare beneficium juris ex remedio*, L. 2, *cod. de rescind. vend.* Gaill. *lib.* 2 , *observ.* 1 , *n.* 9 & 10 , Vitalis *de cambi. in tractatu clausularum, in clausf. quatenus ritè & rectè processerit, n.* 12 , *saltem de ita confirmato actu vel contractu nullius inferior cognoscere vel judicare poterat præterquàm solus pontifex vel alius, ex ejus speciali mandato*, c. 1 , *de confir. utili vel inutili* Vital. *de cambi. d. loco , n.* 3.

Mais nonobstant cela, il fut jugé que le grand Conseil pouvoit prendre connoissance de la validité de l'aliénation, sous les modifications toutefois qui seront dites ci-après; & les Défendeurs furent de ce chef déclarés non-recevables en leur fin de non recevoir & congé de Cour, sauf quant au point de nullité, dont sera fait mention ci-après; mais il faut remarquer que les biens étant assis dans le ressort du Conseil, le bénéfice de restitution en entier, peut être demandé par les Ecclésiastiques, devant le Juge Laïque de la situation des biens, parce qu'en ce cas l'Eglise est privilégiée, & a droit de choisir; L. *jam, cod. ubi in rem actio*; Guillel. Rodoanus, *tract. de rebus Ecclesiæ non alienandis, quæst.* 18, C. 8 ; Covar. 1 , *var. cap.* 4.

de Malines. 109

DE PLUS, selon le Droit, & les Placards & Edits de pardeçà, & concordats faits avec le St. Siége, les Juges Eccléfiaftiques ne peuvent prendre connoiffance des actions réelles, ni attraire les fujets de nos Princes hors leurs refforts ordinaires, d'où l'on peut conclure, que quant à la reftitution en entier, demandée pour biens réels, étant fous la Souveraineté de nos Princes, l'on ne peut attraire les fujets pardevant les Juges d'Eglife; voyez à ce fujet la provifion qui eft au premier volume de la Cour, *fol.* 252, & qui eft datée du 4 Janvier 1485; voyez auffi à ce fujet Louet, *Litt. D. cap.* 49.

IL faut auffi remarquer, que quoiqu'une vente faite avec la permiffion du St. Siége, & approuvée par Commiffaires délégués à cet effet, foit bonne, fi on a obfervé toutes les formalités requifes de Droit; cependant plufieurs font d'avis, qu'on peut prouver le contraire, quand même il feroit déclaré, que la vente a été faite pour l'utilité & avantage de l'Eglife, comme le rapporte Rodoan. *d. tract. quæft.* 2, *n.* 155, *& feq.* d'après plufieurs autorités qu'il cite; Alphonf. Villeg. *de rebus Ecclefiæ alienare.... lib.* 2, *cap.* 17, *n.* 2, *in fin.* ainfi donc lorfqu'on peut, nonobftant le décret des délégués, prouver le contraire, les Cours Souveraines peuvent auffi prendre connoiffance de la validité de l'aliénation des biens temporels des Eglifes en général, & voir fi le décret eft bien fait, ainfi qu'il s'obferve en France; Papon, *en fon Recueil d'Arrêts, liv.* 1, *tit.* 13, *ar.* 3, & lefdites Cours, nommément le grand Confeil, eft en poffeffion d'en ufer ainfi.

ON propofa fur cette première difficulté, que felon le traité de Madrid, l'Empereur Charles-Quint avoit été fubrogé, quant à la Souveraineté des Provinces de Flandres

& d'Artois, en tout & par-tout, aux droits des Rois de France, qui ont toujours eu la garde Gardienne de tous les biens temporels de l'Eglife, fitués fous leur Souveraineté, pourquoi, fans avoir égard aux Sentences & Décrets des Juges Eccléfiaftiques, les Parlemens de France prennent connoiffance des abus & invalidité de leurs jugemens, par droit de protection fouveraine & univerfelle, qu'ils ont fur lefdits biens & leurs fujets.

De même l'Empereur & fes Succeffeurs Comtes de Flandres, avoient fuccédés aux mêmes droits & pouvoir, en vertu dudit traité; mais cela ne m'a pas femblé concluant, & à mon avis ne peut être pris fi cruement, mais doit être entendu quant aux bénéfices de reftitution en entier, & avec les modification & tempérament que je dirai ci-après; & entr'autres, que fuivant les Ordonnances notoires du grand Confeil, art. 14 & 15, tit. *des requétes & provifions*, les réformations & appellations comme d'abus des Décrets & Sentences de Juges Eccléfiaftiques, ne font recevables ni admiffibles, mais font prohibées pardeçà.

Il ne faut pas argumenter *à regnis & ufibus feparatis*, d'autant moins que le confentement & autorité du Pape, en ladite aliénation, & les caufes qui la gouvernent font de l'effence de cette aliénation, tellement qu'on ne peut dire que les délégués du Pape auroient, quant à ce, entrepris fur la jurifdiction des Princes temporels, leur confentement n'étant requis de droit en telles aliénations, non pas même lorfqu'ils font Patrons Laïques de l'Eglife; Guillelm. Rodoan. d. tract. quæft. 31.

La feconde queftion, fur ce que la Bulle Apoftolique ne contenoit permiffion d'aliéner que par deux voies, favoir, par arrentement ou échange; l'on difoit que l'Eglife n'avoit fait ni l'un ni l'autre, parce qu'elle avoit aliéné à toujours par vente abfolue, une partie defdits biens, par conféquent comme on avoit agit contre la teneur de la Bulle, tout étoit nul de ce chef, *cap. hæres aplica* Ẍ *de refcript. arg. cap.* 2, *Can. d. tit. in* 6.

MAIS il fut confidéré, que par les contrats & traités d'aliénations, il étoit évident que les parties avoient voulu faire un échange, & que fi par hafard il y avoit eu paiement de quelque argent comptant, il avoit été converti aux réparations des cenfes & biens de l'Eglife, pourquoi on pouvoit regarder cela comme un échange, parce qu'on l'avoit ainfi qualifié; Pinel. *ad* L. 2, *cod. de refcind. vend. part.* 2, C. 2, *n.* 2; en tous cas il n'y falloit pas prendre tant d'égard, qu'à ce qui avoit été traité premièrement & principalement, quand même le prix eut furpaffé la chofe échangée ou non, *L fi in emptione* 34, *ff. de contrah. empt.* Pinel. *d. loco, n.* 22, parce qu'alors on fait plus qu'il n'a été accordé par la Bulle; & que pour juger fi le contrat eft un échange, il faut avoir égard à l'intention des contractans; & fi la fomme payée excède le prix de la chofe échangée; Pinel. *d. loco, n.* 4.

OR, au cas préfent les biens donnés en échange furpaffoient le double de l'argent comptant que l'on avoit payé, fi bien qu'il fut réfolu que c'étoit un échange, & qu'on n'avoit pas procédé contre la teneur de la Bulle à cet égard; autrement fi le prix d'argent eut excédé la valeur du bien donné en échange, & que par autres moyens ont eu trouvé que ce n'étoit pas une permutation, la vente eut été déclarée nulle faute de confentement du Souverain Pontife, car quoique l'échange & la vente soient deux contrats de même nature, cependant en matière de rigueur un échange ne peut jamais être regardé comme une vente : *non venit venditio permutationis appellatione in materiâ strictâ* ; ; Alex. *conf.* 76, *vol.* 5.

LA troisième question a été agité sur le faux, que les Demandeurs avoient proposés contre la ratification du huitième de Mars, touchant les contrats desdits biens de Flandres, & l'homologation des Juges délégués du 26 Septembre 1562.

QUANT à ce, les Défendeurs avoient dit, que voyant la venue en Cour, & faits nouveaux des Demandeurs & Impétrans, on trouveroit, que depuis plus de quarante ans, & encore depuis, les Impétrans avoient approuvés en jugement ce contrat, jusqu'au point de conclure à la rescision : tellement, qu'en termes de Droit ils ne le pouvoient débattre ; parce qu'une partie, qui a une fois approuvée un instrument, ne le peut plus taxer de fausseté. L. 7, C. *ad L. corn. de sicariis*; Menoch. *de præsumpt. lib.* 5, *n.* 7, 8 & 11 ; Charond. *lib.* 11, *responf.* 78.

ENTR'AUTRES approbations celle-ci a paru très-forte ; que les Impétrans jouissent & ont jouis jusqu'à présent des biens donnés par forme de contr'échange, en exécution du contrat, celui qui reçoit le prix de la chose vendue, est censé approuver & ratifier la vente. L. *quidem*, ff. *de eviction.* L. *intran.* §. *ult. cum.* L. *seq.* ff. *ad Macedon.* Bart. *in d.* L. *quidem* ; *& admodum quoque facit cessare falsitatis præsumptionem, quod is pro quo fuit instrumentum confectum, diù fuit in possessione rei alienatæ, & instrumentum diù fuit pro legitimo observatum* ; Cravet. *conf.* 65, *n.* 11, *& alii relati à* Menochio, *lib.* 5, *præsumpt.* 20, *n.* 56.

LES Défendeurs avoient aussi démontré, que quand la
ratification

de Malines. 113

ratification du 8 Mars & homologation des délégués cesseroit, (ce qui n'étoit cependant pas) il y en avoit d'autres antérieures & postérieures en grand nombre, enforte que la fausseté de ces deux actes en particulier n'étoit considérable, à moins que le surplus ne fut aussi faux, parce qu'une vente faite par un Prélat sans le consentement du Chapitre n'est pas absolument nulle, mais elle peut être ratifiée, en telle sorte que ce contrat est nul eu égard au temps présent, mais il n'est pas nul eu égard au temps que le Chapitre peut le ratifier: *cap.* 1 & 3, *de his quæ fiunt à Prælato.* Rodoanus, *quæst.* 34, *n.* 6, *& seq.*

Et comme les Demandeurs n'avoient allégués aucuns moyens de faux contre les autres ratifications, on n'a pas eu d'égard à ce premier moyen de faux, comme étant irrelevant, *neque enim admittit falsitas quæ nocere non potest*; Menoch. *de præsumpt. præs.* 20, *n.* 57; & fut dit qu'on n'auroit eu aucun égard aux moyens de faux allégués.

La quatrième difficulté consistoit en ce que les Demandeurs soutenoient que la vente étoit nulle par le défaut de solemnités & de cause, & par la subreption & dol qui étoient la cause du contrat, mais j'ai dit au contraire, que pour qu'une vente soit bonne, deux choses sont requises, savoir: la solemnité de la forme, & la vérité de la cause; cela veut dire, que la vente doit être faite dans un cas licite. Guillelm. Rodoano, *de reb. Eccles. alien. quæst.* 22, *n.* 59; Covar. *variar. cap.* 17, *n.* 2.

Or, les Demandeurs ont reconnus la commission spéciale du Pape, & le *besoigné* des Juges délégués, fait avec connoissance de cause jusqu'au premier décret du 10 Septembre 1561, qui contenoit que l'aliénation se faisoit pour cause légitime, raisonnable & nécessaire, de sorte que cela seul

P

étant bien entendu, devoit trancher toute difficulté touchant la nullité; les Défendeurs foutenoient qu'en ce cas particulier ils étoient fondés en la fin de non-recevoir, parce que l'on ne préfume pas de faux dans une vente que le Souverain Pontife a confiée à certains Juges, auxquels il a enjoint de faire information des faits contenus en la Requête, & de n'accorder au Prélat la permiffion de vendre, qu'autant que les faits de ladite Requête foient reconnus vrais.

LORSQUE le Souverain Pontife donne une telle commiffion, il eſt cenfé ordonner aux Juges délégués, non une fimple information, mais bien une information judiciaire, partieduement appellée, & faite avec connoiffance de caufe ; Panorm. conf. 34, n. 8, ainfi quand tout eft fait fuivant les Loix, tant à l'égard des folemnités, qu'à l'égard des caufes les plus apparentes de la vente, elle eft regardée comme chofe jugée, par le décret & approbation du Juge délégué; parce que quant à cet objet le délégué a été fait Juge par la Bulle Apoſtolique de Paul II, qui eſt imparfaite dans le refcript.

ET c'eſt ce que traite fort à propos Guil. Rodoano, *de reb. Eccleſ. alien. quæſt.* 23., *n.* 54, *quod nimirum difcuffio commiffariorum fedis Apoſtolicæ, habeatur loco contractus & cauſæ cognitionis, & omnis alia folemnitas cenfeatur remiffa dummodò illa difcuffio intervenerit, imò propter Pontificis authoritatem, quæ per ejus delegatos interponitur ad partes cum præviâ cognitione an expediat, non riquiritur confenfus Prælati inferioris nec Capituli, gloff. in cap. potuit, & ibi DD. X, de locat.* Rebuff. *in compend. alien. rerum Eccleſ.*

TRADIT *amplius idem* Rodoano, *quæſt.* 22, *n.* 71, *& feq. fummi Pontificis intentionem effe per talem confirmationem*

& *caufæ cognitione, tollere Ecclefiæ remedium de tali alienatione amplius quærelandi, nequidem quoad caufarum falfitatem attinet*; vide Rebuff. *ad conflit. regias tract. de refciff. contract. gloff.* 5 *, n.* 39, *ubi dicit quod minor juxtà praxim franciæ appellare debet à decreto, n.* 27, *& quod non auditur per requeftam civilem.*

FACIT quoquè valdè ad propofitum doctrina Alex. *ad* L. *is cui bonis,* ff. *de verborum obligat. n.* 25, *ubi dicit effe pulchram limitationem requifitam quod decretum ex falfâ caufâ fit nullum, nifi intervenerit plena caufæ cognitio & de veritate caufæ fuerit difputatum, allegans ad hoc multa jura, &* DD. & en cette forte on peut concilier (fans autrement réfoudre) l'opinion contraire, côtée en la première queftion ci-deffus, *ut nimirum illa procedat in fimplici inquifitione, vel in venditione factâ cum folemnitatibus ordinariis, hoc autem in cognitione per viam judiciariam, parte vocatâ & caufâ plenè cognitâ, quæ de neceffitate non requiritur in alienationibus rerum Ecclefiæ*; *jura enim non dicunt requiri tale decretum, ficuti in rebus minorum*; Rodoano, *quæft.* 45 *, n.* 39: *adeo ut poft ejus interventionem non datur aliud remedium, quàm reftitutionis in integrum.*

CES opinions fe pourroient auffi concilier d'une autre forte, à favoir, *quod non admitteretur probatio in contrarium per principes & judices feculares, nifi quandò alienatio effet notoriè iniqua, illicita & contineret præjudicium irreparabile quia in tali cafu temporales & res publicæ poffunt refiftere de facto,* DD. *in cap. fi quandò de refcript.* Rodoano, *d. quæft.* 45, *n.* 31 *&* 32, *Papa enim non cenfetur velle dilacerare bona Ecclefiæ, & omnia ejus refcripta confirmationes & approbationes funt cum claufulâ, quatenùs in ementem, &c.*

quamobrem, inquit, Rodoano *, d. loco. in regno Franciæ parlamenta non admittunt tales alienationes, etiamsi eis apponeret omnes derogationes mundi, quià contrà illas admittunt procuratorem fiscalem regni, & illum insurgere, illoque instante, pronunciant tales alienationes nullas.*

ET quand ultérieure question de nullité seroit admissible, & qu'à cet égard *delegatus nulliter & evidenter iniquè processisset,* (ce qui n'est pas) ou que par dol & subreption il eut été trompé en procédant à l'examen des causes de l'aliénation, *tamen videbatur reis quod propter appositionem manus Pontificis, in re, quæ ad ejus jurisdictionem spectabat, & ab ejus solius authoritate & consensu dependebat, nemo judicum inferiorum neque ipse ordinarius poterat se intromittere ;* Decius, *cons.* 137, *n.* 4.

C'EST ce que dit *in nostris terminis,* Rodoano, *quæst.* 45, *n.* 24, *& seq. quod clausula Bullæ Pontificis sublata cuilibet, operatur quod nulli judicum possunt pronuntiare super nullitate gratiæ ; sed judex, inquit, in istis casibus debet dicere parti fateor ità habere bonum jus sed illud non possum admittere vel te audire, quia est mihi denegata facultas te audiendi.*

OR, lesdits délégués après avoir procédés *viâ juris,* ont, par leur premier décret (que les Impétrans ne peuvent débattre, & ne débattent pas) déclaré que *quantum ad primarias causas & omnibus maturè excussis, alienationes fiebant ex justâ, rationabili & unâ causâ.*

AINSI quand il n'y auroit autre chose que ce que la partie confesse, la vente en question subsiste de toute part, & *duo extrema requisita ad hoc ut tendat solemnitas, nimirum & casus intervenerunt, adeò ut ad hoc nulli judicum possint se amplius intromittere ; cum enim summus Pontifex per suos delegatos* dederit alienationi essentiam & subsistentiam, sine quâ esse vel subsistere potuisset, obstante juris communis dispositione, quæ non patitur res Ecclesiæ alienari, absque assensu superioris Ecclesiastici ; mirum non est si quæ ad ejus subsistentiam, & quantum ad nullitatis exclusionem attinet, nemo se immiscere potest, præter eum qui actûs vitam & originem dedit, Bald. in L. ex placito, n. 6, ff. de rerum permut.

Et quoique l'on pourroit dire, qu'à cause des tromperies, & prévarications posées par les Demandeurs, l'Eglise devroit être restituée en entier, etiam post lapsum quadriennii, cap. 1, de restit. in integrum in 6, L. 18, ff. de minor. in verbis vel ab advocatis proditum quæratur ; ubi est : quod propter ejusmodi prævaricationes minor restituatur etiam adversus sententiam, sicuti & fiscus, L. unica, cod. de sentent. adversus fiscum lata retract. in verbo si prævaricatio arguatur vel manifesta fraus probetur, par où il pouvoit sembler que l'on devoit admettre les Demandeurs à prouver ces tromperies & prévarications.

Toutefois, eu égard qu'on n'objectoit rien de considérable contre le premier décret, reconnu par la partie, & pris aussi égard aux moyens que dessus ; nommément à l'évidence & notoriété des causes de l'aliénation, il fut résolu à la pluralité des voix que l'on ne toucheroit au *besoigné*, & que les Demandeurs ne seroient admis à preuve générale des faits & moyens par eux posés, pour parvenir à la nullité de la vente en question, même point de ceux proposés du chef de dol, tromperie & prévarication, comme étant évident que le dol proposé n'avoit porté dommage à l'Eglise ; Menoch. d. præsumpt. 20, lib. 5, n. 48, & seq.

Sans cela, si la nullité du *besoigné* des délégués, ensemble l'injuftice, dilapidation & préjudice fait à l'Eglife, eut été auffi évident qu'il étoit notoire que l'Eglife avoit bien utilement & néceffairement aliéné parlant *in abftracto de primariis caufis*, j'euffe été d'avis que nonobftant le décret des délégués le grand Confeil en pouvoit prendre connoiffance & prononcer l'aliénation nulle & de nulle valeur, *etiam ex defectu caufæ*, quoique je fuffe partie en cette caufe & point Juge, & j'euffe auffi admis l'Eglife à preuve defdites prévarications.

FINALEMENT, quant au point de léfion énormiffime propofé par les Impétrans, je propofois *quod exceptio non inducit nec concernit nullitatem contractûs*, mais *adverfus iftam deceptionem, quæ venit extrinfecè & accidentaliter fubvenitur Ecclefiæ per reftitutionem contra læfionem*; *de quâ Delegati primariè non cognoverant*; Rodoano, *d. quæft.* 22, n. 61, & feq.

CE point méritoit d'être confidéré de près & mûrement, comme un point d'où dépendoit prefque la décifion du procès, favoir, que *in ejufmodi alienationibus fufficit ad validitatem actûs quòd Ecclefia non fit decepta in caufis primariis quæ alienationem fuaderant*, de laquelle tous les témoins ouis par-devant les délégués avoient dépofés, outre la notoriété du fait, *& ità fatis clarè refolvit*, Covarr. *var. refolut. lib.* 2, c. 17, n. 2.

HUNC cafum in terminis noftris tractat Rodoano, *d. quæft.* 31, n. 29, *his verbis, pone: utile eft Ecclefiæ vendere aliquid de fuo ut reluat pignus ad ufuram pofitum, difcuffum eft hoc, an magis utile A quam B prædium vendere, & finaliter eft deliberatum effe utile vendere potius A quam B prædium, certè fi minus habeatur eo quod valeat, id eft, fi minoris vendatur quam valet, nihilominus valebit deliberatio fic fumpta & electa post causæ cognitionem , & contractus exinde secutus , sed erit locus restitutioni, si læsio probetur.*

IDEM tradit quæst. 78, cap. 1, n. 4 & 6, his verbis duo quod ex quo consensus capituli adfuit, & credat utiliter contrahere, tenet contractus, licèt læsa sit Ecclesia, c. cum dilecti X de empt. & vendit. & 12.ª quæst. 2.ª can. sive, sed potest restitui si læsa sit enormiter, X de restitut. in integrum, c. 1, sed si decepta esset ultrà dimidiam partem justi pretii, subvenitur ei jure communi ut etiam cuilibet, L. 2, de rescind. vendit. & d. c. cum dilect. & rursus, n. 6, tradit quæ sequuntur: *non nego tamen, quin alienatio facta in casu deceptionis Ecclesiæ, usque ad dimidium justi pretii, possit esse valida; pone quòd Prælatus & capitulum credidisset quòd res vendita non valuisset plus, sed servasset debitam formam in vendendi; alienatio utique tenuisset, sed si læsio appareret enormis, esset locus restitutioni in integrum*, per Laurentium, d. quæst. 46 , & decisionem, Guid. Papæ, quæst. 159, idem tradit elegantur Rodoano, quæst. 78, C. 4, n. 1 & 2 ; Covarr. D. C. 17, n. 2, *usu sed & opinio.*

PAR ces raisons, il a semblé qu'entr'autres causes pourquoi la connoissance du point de lésion compète aux Juges ordinaires, c'est parce que la lesion que l'Eglise souffre *in alienatione rei est accidentalis ; & venit extrinsecè , alienatione firmâ manente , propter primarias causas de quibus commissarii judicarunt*, & contre lesquelles ne se peut rien proposer, quand le décret est passé en la forme que dit est ; mais aussi les mêmes raisons étant bien prises, faisoient que les Impétrans ne pouvoient être reçus à débattre de nullité le *besoigné* des délégués, ce que les Docteurs tiennent pour chose si résolue, que même ils ajoutent *quod alienatio quæ fuit facta cum solemnitate in casu concesso appareatur, ut quia credatur subesse utilitatem & existenter, & verè sit contractus, adhuc tamen contractus tenet; neque succurrit Ecclesiæ, nisi per restitutionem in integrum ex capite læsionis*; Covarr. *ubi supra* Rodoano, *d. c.* 4, *quæst.* 78, *n.* 1 & 2; *L. si res* 12, §. 1, ff. *de jure dot. ibi, si in æstimationis modo circumventa est, erit arbitrium mariti, æstimationem an rem præstet*; Pinel. *ad L.* 2, *fol. mihi* 159: & les Cours Souveraines, quand il conste des causes d'aliénation, & que l'on a bien procédé au décret, ne s'arrêtent à rien, sinon qu'à la lésion; Rebuff. *in compend. alien. rerum Ecclesiæ, n.* 34 & 112, *imo utilis alienatio solemnitates non exigit*, Rebuff. *d. loco* Villagat; *d. tract. lib.* 2, *cap.* 1, *n.* 5; Rodoano, *d. quæst.* 20, *n.* 174, *ubi traditur signanter in annotatione quomodò causa utilitatis probetur*. Et suivant ce lesdites nullités *ex defectu solemnitatum & causarum primariarum vel propter dolum & subreptionem*, furent rejetées à la pluralité de voix, & les Demandeurs admis à preuve de ladite lésion, par points advisés d'office, dont l'un touche aussi la nécessité & l'emploi des deniers comptans aux réparations nécessaires des biens de ladite Eglise, sans pouvoir faire autre preuve, & sans aussi charger particulièrement les Défendeurs d'aucune preuve, bien entendu qu'en définitif seroit consideré, si de ladite lésion énormissime, ou défaut dudit emploi esdites nécessités, résultoit quelque nullité, à quoi par la susdite résolution on n'entendoit préjudicier.

Aussi plusieurs Juges ayant égard à la quittance générale des emplois de l'an 1566, donnée par les Abbé & Religieux, capitulairement assemblés, sembloient incliner que la preuve incomboit à cet égard aux Demandeurs, comme je tiens être chose certaine en termes de Droit, & concluoient

aussi

aussi aucuns, nommément M.r de Doldor, que pour estimer la lésion il falloit prendre la vente des biens en question, à la valeur de ceux que les François ont vendus & vendent communément pardeçà, & non autrement.

Teneur de la Provision mentionnée en la première desdites questions.

» MAXIMILIEN & PHILIPPES, par la Grace de Dieu,
» Archiduc d'Autriche, Duc de Bourgogne, de Lothier,
» &c. au premier Huissier, Sergent d'Armes, & autres Offi-
» ciers sur ce requis, Salut: de la part de notre Procureur-
» général nous a été humblement exposé que jaçoit que
» selon les droits & libertés de nos Pays & Seigneuries,
» il ne soit permis ni licite à aucuns d'en première instance
» pourvue, ou autre chose, étant en l'un de nosdits Pays
» attraire en l'autre, ni ailleurs, pardevant Juges extraordi-
» naires aucunes fois, impétrés, apostés, ou délaigués par ref-
» cript apostolique, ni autrement, en délaissant les Juges ordi-
» naires auxquels la connoissance en appartient de droit
» commun, excepté seulement en cas d'Appel, là où encore,
» selon lesdits droits, franchises & libertés, il faut & convient
» faire commettre ladite cause d'Appel en nosdits Pays
» en première instance, & à juge non suspect, comme il
» appartient en tel cas ; & combien aussi que tout selon rai-
» son écrite & aussi selon les styles & usances notoirement
» gardées & observées en toutes Cours & auditoires sécu-
» liers, pendant *illec* aucuns procès possessoires, pardevant
» nos Juges temporels, quelque part que ce soit, nommé-
» ment en nosdits Pays & Seigneuries, il ne soit permis ni
» licite à aucuns d'aller ou envoyer impétrer chose conten-

Q

» tieufe & poffeffoire entre les mêmes parties, aucune com-
» miffion ou nouvelle Bulle en forme de refcrit apoftoli-
» que, ou autre monition ou citation en Cour d'Eglife,
» pour aider ailleurs intenter le pétitoire en grande irrévé-
» rence & illufion de notre jurifdiction & juftice tempo-
» relle, en travaillant nos fujets en divers lieux lointains,
» & en divers jugemens fur une même chofe, *cui* dans au-
» cunes fois par tels travaux & fomptueufes pourfuites avoir
» ce qu'ils prétendent, ou à tout le moins pour racheter
» vexations & parvenir à quelque récompenfe; & que plus
» eft, combien qu'après réformations précédentes pour le
» bien & foulagement de nofdits Pays & fujets de plufieurs
» telles vexations & inquiétations indues, & auffi pour ef-
» quiver la vuidange des grands & infupportables deniers
» qui fe diftrayoient par continuation de plufieurs telles Bulles
» & impétrations extraordinaires qui fe faifoient journelle-
» ment en Cour de Rome, par l'avis & délibération de plu-
» fieurs prochains de nos Sang, & de notre très-cher &
» féal Chevalier & Chancelier, le Sr. de Chanpvaert, autres
» gens de notre grand Confeil, enfemble de plufieurs dignes
» & notables perfonnes de nofdits Pays & Seigneuries, euf-
» fions de certaine fcience ordonné & déclaré que les Bulles
» expectatives, & autres provifions quel qu'elles foient, fur
» la collation des bénéfices de nofdits Pays & Seigneuries,
» n'auroient dès-lors en avant-cours, & ne feroient admifes
» ni reçues en iceux nos Pays & Seigneuries; en défendant
» à tous, tant d'Eglife que d'autres, qu'ils n'apportent ni
» admettent ou reçoivent telles Bulles, ni telles provifions
» en iceux nos Pays, fur peine de perdre le fruit d'icelles, &
» d'en être punis & corrigés comme infracteurs de nofdites

» Ordonnances, à l'exemple d'autres, & avec ce d'être dé-
» clarés inhabiles de jamais ne pouvoir tenir ou posséder
» aucun bénéfice en nosdits Pays & Seigneuries, comme plus
» amplement est contenu en nos Lettres-Patentes sur ce
» expédiées & publiées. Ces choses nonobstant, plusieurs jour-
» nellement s'avancent d'apporter Bulles & rescrits aposto-
» liques, adressans à Juges délégués & extraordinaires, &
» en un temps & en divers Pays, où en les faisant subdé-
» léguer à autres Juges à leur portée, d'un Pays en l'autre,
» & en première instance, en délaissant lesdits Ordinaires,
» auxquels la connoissance, en appartient, & aucunes fois
» en dérogeant & attentant à la litispendence en possessoire
» & autrement, pendant pardevant nosdits Juges & audi-
» toires temporels; & avec ce apportent plusieurs Bulles sur
» nouvelles collations des bénéfices, directement à l'encon-
» tre de nosdites Ordonnances & défenses; toutes lesquelles
» choses & autres abus & attentats des susdits sont au grand
» préjudice desdits droits, franchises & libertés de nosdits
» Pays & Seigneuries, & avec la transgression & désobéis-
» sance de nosdites Ordonnances & défenses, au grand grief
» & détriment de la chose publique, & de nosdits Pays &
» sujets; & plus seroit si par nous n'y étoit sur ce pourvu
» de notre convenable remède: requérant humblement iceux
» pour ce, est-il que nous certiorés des susdits considérés,
» desirant de notre temps avec l'obéissance & entretenement
» de nosdites Ordonnances & défenses, entendre au bien
» & soulagement de nosdits sujets, voulons & vous com-
» mandons, & expressément enjoignons & commettons par
» ces présentes, si mestier est, que si par information due-
» ment faite ou autrement, il vous appert de l'infraction

» desdits droits, franchises & libertés de nosdits Pays &
» Seigneuries, ou desdits abus ou attentats faits ou à faire
» au contempt & préjudice de Jurisdiction temporelle, ou
» de la désobéissance & transgression de nos Ordonnances &
» défenses, en ce cas, à la requête de notre dit Procureur-
» général, faites exprès commandemens de par nous, sur cer-
» taines & grosses peines, à nous à appliquer à tous ceux que
» trouverez coupables d'avoir fait, ou fait faire lesdites infrac-
» tions ou trangressions & désobéissances de nosdites Ordon-
» nances & défenses, & autres abus & attentats des susdits,
» qu'incontinent ils & chacun d'eux, se désistent & dépor-
» tent entièrement de toutes telles Bulles, rescrits & impé-
» trations, & de tout ce qui s'en est ensuivi, en remettant
» le tout au premier état & dû, & à leurs frais & dépens ;
» & pareillement à tous Juges sur ce délégués ou autre
» commis à cette cause & à leurs Scribes & Notaires, & à
» chacun d'eux présens & à venir, que sur les mêmes peines
» plus avant n'en connoissent ou entremettent de ce, en
» quelque manière que ce soit ; & en cas d'opposition, refus
» ou délais, lesdits commandemens, défenses & contraintes
» tenans, & à ce contraints si besoin fait, par la prise &
» saisie de leur temporel en notre nom, & par toutes autres
» voies & manières de contraintes, en tel cas requis & ac-
» coutumés, nonobstant oppositions ou appellations faites
» ou à faire ; & sans préjudice d'icelles, ajourné les Oppo-
» sans, refusans ou délayans, à certain & compétant jour
» pardevant notre Chancelier, & les autres gens de notre
» dit grand Conseil, pour sur les choses des susdits, leurs
» circonstances & dépendances, lors plus à plein à déclarer,
» répondre à notre Procureur-général, & partie qui se pourra

» toucher, tant afin de déclaration defdites peines jà com-
» mifes, qu'auffi à telles autres fins & conclufions qu'ils vou-
» dront fur ce prendre & élire; & au furplus procéder &
» aller avant comme il appartiendra par raifon, en certi-
» fiant compétemment audit jour de votre exploit, nofdits
» Chancelier & gens de notre grand Confeil, aufquels nous
» mandons, & pour ce que touche la généralité de nofdits
» Pays & Seigneuries, enfemble de l'honneur de nos Jufti-
» ciers temporels & la tranfgreffion & défobéiffance de nos
» Ordonnances & défenfes, dont à nous ou auxdits Chance-
» liers, ou gens de notre grand Confeil en appartient l'in-
» terprétation & connoiffance: commettons qu'aux parties,
» icelles ouies, ils faffent bon & brief droit & accompliffe-
» ment de juftice, car ainfi nous plaît-il être fait, nonobf-
» tant quelconques, nos Lettres de placet & autres fubrepti-
» ces, impétrées ou à impétrer à ce contraire; donné en
» notre Ville de Malines, le quatrième jour de Janvier
» 1485. »

ARRÊT XXX.

1.º *L'accusé contumax est regardé comme convaincu, & peut être condamné sans autre preuve.*

2.º *Comment doit être puni un faux témoin & calomniateur ?*

3.º *Il n'est pas permis de condamner un criminel en grosses amendes pécuniaires, quand les biens ne peuvent être confisqués.*

4.º *Le grand Conseil peut bannir hors de toutes les Provinces de pardeçà.*

5.º *Un criminel ne se représentant pas, à moins qu'il eut fait serment de se représenter* toties quoties, *n'est punissable de peine.*

JEAN MUSSART, natif de Valenciennes, étant chargé d'avoir porté faux témoignage pour faire dépouiller Philippes Lentailleur de son office de Receveur du Domaine de Valenciennes, prend la fuite, & étant ajourné & réajourné à cri public à la poursuite du Procureur-général, demeure contumax, & latitant.

LORS de l'Arrêt, quelques Juges ont doutés s'il falloit admettre à preuve ordinaire le Procureur-général, ou si l'on devoit condamner l'ajourné par contumace, & le tenir pour convaincu.

J'AI cité huit Arrêts de la Cour, & j'en avois encore remarqué plusieurs autres, par lesquels, en suivant l'art. 15 des Ordonnances du grand Conseil, sous la rubrique des

Procès criminels, on avoit, pour le profit des défauts obtenus contre les criminels fugitifs, procédé à la déclaration des peines que leurs crimes méritoient, sans faire de preuve, *& ita resolvit*, Clar. §. *finali, quæst.* 44, *n.* 10, *ubi dicit de consuetudine ita observari, nimirum quòd si reus sit contumax, semper condemnatur absque aliâ probatione, & in hoc non videtur aliquomodò hæsitandum, principaliter in crimine falsi, prout tradit annotatio. ibid.* J'ai encore trouvé au troisième volume de la Cour, fol. 1.º, que le père du Comte de Saulme, Messire Jean de Rifercheyt, fut par Arrêt de cette Cour du 16 Janvier 1528, pour son défaut de comparition, banni des Pays de pardeçà, & ses biens confisqués: il étoit accusé d'avoir commis des violences à main armée dans les terres de Hoffalisse.

On délibéra ensuite comment le criminel seroit puni, & sur ce point il faut observer, que par la production du Procureur-général, il étoit suffisamment convaincu, outre sa fuite & contumace, d'avoir porté faux témoignage, à intention & dessein de nuire audit Lentailleur, l'accusant calomnieusement de malversation en l'exercice de sa charge, & de péculat en plusieurs chefs. Tellement qu'il sembloit, que le faux témoin devoit être puni de la même peine que l'accusé auroit subi, s'il avoit été convaincu du crime; & si le témoin a déposé en cause capitale, il doit être puni de mort; Papon en ses Arrêts, tit. *de faux témoin*, Arr. 1, *& olim juxtà antiqua jura, falsistas puniebat perpetuâ deportatione sive exilio & omnium bonorum confiscatione*, L. 1, §. *pœna falsi*, ff. *ad. leg. corn. de falsis. hodie autem punitur deportatione tantum, nulla autem bonorum confiscatione. Auth. ut nulli judicum*, col. 9, §. *fin.* Damhoud. *pract. crimin.* cap. 124, *n.* 7.

NÉANMOINS j'ai vu divers Arrêts de la Cour par lesquels, pour faire témoignage ou accusation controuvée & calomnieuse, les criminels ont été condamnés à faire amende honorable, & banni à perpétuité hors des Provinces de pardeçà; de même par Arrêt du 4 Mars 1530, Dona Maria de Soto major, fut, pour certaines accusations controuvées & calomnieuses, condamnée aux depens, dommages & intérêts soufferts par l'accusé, & de faire amende honorable au consistoire de la Cour, tenant en ses mains un cierge d'une livre, & à genoux demander pardon à Dieu, à l'Empereur & à la justice, & dire à haute voix qu'elle se repentoit d'avoir *objecté* crime & accusation calomnieuse, & si encore à faire l'avoit, &c. le tout sous peine en cas de refus, d'avoir la langue percée; fut en outre bannie hors de tout les Pays & Seigneuries de pardeçà sous peine de la hart.

PAR autre Arrêt du même jour, Marguerite Phelie, pour ses variations & fausses dépositions, fut condamnée à faire pareil amende honorable & après être mise sur un échafaud, devant le Palais, l'espace d'une heure, avec un billet contenant la cause de son châtiment, & fut en outre banni hors de tous les Pays & Seigneuries de pardeçà, & tous ses biens confisqués, de sorte que prenant égard à ces exemples, à la gravité des faussetés dont ledit Mussart étoit convaincu, & à sa fuite, il ne pouvoit effectivement être condamné à faire réparation honorable. La pluralité des voix a été pour le bannir à perpétuité hors du Pays, & déclarer tous ses biens confisqués; mais comme il y avoit requête présentée à leurs Altesses, par laquelle ledit Mussart avoit représenté sa longue absence & exil, causé par crainte de rigueur de justice, son âge, étant plus que séxagenaire, & autres circonstances

tances relevantes, il supplia qu'il plût à leurs Altesses convertir la peine corporelle, qu'il pouvoit avoir mérité, en plus grosse peine pécuniaire. Cette requête fut renvoyée au grand Conseil, pour y ordonner, ainsi qu'il seroit trouvé convenir; par où pris égard auxdites circonstances & que la plupart des biens dudit Mussart étoient situés en Pays où confiscation n'avoit lieu, fut mis en délibération, si en conformité du soutenu du Procureur-général, il falloit, au lieu de la confiscation, condamner ledit Mussart en une grosse amende, laquelle seroit par ce moyen prise & levée sur tous les biens du condamné, à proportion, sans avoir égard si au lieu de la situation d'iceux, il y avoit confiscation ou point; Bacquet, tit. *des droits de justice*, chap. 11 & 13 ; Automne, ad. L. *qui res*, ff. *de bon. eor. qui ante sentent*. Pap. tit. *d'adultère*, Arrêt 2, mais ce nonobstant fut arrêté de toutes voix, que parlant *in abstracto, non in hypothesi*, il n'étoit pas permis de condamner les criminels en grosses amendes pécuniaires, sous prétexte que la confiscation des biens n'étoit admise par les Coutumes des lieux de leur situation ; car en ce faisant, ce seroit éluder le privilége, d'autant que pour lever telles amendes il faudroit passer à l'aliénation desdits biens, *atqui prohibitâ confiscatione omnia media censentur prohibita per quæ ad confiscationem devenitur ; argumento*, L. *sancimus, & ibi, glos. Cod. de rebus. alien. non alien. Ergo, &c.*

NÉANMOINS prenant égard à la requête & autorisation de leurs Altesses, le bannissement perpétuel dudit Mussart fut converti en bannissement à temps de six ans seulement, condamné en amende pécuniaire de quatre mille florins, suivant son consentement, & aux frais & mises de justice.

Au même jugement il fut remarqué par lesdits anciens Arrêts, que le grand Conseil est accoutumé de bannir les criminels hors de toutes les Provinces de pardeçà, soit qu'ils soient de son ressort ou point; mais les Conseils provinciaux ne bannissent pas au dehors la province dont ils sont supérieurs, & ainsi l'a aussi remarqué Damhoud. *pract. crimin. cap.* 28; le tout conclu & prononcé par Arrêt de la veille de Pâques 1616.

Suivant ce jugement, on douta aussi si ledit Mussart étoit punissable de peine, pour avoir promis, sous serment de se représenter *toties quoties*, à peine d'être convaincu, sans y avoir satisfait; mais il fut conclu à la pluralité des voix que *in foro fori*, il n'étoit punissable de parjure à ce sujet, quoique, *non evitabat perjurium, quoad Deum ut tradit in simili* Bossius, *tit. de examinibus reorum, n.* 1, *de reo qui jurat respondere veritatem*, y joint que *in foro fori*, le criminel ne se représentant pas, encourt la peine de la conviction; il est par-là assez puni.

Bacquet, *traité des droits de Justice*, chap. 11, n. 2, traite la question, si la confiscation adjugée pour cas Royal, appartient au Roi, encore que les biens soient situés dans les Seigneuries d'autres Hauts-Justiciers, alléguant entre autres choses que le procès & l'exécution d'icelui se font aux dépens du Roi, comme aussi la condamnation, par où cessant le droit de justice des Hauts-Justiciers, le droit de confiscation pour ce sujet doit cesser aussi.

Par le Placard de l'an 1549, au livre des Placards imprimé, fol. 796 les quatre membres de Flandres sont affranchis, & ont priviléges & exemptions de confiscation de leurs biens, lesquels, pour être à titre onéreux, ont lieu & effet,

de Malines. 131

à moins que par Placard & Loi particulière soit ordonné que confiscation aura lieu, pouvant néanmoins être corrigés corporellement ou pécuniairement; mais parce qu'il n'y a confiscation à leur égard, l'amende ne peut équipoller aux biens; Feron. *ad conf. Burdigal. de furib. falict.* §. 3, Socin. *conf.* 74, P. 1.

Par Arrêt du 23 Février 1616, Henri de Bretagne fut banni de tous les Pays de l'obéissance de leurs Altesses Sérénissimes; & par Arrêt du 22 Décembre 1614, le S.r de Brion fut déclaré avoir forfait son corps pour l'homicide par lui commis par surprise, en la personne de Ferdinand de Belloy, S.r de Vierhet, son beau-frère, non armé ni préparé au conflit; il fut banni à perpétuité de toutes les provinces de l'obéissance de leurs Altesses, & tous ses biens furent confisqués.

De pœnâ perjurii, vide Papon, *tit.* 12, *des crimes de faux*, *lib.* 22, *Arr.* 10, & la résolution *in terminis hujus Arresti apud* Farinac. *de falsit. quæst.* 160, n. 302.

ARRÊT XXXI.

1.º *Suivant la Coutume d'Anvers, le Douaire conventionnel fait cesser & exclut le Coutumier.*

2.º *Quand il s'agit de rendre la dot, on suit la Coutume du domicile du mari; mais non pas lorsqu'il s'agit de donation à cause de mariage.*

Par la Coutume de Malines, la femme survivante a le choix de se tenir à son Douaire convenu par contrat de mariage, ou au testament de son mari, ou au Douaire coutumier, si ce n'est qu'à ce choix il soit expressément dérogé. M. Herman, Conseiller ex-privé d'Orange, contractant mariage avec sa seconde femme, & ayant enfans de la première, étoit domicilié à Malines, mais il contracta en la ville d'Anvers, lieu de la résidence de son épouse ; selon les Coutumes de cette Ville, le Douaire convenu fait cesser & exclut le survivant du coutumier : par le contrat ledit Herman promet à sa future épouse, un douaire de huit cens florins de rente, au lieu du douaire coutumier. L'on demande, si par le prédécès de son mari, sans enfans de leur mariage, la survivante peut renoncer au douaire convenu & retourner au coutumier ? L'affaire étant mise en délibération il fut rencontré tant de difficultés, que parties furent, avant le jugement, appellées par interlocutoire pardevant Commissaire pour les accommoder à l'amiable, ce qu'elles firent ; & néanmoins en la délibération les Juges furent assez d'avis que *contrahentes censentur consuetudini renuntiare, quandò de dotalitio expressè contrahunt, prout resolvit* Benedict. *in cap.* Raynut. *& uxorem nomine,* Dales. *decis.* 5, *n.* 230 ; Charond. *ad cons. paris. art.* 261, *idem sentit in terminis juris*; Peckius, *de testam. conjug. lib.* 1, *cap.* 32, *n.* 5, par la Coutume de Namur, art. 52, tit. *des traités de mariage,* & tit. *des fiefs,* art. 15, il faut que le survivant se contente de son conventionnel : la même chose s'observe à Luxembourg suivant l'usage vérifié au différent d'entre la Dame Douairière de la Grange, & la Dame de Villers sa fille, en 1586.

Mais à mon avis il n'étoit pas besoin d'examiner cette question au présent procès, parce qu'étant statué par la Coutume de Malines que la femme a le choix de trois avantages, il est clair que selon les propres termes de cette Coutume, elle n'eſt privée du coutumier par ſa convention matrimoniale ou proviſion teſtamentaire, ſi avant qu'il ne ſoit expreſſément renoncé au douaire coutumier.

MAIS cela préſuppoſé, deux queſtions plus grandes furent agitées. La première, s'il n'avoit été renoncé ſuffiſamment au ſuſdit choix, par ces mots *implaetſe vaugereeſte douaire*, joint avec une clauſe ſuivante par laquelle les parties renonçoient à tous droits civils & municipaux contraires audit traité, ſur quoi la plus grande partie des Juges étoient d'avis que telle renonciation n'étoit pas tacite, mais expreſſe & générale; par où il ſembloit qu'on avoit ſuffiſamment dérogé à la Coutume de Malines, ſelon qu'enſeigne clairement Alex. *lib.* 6, *conſ.* 201, *n.* 10; Cravet. *de conjecturis ultimarum voluntatum, lib.* 7, *tit.* 12, *n.* 6, *ubi tradunt illud etiam expreſſum fieri quod exprimitur non ſpecialiter, ſed in genere, per L. fin. inſin. & ibi nota,* C. *quod cum eo & quod illud etiam dicitur expreſſum, quod ex mente vel conjecturis dicitur, L. nominatim,* ff. *de condit. & demonſt. faciebant autem conjecturam hæc verba in plaetſe vaugereeſte douaire, ſicuti cum qui promittit reſtituere dotem ſecundum formam juris, intelligitur id promittere velle ſecundum formam ſtatuti,* Phanicius, *tract. dotis, gloſ.* 9, *in verbo medietatem, n.* 37, *ita, qui in locum ejus quod de jure ordinat aliud promittit, cenſetur quodammodo recedere ab eo quod debetur ex ſtatuti diſpoſitione, ſaltem accedentibus aliis adminiculis:* néanmoins, s'il en falloit juger par droit, il y faudroit penſer, parce que l'on pourroit dire au contraire de ce que deſſus, *quod ubi lex requirit aliquid expreſſum fieri, requiritur ſpecialis expreſſio;* Peregr. *de fideicom. art.* 30, *n.* 89.

LA ſeconde queſtion étoit, ſi en préſuppoſant que tout

cela n'emportoit renonciation suffisante, les parties avoient à la vérité contractées selon les Coutumes de Malines, car quoique ledit Herman fut au jour de son mariage domicilié à Malines, & que selon la Loi *exigere dotem*, ff. *de judiciis*, qui est expliquée fort amplement par Phanicius, au passage côté ci-dessus, l'on suit à l'égard de semblables droits le lieu du domicile du mari; néanmoins il falloit considérer *quod non agebatur de restitutione dotis, sed de lucro sive donatione propter nuptias; atqui uxor, quoad donationem propter nuptias attinet, non censetur stipulari secundùm dispositionem statuti vigentis in domicilii mariti*; Phanic. *d. loco*, *n.* 46, notamment point quand il ne conste pas qu'elle & ses parens ayant stipulés pour elle, ont été informés dudit statut, & qu'au lieu du contrat & de leur résidence, il y avoit Coutume contraire, à laquelle il est apparent qu'ils ont plutôt pensé qu'à une Coutume étrangère, dont ils étoient ignorans; Felinus, *in cap.* 1, *de sponsal.* Jas. *in* L. 1.ᵃ *de summâ Trinitate*; Alex. *conf.* 100, *lib.* 3, *licet contrarium teneat*; Garcias, *de conjug. acquest. n.* 143.

MAIS l'un des Juges disoit, que pour ce qui concernoit douaire sur les biens du prédécédé, assis sous la Jurisdiction de Malines, qui étoient les plus considérables, il ne falloit avoir égard si les parties avoient contractées selon la Coutume d'Anvers ou point, parce qu'en tout cas cette Coutume ne pouvoit avoir lieu hors de son territoire, & que nonobstant la convention, il falloit donner douaire à la veuve, quant aux biens de Malines, selon les Coutumes qui y sont en usage.

QUOIQUE cette difficulté n'ait été lors décidée, à cause de la transaction, néanmoins quant à moi, & présupposant que les parties avoient traité selon la Coutume d'Anvers, qui prive le survivant du Coutumier, quand il y a douaire stipulé, cette objection ne m'a pas semblé considérable ; car quand les parties contractent un mariage, & stipulent leurs gains & avantages selon certaine Coutume, en ce cas le douaire se règle selon cette même Coutume, même à l'égard des biens situés hors de son ressort, quand ils sont disponibles, non point que le statut réel procède purement par soi-même & de sa seule force pour introduire douaire sur biens, étant hors de son pouvoir, mais tel douaire procède de l'acte & disposition des contractans, qui ont convenu & traité selon ladite Coutume, non par la force d'icelle, mais par l'efficacité de leur volonté, étant certain qu'ils pouvoient disposer de leurs biens en la ville d'Anvers, quoique situés ailleurs ; Chassan. *ad conf.* Burg. rubr. 4, §. 2, *glos. fin.* Molin. *conf.* 53, Charond. *ad consuet. paris. art.* 220, & *lib.* 5, *responf.* 38; Morion, en son plaidoyer 8, pag. 180 ; Phanic. *d. loco, n.* 35 ; *ubi tradit valdè ad propositum aliud esse statutum deferre bona, aliud bona vel lucra deferri ex conventione partium, quia maritus, inquit, solo statuto non nititur in faciendo dotis lucro, sed ipso dotis contractu continente relativè dispositionem statuti, quamobrem, inquit, eorum opinio qui existimant tali casu statutum extendi ad bona extra territorium sita, nititur falso præsupposito.*

ARRÊT XXXII.

1.° *Celui qui avec connoissance de cause, permet une chose qu'il présume devoir lui être nuisible, se préjudicie à lui-même.*

2.° *Le fisc peut vendre la totalité du bien qui lui appartient par indivis, sauf au copropriétaire son action pour sa part du prix.*

3.° *L'héritier survenant ne peut annuller ce qui a été fait par le possesseur de l'hérédité, pendant le temps de sa possession.*

4.° *La prescription de quatre ans, n'est pas abrogée par la Loi* benè à Zenone.

5.° *Dans la restitution accordée aux rebelles, sont compris ceux décédés pendant les troubles.*

6.° *Dans le traité des trèves ne sont compris ceux qui ont tenu parti contraire.*

7.° *L'amende en laquelle l'un des conjoints est condamné, se doit prendre sur les biens de la Communauté.*

PAR la Coutume de Tournai, les héritages non féodaux, tant acquêts que de patrimoine, entrent en la Communion des biens des conjoints, ainsi que les meubles, sans avoir égard à la ligne dont ils procèdent, & durant cette communion le mari en est seul Seigneur & Maître, & en peut disposer à son bon plaisir ; mais l'un des conjoints venant à décéder avec enfans, le survivant succède dans tous les meubles, dans la moitié seulement de la propriété des héritages & dans l'usufruit de l'autre moitié, à charge de

toutes

toutes dettes, cette moitié fuccédant aux enfans quant à la propriété.

SALOMON MUNUTE, réfident à Tournai avant les premiers troubles des Pays-Bas, étoit marié avec Jeanne Moreau. Il arrive enfuite que fes corps & biens font confifqués en l'an 1566, pour les caufes dont font procédées les troubles; tellement, qu'en vertu de cette confifcation, Sa Majefté a fait annoter tous les meubles & héritages de ladite communion.

LADITE Moreau, veuve dudit Salomon, au lieu de demander diftraction de fes droits matrimoniaux, tels que dit eft, & ainfi qu'elle pouvoit faire, parce qu'elle n'étoit ni accufée, ni atteinte des fautes de fon mari, ni lefdits biens faifis fur elle: après le fupplice de fon mari elle quitte la ville de Tournai, & fe retire à Anvers chez Catherine Munute fa fille unique, alliée avec Arnoud de Cot, qui y avoit, avant l'an 1566, pris réfidence. Le fifc depuis ce temps jufqu'en l'an 1580, jour du décès de ladite Moreau, eft demeuré feul en poffeffion des biens & dettes de la communion, fans contredit & du fçu de ladite veuve, à titre de confifcation. En 1577, la ville d'Anvers quitte le parti de Sa Majefté, & les Etats exercent la fupériorité jufqu'au traité de reconciliation, qui fut fait le 17 Avril 1585.

PAR ce traité toutes fautes procédées à caufe defdits troubles font pardonnées; non feulement les bourgeois, mais auffi les fimples habitans de cette Ville depuis la reconciliation des Provinces d'Artois & Hainaut, du mois de Mai 1579, font compris audit traité, étant ftatué par l'art. 5 d'icelui, que les bourgeois & habitans rentreront en tous leurs biens immeubles, nonobftant les confifcations & ventes faites au profit de Sa Majesté ; il est aussi accordé, qu'ils rentreront en leurs actions & crédits, *si avant que Sa Majesté n'en ait disposé.*

JEANNE MOREAU étant décédée avant la reconciliation de la ville d'Anvers, sa fille Catherine Munute & son mari, y ont continuellement résidés, & enfin ladite Catherine y est décédée au mois de Novembre 1610.

LES enfans issus de leur mariage se sont retirés d'Anvers en France, & ensuite en Angleterre. Après les trèves faites avec les Provinces-unies, ils ont présenté requête le 3 Septembre 1613, par laquelle ils concluent à la revendication de quelques moitiés d'héritages du chef de Jeanne Moreau leur grand'mère ; soutenans, que la part & portion qu'elle a eu par droit de communion dans les héritages & maisons, n'est tombée en confiscation, & que par la restitution des biens accordés, tant par ladite reconciliation que depuis par les trèves faites avec les Provinces-unies, lesdites parts leur doivent suivre en corps héréditaire nonobstant les ventes & aliénations faites par le fisc.

LES possesseurs disent qu'ils sont acheteurs de bonne-foi & sont aux droits du fisc, qu'ils sont assurés par prescription de quatre ans, *ex lege benè à zenone, C. de quadriennii prescriptione,* comme aussi par divers Placards publiés avant la reconciliation, par lesquels les ventes des biens confisqués faites à cri public par le fisc sont valables, & privent tous les ayans droit de leur action de revendication, mais peuvent seulement prétendre le prix des maisons non sur eux, mais à la charge du fisc, suivant les trèves par lesquelles il n'échet restitution de maisons situées en ville.

PAR Sentence des Echevins de Tournai on a adjugé aux

Demandeurs leurs fins & conclufions avec dépens, de laquelle ayant interjetté appel en cette Cour *omiſſo medio*, il fut jugé ſans contredit, que la condamnation du mari ne pouvoit nuire à la femme, parce que tous crimes font perſonnels, & que la peine ne ſe peut entendre outre les Auteurs par où le mari ne peut fourfaire les droits de ſa femme en déliquant; L. 3, *de bonis proſcript.* ainſi après la condamnation de mort de ſon mari elle peut demander diſtraction de tous ſes droits, même de la moitié des meubles & acquêts ſi elle eſt commune; Garſias, *de expenſ. & melior.* cap. 13, n. 19; Tiraq. *de leg. commu. gloſ.* 5, 60 *contracter.* n. 157; Chenu, *deciſ.* 56, & de ce qui appartient à la femme.

MAis il fut remarqué que pour ce qui regardoit la part de la femme dans les acquêts immeubles & autres héritages de la communauté, ladite Moreau s'en étoit abſtenu, & même des meubles de la communauté depuis l'an 1566, jour de l'annotation des biens, de ſorte que le fiſc, ſucceſſeur dudit Salomon, étoit demeuré poſſeſſeur entier de cette maſſe d'hérédité *jure quodam non decreſcendi*, & de bonne-foi parce que pendant le mariage le mari eſt, ſuivant ladite Coutume, Seigneur & Maître de ces biens, & peut en diſpoſer à ſon gré; Garcias, *d. loco, n.* 18, *quamobrem ſi uxor ſoluto matrimonio jus ſuæ communionis quod uſque ad mariti mortem fuit tantum in credito & habitu, non producit ad actum, res poteſt cenſeri manere in terminis habitus; dumtaxat maxime tertia perſona interveniente & realiter bona hæreditatis ſive communionis poſſidente, nam cum de jure certum ſit eum qui aliquod negotium geſcit unde ſibi prejudicium preſumit naſci & id permittit fieri ſibi obeſſe & prejudicare.* L. *ſi ſine* C. *ad velleianum.* Annœus Robert. *rer. judicat. lib.* 4, *cap.* 14, l'on peut dire avec probabilité, que ladite Moreau a renoncé par là au droit de la communauté, puisqu'étant bien avertie que le fisc en avoit annoté tous les biens, elle n'y a rien reclamée sans doute pour ne se rendre sujette à toutes les dettes ; comme elle eut été suivant la Coutume de Tournai ; joint, qu'il n'est permis de droit d'y revenir de la sorte *post distractam hæreditatem & negotia finita*, L. *quod si minor*. §. *scævola*, ff. *de minor*.

Ainsi quant aux biens aliénés par le fisc de bonne-foi & avec titre, & possédés par les Appellans comme ayans cause de lui, il a semblé, que comme le fisc les avoit aliéné en l'an 1571, avant l'aversion de la ville d'Anvers, & avant que ladite Moreau fut en parti contraire, que les possesseurs en étoient assurés de droit contre toute éviction, par trois moyens.

Premiérement, parce que le fisc auquel appartenoit sans contredit la part dudit Salomon par indivis, contre celle de ladite Moreau, avoit pû vendre le tout, sauf à sa copropriétaire son action pour le prix. L. 2, *cod. de communium rer. alien.* Pregr. *de jure fisci*, lib. 6.*, tit. 4, n. 23, & res per fiscum alienata, statim fit emptoris, pretio soluto*, L. *si curator*, ff. *de jure fisci*.

Ainsi a été jugé par Arrêt de cette Cour, en conformité de la Sentence du Conseil Provincial de Flandres, du 14 Octobre 1586, entre les Conseillers Fiscaux & le S.r Destevelles, prétendans révendiquer le tiers de la Seigneurie du Pitgam, tenue du Fief Duperron de Bergues Saint Winock; laquelle avoit en sa totalité été vendue par le Prince à titre de confiscation, du chef du S.r de Ronsart, frère ainé dudit Destevelles, & audit Destevelles seulement a adjugé le tiers des deniers procédans de cette vente.

SECONDEMENT il fut confidéré que de Droit, *illa quæ pof-*
feffor hæreditatis medio tempore alienavit, & geffit, remanent
recte alienata & gefta, neque hæres poftea fuperveniens, abfens
vel minor ea retractare poteft L. in integrum 22, ff. *de minor. L.*
44, ff. *de acq.* Mafuer. en fa pratique, *tit. de venditione, n.* 41.

TROISIÈMEMENT, par la fufdite L. *benè à ʒenone*, & préfuppofant, que les quatre ans étoient écoulés avant la fufdite *averfion*, lefdits acheteurs étoient auffi affurés; car quoique quelques Juges fembloient incliner, à ce que cette Loi ne feroit en ufage, alléguans, Ægid. Boffius & quelques Auteurs François qui font de cette opinion; néanmoins la plupart des Juges furent d'avis contraire, tenans qu'il falloit fuivre la difpofition du Droit à cet égard, fi par l'ufage ou Edit particulier n'y étoit dérogé; Boffius, *tit. de principe, n.* 86, eft de même avis, fauf que pour ce qui touche la ville de Milan, en laquelle il y a ftatut particulier au contraire. *Idem*, tenet Pregr. *de jure fifci, lib.* 6. *tit.* 4, *n.* 16, *& feq.* pourvu que la vente foit faite avec toutes les folemnités, ainfi qu'elle avoit été faite au cas préfent, favoir par criées publiques, dans lefquelles ladite Moreau avoit été comprife nommément; voyez Bacquet, *tit. du droit de déshérance, chap.* 8, *n.* 2 & 3, qui eft de même avis.

QUAND toutes ces raifons euffent ceffées, je difois, & mon fentiment fut fuivi par plufieurs des Juges, que Catherine, femme d'Arnoud & héritière unique de ladite Moreau, étoit comprife au traité d'Anvers pour avoir été habitante de cette Ville, tant devant qu'après ladite reconciliation jufqu'en 1610, que lors elle étoit décédée, par où il fembloit qu'elle devoit être exclue par prefcription ordinaire de plus de trente-fix ans, & les Demandeurs, quant à elle, pour autant qu'ils agiſſoient, & ce tant à l'égard des fonds, que du prix d'iceux, car j'admettois bien, que ſa mère avoit auſſi été compriſe audit traité d'Anvers, quoique décédée avant la capitulation, *quia reſtitutio conceſſa rebellibus, trahitur etiam ad mortuos & defunctos*; Pregr. *de jure fiſci, lib.* 5, *tit.* 2, *n.* 7; Boſſius, *tit. de reſtitut. quæ fiunt à principe, n.* 2 & 3, joint que les clauſes du traité étoient expreſſes, mais ce ne pouvoit avoir été à autre effet, que pour la remettre ou ſon héritier, au même état qu'elle étoit avant *l'averſion* de la ville d'Anvers, *non enim plus adfert reſtitutio, quàm abſtulit bellum.*

Or en ce faiſant, il n'étoit pas queſtion de remettre ladite Moreau ni ſon héritier en la poſſeſſion des biens de la communauté en laquelle elle n'avoit jamais été; mais ſeulement au droit d'y pouvoir prétendre; il falloit ſeulement à cet effet ôter de la preſcription ordinaire les années de cette guerre ou troubles d'Anvers, depuis l'an 1577 juſqu'à l'an 1585; quoi faiſant, la preſcription avoit en tout cas toujours couru depuis l'an 1566 juſqu'à l'an 1577, & avoit repris ſon cours depuis l'an 1585 juſqu'à l'an 1613, jour de la préſente action, enſorte qu'elle étoit preſque quadragénaire en déduiſant le temps des troubles d'Anvers, ſans y pouvoir faire au contraire le traité plus ample des trèves avec les Provinces-unies, par lequel toute preſcription durant les guerres a ceſſé, car ladite Catherine qui s'étoit tenue pardeçà, tant auparavant qu'après le traité, n'y pouvoit être compriſe, *neque ipſi fuerat ſtipulatum.* Mais aux ſujets d'un parti contre ceux de l'autre réciproquement, *quia reſtitutio principis & poſt liminium æquiparantur, L. ſi quis filio, §. planè, ff. de injuſt. rupt. teſtam. ſicuti ergo ſub reſtitutione non continentur ei quibus non fuit ſtipulatum, ità non comprehenduntur ſub poſt liminio ii qui non fuerunt hoſtes.*

NE pouvoit être contraire à la réfolution que deffus, que ledit Salomon feroit lui-même, ou fes héritiers, de fon chef compris au traité d'Anvers & des trèves, & qu'en conféquence fa veuve doit aufli être reftituée, & ne doit être de pire condition que lui, car autant que touche la reconciliation d'Anvers, il ne fe peut dire qu'icelui Salomon y foit compris, encore que l'on admette que par les claufes dudit traité, ceux décédés pendant les troubles y font compris, car ledit Salomon n'a jamais été habitant, & encore moins bourgeois dudit Anvers, mais eft mort avant *l'averfion* d'icelle ville à Tournai.

TELLEMENT que tout ce que la reconciliation d'Anvers peut opérer quant aux défunts, fe doit entendre de ceux qui étoient habitans de cette ville durant les troubles y advenus, & font morts avant le traité ; car, comme il eft dit ci-devant, ceux qui n'ont pas été ennemis ne font pas compris dans le traité.

POUR cette raifon, ledit Salomon ne peut être compris au traité des trèves, parce que les termes de ce traité doivent être pris à la lettre, & fuivant l'article 27 la guerre n'eft cenfée avoir commencée que depuis l'an 1567, à tel effet que les corps & biens confifqués auparavant ne font reftitués. Or, ledit Salomon a été exécuté en l'an 1566, & quand même il feroit compris au traité, les Demandeurs en vertu d'icelui n'ont action qu'aux prix des maifons, & non au fond comme ils concluent. Pour ces raifons, par Arrêt rendu les deux Chambres affemblées, il fut décidé que bien avoit été appellé, mal jugé, & les Demandeurs non recevables ni fondés en leurs conclufions, quant aux biens prétendus du chef de ladite Moreau & fa fille, à titre de revendication, encore qu'à mon avis il foit plus vraifemblable, *uxori dimidiam partem lucrorum competere, tam jure dominii, quàm poffeffionis* ; Peck. *de teftam. conjug. cap.* 11 , *n.* 1 ; Covar. 3, *variar. cap.* 19 , *n.* 1 , *& alii quos refert.* Chaffaneus *ad confuetudinis Burgundiæ, tit.* 2 , *des gens mariés,* §. 4, *n.* 14.

QUAND il n'y a pas condamnation à mort, mais une amende feulement, elle fe doit prendre fur les biens de la communauté, parce qu'alors la communauté n'eft pas diffoute & l'adminiftration en appartient au mari. Voyez la favante diftinction de Louet, en fon Recueil, Lettre *D*, Arrêt 31 ; Bacquet, tit. *des juftices, cap.* 15, *n.* 87.

MAIS j'ai vu mettre en délibération fi celui qui eft banni à temps, eft réputé mort, à effet que cela emporte diffolution de communauté. Il fut jugé ainfi au procès du Procureur-général contre Henri Bertoigne, le 23 de Septembre 1615, parce qu'ils font incapables des effets civils ; Louet en fon Recueil, Lettre *S*, Arrêt 15, *in fine*; Farinac, *de variis & extraordinariis quæft. p.* 3 , *quæft.* 102, Petr. Rat. *ad conf. pietav. tit. de la diftinct. des Jurifdictions* , art. 2 , où il dit qu'un banni à temps ne peut tefter, &c. A ma pourfuite il a été jugé le 22 Décembre 1614, contre le S.r de Brion, qu'il ne pouvoit agir à caufe de fa condamnation.

QUID de celui qui eft banni par contumace ; voyez Louet, Lettre *L*, Arrêt 14 , *& ibi notata.* Femme ès biens du mari confifqué ; Bacquet, tit. *des juftices, cap.* 15, & Petr. Rat, *ad conf. pietav.* tit. *de la diftinct. des jurifd.* art. 180 ; Bacquet, tit. *des juftices, cap.* 12 , *per totum.*

J'AI vu un avis de la Cour du 4 Mai 1596 , en l'un des regiftres aux lettres clofes, fol. 123 , conforme à cette réfolution. Bien entendu, qu'en ce cas, le Prince doit faire la vente publiquement, avec dénonciation aux *parçonniers* pour les préférer aux étrangers; Bacquet, tit. *du droit de déshérence*, n. 2 & 3, Peregr. *de jure fifci, lib.* 6, *tit.* 4, *n.* 5, *verficulo* 4, & *n.* 23.

MAIS il fut lors arrêté à cause de la conféquence, & que les Pays de pardeçà étoient plus Coutumiers que de Droit écrit, qu'il feroit bien auparavant faire pratiquer le privilége du fifc par-tout lefdits Pays.

ARRÊT XXXIII.

Si les Avocats ou Procureurs peuvent être contraints de dépofer en matière criminelle contre leurs cliens ?

UN Procureur au grand Confeil ayant été affigné à la requête du Procureur-Général pour dépofer dans l'information qui fe faifoit contre un de fes cliens, dit pour défenfes que fuivant la commune opinion des Auteurs, un Avocat ne peut être tenu de porter témoignage contre fon client, fur-tout en matière criminelle, ni un Procureur contre fon maître, parce que l'un & l'autre doivent le fecret le plus inviolable à ceux qui fe fervent de leur miniftère, & que ce feroit une forte de prévarication de leur part que de révéler des chofes qui leur ont été confiées *in arcano confilii*. Cette queftion ayant été mife en délibération, il fut réfolu, *omnium votis*, que le Procureur affigné ne devoit pas dépofer de ce qu'il avoit appris de fon maître, en qualité de Procureur, afin d'inftruire fa caufe, mais que comme il avouoit d'avoir eu quelque connoiffance du fait fur lequel il s'agiffoit de déposer, avant que l'accusé l'eut choisi pour son Procureur, il lui fut ordonné par Arrêt du 17 Mai 1616, de porter témoignage sur ce qu'il avoit appris du fait dont il s'agissoit, avant que d'être chargé de la cause de l'accusé, & abstractivement à ce qu'il avoit entendu de sa bouche ou autrement, pour l'instruction de sa cause. (*)

ARRÊT XXXIV.

1.° *Quel est l'effet de la restitution par grâce du Prince ?*

2.° *Si la grace ou restitution accordée par le Prince, après la Sentence de confiscation des biens, s'étend aux biens qui sont acquis à un tiers ?*

EN cette ville de Malines, le métier de Boucher a divers privilèges; entr'autres droits il y a quarante *haudebanken*, dits vieux bancs, affectés aux plus anciens, dans lesquels ceux dudit métier entrent successivement selon l'ordre de leur ancienneté & serment : ces Bouchers servent à débiter les viandes, & se donnent quelquefois à louage à ceux qui en sont pourvus. Fait-à-fait que quelqu'un du nombre des quarante vient à faillir, les suivans y entrent selon leur degré & serment. N...... Boucher dudit Malines, commet un homicide à son corps défendant, s'absente de cette Ville craignant les rigueurs de la Justice; les statuts de Malines portent, que quiconque des bourgeois s'absente & quitte son métier & domicile, prend droit de bourgeoisie ailleurs, y exerce &

(*) Cet Arrêt se trouve rapporté dans le Recueil de M. Dulaury, Arrêt 106.

fait profeſſion dudit métier, perd ſon droit de bourgeoiſie & métier à Malines.

CELUI-CI eſt abſent pendant pluſieurs années, ſe fait enrôler pour un temps au ſervice des Archiducs; ſa femme & ſes enfans continuent quelques années leur réſidence audit Malines, pendant que les amis de l'abſent ſollicitoient ſa grace, qui fut différée aſſez long-temps faute de pourſuite & de moyens.

ENFIN il obtint grace; & eſt remis en *ſa bonne fâme* & en poſſeſſion de tous ſes biens.

L'ON demande ſi en conſéquence de ce il eſt remis au même rang qu'il étoit entre ceux dudit métier avant ledit homicide, à effet qu'il puiſſe entrer auxdits *haudebanken* ſelon l'ordre de ſon ferment, tel qu'il tenoit avant l'homicide. Ses confrères s'y oppoſent, & diſent que le droit de préférence leur eſt acquis contre lui, en telle ſorte que le Prince n'a pu leur ôter par grace, parce que celui qui eſt rétabli en ſon état par la grace du Prince ne prend pas ſon ancien rang, mais au contraire il eſt regardé comme un nouveau reçu, & prend la dernière place. Molin. *ad conſ. Pariſ.* §. 22, *n*. 34; Rebuff. *in tract. nominat. quæſt.* 21, *n*. 21; ils ajoutent, qu'en tout cas il s'eſt abſenté, a pris domicile & exercé ſon métier ailleurs; pourquoi ſuivant ledit Statut, & abſtraction faite du crime d'homicide dont il a obtenu rémiſſion, il a perdu le droit de métier de Boucher audit Malines, & la grace du Prince ne ſe peut étendre ſi avant que de le réintégrer contre la diſpoſition de ce Statut en l'ancienne place qu'il tenoit dans la communauté des Bouchers, outre la rémiſſion de la peine de l'homicide.

LA difficulté étant miſe en délibération, quelques-uns

des Juges étoient d'opinion que l'Impétrant étoit même rendu capable dudit métier en queſtion, mais qu'il devoit être dernier en ordre, & que ceux qui le ſuivoient immédiatement lors dudit homicide & abſence, le devoient précéder auxdits *haudebanken*, parce que comme l'on a dit ci-deſſus, celui qui eſt rétabli en ſon état par la grace du Prince, ne reprend pas ſon ancien rang. Bart. *in* L. 2, ff. *de decurion.* Pereg. *de jure fiſci*, *lib.* 5, *tit.* 2, *n.* 4, Gaill. *de pace publicâ*, *lib.* 2, *cap.* 19, *n.* 3, *& ſeq.* Forſia Odde, *de reſtit. in integ. parte* 2.ᵉ *quæſt.* 79, *art.* 10, où il diſtingue entre les dignités & les rangs dont le nombre eſt certain ou incertain; mais nonobſtant ce, il fut conſidéré de plus près, que l'Impétrant avoit commis ledit homicide à ſon corps défendant, & que dans cette ſuppoſition ſa grace avoit été entérinée, le cas n'étant prouvé que par ſa confeſſion; pourquoi elle devoit être regardée comme entière, pure & abſolue ſans la diviſer; Bald. *in* L. *ne codicillos*, *verbo etiam quæro*, C. *de codicillis*; Alexand. *conſ.* 87, *vol.* 1.º fut auſſi conſidéré qu'il n'y avoit eu ſentence de confiſcation de corps ou de bien à ſa charge, non plus par contumace qu'autrement, & que prenant le fait ſimplement, il ne s'agiſſoit pas d'aucune dignité ou office, mais de certaine eſpèce de bien; parce que les autres étant cenſés être dans nos biens, le profit d'iceux ſe diſtribue à chacun, ſe donnent à louage, & en certaines villes de ces Pays ſe vendent par les poſſeſſeurs à deniers comptans. Pourquoi pluſieurs Juges furent d'avis, qu'en cas de confiſcation de biens, étaux de Bouchers étoient confiſcables à la vie des pourvus au profit du Prince, & que n'ayant eu Sentence de confiſcation donnée à la charge de l'Impétrant, il n'y avoit eu beſoin de reſtitution à cet égard, puifqu'il n'y avoit rien d'adjugé au fifc ni à aucun autre avant la condamnation; Peregr. *d. lib.* 5, *tit.* 1, *n.* 190, *& feq.* quoique par le Placard de Sa Majefté touchant les homicides, en date du . . . . ceux qui font coupables d'homicide, font fufpendus *ipfo facto* de leurs offices, au moment de l'homicide commis, & l'on en peut difpofer; & fuivant les circonftances du fait, il fembloit que les Oppofans ne pouvoient s'approprier rien à titre de confifcation; ou que fi la confifcation avoit lieu, cela concernoit le fifc & non les oppofans. Car encore, que l'on eut pû former quelque doute, fi celui qui eft rétabli en fon état par grace du Prince, rentre dans fes biens acquis au fifc par jugement, comme l'affure Peregrin. *d. lib.* 5, *tit.* 5, *n.* 25, Charondas, en fes mémorables. ... Cependant par l'ufage des Pays de pardeçà, ceux rétablis par grace, ne font rétablis que dans les biens non confifqués, quoique les lettres parleroient autrement: jugé par Arrêt du Confeil privé le 5 Septembre 1611, contre Jean Gyfelius au profit de Guife & Confors. Cependant quand les biens font confifqués au Prince, & non aux Seigneurs particuliers, comme au cas préfent, l'on peut tenir le contraire fuivant ce qu'enfeigne Papon en fes Arrêts, tit. *des graces & rémiffions*, liv. 24, tit. 17; & comme les biens de l'Impétrant n'avoient été confifqués ni faifis, il fut conclu que de ce chef il n'avoit befoin de plus ample grace, & qu'il n'avoit perdu fon ordre audit métier.

Il fut de même conclu, quant au point de l'abfence, parce que le ftatut de Malines devoit à cet égard être pris étroitement, & ne devoit comme pénal être étendu, mais devoit être entendu conjointement de ceux qui s'abfentent volontairement, quittent leur résidence dans le dessein de ne plus revenir, entrent en métier, & en font profession en autre ville, ce qui ne se rencontroit pas en la personne de l'Impétrant; parce qu'il étoit censé s'être absenté non de volonté, mais par contrainte & par force majeure, avec intention de revenir, comme il avoit fait incontinent après sa grace, aussi il n'avoit fait serment de Boucher, ni exercice de maître fermenté ailleurs. Ensorte que, ce que le statut requéroit copulativement, ne pouvoit le regarder personnellement ; à cette cause il fut résolu, le 27 Mai 1616, qu'il n'étoit privé de son ordre & rang audit métier, non plus par un moyen que par l'autre.

MAIS que conclure s'il y eut eu Sentence de confiscation? Peregr. *au lieu susdit* est d'avis que le Prince peut rétablir quelqu'un dans son rang, qui est acquis à un tiers, lorsqu'il fait connoître sa volonté. Mais comme suivant le style de pardeçà, confirmé par le susdit Arrêt du Conseil privé, le Prince ne rétablit ordinairement que dans les biens non confisqués, si avant même que par cet Arrêt la clause insérée ès lettres de rémission qui emportoit restitution, quant aux biens confisqués, fut corrigée comme abusive. Je serois d'avis qu'après la Sentence de confiscation de biens, l'Impétrant a perdu son ordre. Je sais que les Auteurs François, comme Imbert *en sa pratique*, liv. 3, chap. 17, n. 13, & les annotations sur icelui ; Charondas, *en ses mémorables*, *verbo* grace, & Papon, en ses Arrêts, tit. *des graces & rémissions*, Arr. 1. & suiv. sont d'avis, qu'encore qu'il y ait sentence de mort & confiscation de biens, que cependant le S.gr Haut-Justicier auquel cet confiscation est acquise, ne peut empêcher l'entérinement de la grace, à effet que le

de Malines. 151

criminel ne foit remis en fes biens ainfi confifqués, parce que la punition publique dépend de l'autorité des Princes; qu'ils peuvent abolir tous crimes, remettre & commuer les peines après condamnation, finon par la voie de fimple grace, du moins par la reftitution en entier dans les biens confifqués, rangs & honneurs, comme l'enfeigne Molin. *ad conf. parif.* §. 22, *n.* 73, *in fine*, mais cela doit être entendu des lieux où le ftyle & ufage des lettres de rémiffion portent reftitution des biens confifqués, & quand les biens font confifqués au Roi; & ne peut être appliqué aux rémiffions dont on ufe pardeçà, quand le droit eft acquis par Sentences aux vaffaux & autres tierces perfonnes; à quoi la difpofition de Droit eft à mon avis conforme: parce que la reftitution des biens par grace du Prince, ne s'étend pas aux biens acquis à un tiers; Gl. Bart. & *DD. præfertim* Jafon, *n.* 70, *in* L. *gallus* §. *& quid, fi tantùm,* ff. *de lib. & pofth.* que rapporte Wefembec. *ad tit.* ff. *de fentent. paffis & reftitut.* Papon, *in terminis*, tit. *des graces & rémiffions*, Arr. dernier; quoique l'on peut dire au contraire, que lorfque le Prince rétablit quelqu'un en entier il ne fe borne pas à la peine du crime, Molin. voyez la *L.* 2, *C. de decurionibus*, & l'interprétation d'icelle par Charles Loifeau, *au traité des offices*, liv. 1, chap. 7, n. 74; voyez l'annotation fur l'article 13 du tit. 17, liv. 24, des Arrêts de Papon, où font renfeignés deux Arrêts de Chopin & Charondas, par lefquels les biens confifqués aux Seigneurs féodaux, autres que le Roi, ont été reftitués en vertu de grace & rémiffion.

Voyez auffi Bacquet, *des droits de juftices*, chap. 16, n. 4, où il tient (bien à propos à mon avis) que ce n'eft pas reftituer par voie de grace, mais de juftice, lorfque le Prince donne grace d'un homicide commis à son corps défendant. Suivant ce, leurs Alteſſes accordant graces de tels homicides, remettent non ſeulement l'amende honorable, mais auſſi la civile, comme il réſulte des lettres du . . . . impétrées par . . . . .

L'AMENDE civile lui ayant été remiſe, ſous la ſuppoſition que l'homicide étoit commis à ſon corps défendant, & ayant, par moi Procureur-général, été remontré le contraire par les informations, l'Impétrant fut condamné en quarante florins d'amende, nonobſtant les lettres de grace, par Décret du . . . . Bacquet, *des droits de juſtices*, chap. 16.

ARRÊT XXXV.

Les Octrois particuliers des Villes ſont privilégiés, comme les impoſitions & aides du Prince.

LE dernier Août 1616, il fut réſolu par avis des Chambres, que les impoſitions des Villes de Flandres jouiſſent des mêmes priviléges que celles des Princes, en ce qu'elles étoient exécutoires, nonobſtant oppoſition ou appellation; néanmoins pour ce qui concerne la levée des octrois particuliers deſdites Villes & plat-Pays au dehors des aides des Princes, la Cour peut bien accorder ſurſéance d'exécution pour juſtes cauſes, & n'a les mains liées à cet égard, ainſi qu'à l'égard deſdites aides.

ARRÊT

ARRÊT XXXVI.

La Jurifdiction des Hommes de Fiefs ceffe auffi long-temps, que le vaffal n'eft pas reconnu.

LE Baron de Renphaufen, Mayeur héréditaire de Bertoigne étant actionné au grand Confeil par le Procureur-général, afin de relever ladite *Mayerie* en Fief de leurs Alteffes, comme Duc de Luxembourg, & fournir dénombrement; il demande fon renvoi pardevant le Jufticier des Nobles du Pays, alléguant que cette caufe fe doit traiter *coram paribus curiæ*. Le Procureur-général difoit pour réponfe que fi le Défendeur vient avouer tenir en Fief ladite *Mayerie* d'un Duc de Luxembourg, il lui accorde le renvoi requis; mais, que s'il ne veut faire tel aveu, qu'il doit répondre & contefter en cette Cour.

LE S.r de Rinphaufen perfifte au contraire par Arrêt du 23 Avril 1616, fut dit que renvoi n'y écheoit, & le Défendeur condamné aux dépens, parce que *donec de vaffallo conftet ceffat parium jurifdictio*; Mynfing. cent. 1, obferv. 99, Jul. Clar. §. *feudum*, *quæft.* 90; la caufe n'eft jamais cenfée être de la Jurifdiction du Fief, finon que les parties ne reconnoiffent la mouvence; Francif. Milanenfis, *in fuis decif. regni ficiliæ*, lib. 1, decif. 6, n. 2, parce qu'il feroit abfurde que celui qui ne fe reconnoit pas pour vaffal, jouiffe du privilége des vrais vaffaux; voyez fur cette matière Tiraq. ad lib. 2, *feud.* n. 15, *idem videtur fentire Zazius, de controverfiis parte* 11, *folio mihi* 78, *ubi dicit quod fi in cafu contraverfiæ inter Dominum & vaffallum, tunc ordinario loçi lis eft tractanda;*

vide Mynſing. *obſerv.* 99, *cent.* 1, & parce que les Fiefs font aujourd'hui regardés comme biens patrimoniaux. J'ai vu réſoudre que les déciſions du droit des Fiefs à cet égard, n'ont pas été obſervées ſi ſtrictement au Procès de la Ducheſſe d'Arſchot contre le Marquis de Berghes, le . . . . à

ARRÊT XXXVII.

Le Demandeur en retrait n'eſt tenu de jurer qu'il fait le retrait pour lui-même, avant que l'acheteur l'ait reconnu à proëſme.

LE lignager doit jurer qu'il demande le retrait pour ſon profit, ſuivant Grimaudet, *de retract.*, *lib.* 6, *cap.* 4, un acheteur actionné en retrait, avant le procès & ſans avoir reconnu le lignager, ſoutient qu'il doit s'expurger par ſerment, s'il demande le retrait pour lui, le lignager ſoutient au contraire, que l'acheteur le doit auparavant reconnoître à *proëſme* ; & que ſans cela il n'eſt tenu de jurer, & offre de le faire après reconnoiſſance de ſa qualité.

PAR Arrêt du mois de Septembre 1616, il fut dit qu'il paſſeroit parmi ſon offre, parce que par cet acte la choſe devant tourner à ſon profit, on a préſuppoſé qualité habile au retrait, & que le cas arrivant, qu'après le ſerment l'acheteur eut denié cette qualité, ce ſerment eut été inutilement fait.

ARRÊT XXXIII.

1.° *La Cour peut ordonner au Procureur-général de s'opposer à un entérinement, quoiqu'il dise ne trouver fondement pour le faire.*

2.° *L'on peut passer outre à l'entérinement des lettres de grace, quoique l'Impétrant n'ait fait accord avec partie intéressée.*

3.° *Si le père d'un occis est fondé à demander intérêts civils ?*

4.° *Entérinement fait en Chambre close.*

JEAN de Bergues, S.gr de Waterulis, ayant tué Luc de Hertogle, Receveur-général du Weeft Flandres, obtint des lettres de pardon & commission d'entérinement de ces lettres au grand Conseil; le fait étant mis en délibération il fut dit, que suivant le Placard du . . . . le Procureur-général formeroit opposition audit entérinement, parce que l'Impétrant avoit mal narré; il fut résolu à la pluralité des voix, qu'encore que le Procureur-général ne trouvoit fondement de s'opposer, que néanmoins la Cour pouvoit lui ordonner de le faire; cependant comme l'Impétrant n'avoit encore fait accord avec la partie civile, on doutoit si cessant l'opposition, on pouvoit passer outre audit entérinement, sans préjudice de son intérêt, à cause de la clause ordinaire insérée dans lesdites lettres, satisfaction préalablement faite & avant tout à partie intéressée, il fut résolu que si. Bien entendu, que si elle vouloit elle-même débattre lesdites lettres de subreption, elle y seroit admise en conformité dudit Placard.

Après il fut considéré, que la partie civile étoit le père du défunt, qu'il n'avoit délaiſſé veuve ni enfans, par où l'Impétrant objectoit, qu'il ne pouvoit intenter aucune action de dommages & intérêts, que cette action n'étoit accordée qu'aux veuves & enfans d'un occis, & qu'il avoit ainſi été jugé au Conſeil Provincial de Flandres, le 17 Mai 1558.

Cependant la plus commune opinion eſt, que la veuve, les enfans, les père & mère de l'occis, peuvent demander intérêts civils, parce que le défunt étoit obligé de les ſecourir, c'eſt pourquoi la ſatisfaction leur eſt due de droit comme l'enſeigne Bensfeldius, *de injuriis & damno dato*, cap. 1, quæſt. 3, concluſ. 4, Maſuer, *en ſa pratique*, tit. 37, n. 36, où il ajoute, qu'outre la veuve, père & enfans, celui qui étoit aſſocié en commun en biens avec le défunt, peut auſſi demander des dommages-intérêts, & s'il en peut faire preuve, il y eſt fondé. Mais qu'en tout cas le premier & principal intérêt, que le Juge taxe, c'eſt pour l'ame du défunt ayant égard à l'induſtrie & faculté du déliquant, & ſemblablement de celui qui a été tué.

Délibéré au mois d'Octobre 1616, voyez Papon, *en ſes Arrêts*, liv. 24, tit. 2, qui ſont recevables à accuſer, Arr. 3, & ſeq. où il tient, que tous ceux qui ſont capables de ſuccéder au défunt peuvent demander intérêts.

Finalement, ſur requête préſentée à la Cour par l'Impétrant afin que pris égard à ſa nobleſſe & qualité, l'entérinement fut fait en Chambre cloſe; furent allégués divers exemples, qu'on en avoit ainſi uſé de temps à autre; nommément lors de l'entérinement des lettres de graces impétrées par les S.rs de Berto & Dubois de Leſſinnes, & ſuivant ce l'entérinement fut fait en Chambre cloſe en préſence de tout le Conseil, & l'Impétrant condamné à trois cens florins d'amende civile.

ARRÊT XXXIX.

L'on peut encore appeller après trois Sentences conformes rendues sur appel en trois jurisdictions ; mais la dernière se peut mettre à exécution.

ON a douté au procès de François Lamotte, Appellant de Cambrai, contre Mathieu l'Empereur, Intimé, s'il étoit permis d'appeller après trois Sentences conformes, contre la disposition de la Loi unique, *C. ne liceat in unâ eâdemque causâ tertio provocare.*

LE fait étant mis en délibération, il fut dit par Arrêt rendu le 20 Octobre 1616, qu'il y échéoit appel. Automne, *ad d. tit. cod.* dit, qu'il s'observe ainsi en France, comme fait aussi Imbert, *liv.* 2, *chap.* 3, *n.* 8, la même chose a lieu en la Chambre impériale, Gail. *pract. observ. lib.* 1, *observ.* 72, *n.* 31; quelques membres du Conseil alléguoient, qu'il avoit encore ainsi été observé en cette Cour, mais que l'on avoit en ce cas permis à l'Intimé de mettre la troisième Sentence conforme à exécution nonobstant appel.

ARRÊT XL.

Actions afin de paiement de sommes certaines, sont réputées mobiliaires, quoiqu'elles soient accompagnées d'hypothéques, & comme telles, ne sont point comprises au traité des trèves.

PAR Arrêt conclu le 5 Novembre 1616, au procès de Gaspart de Blois, Sr. de Treslon, Appellant de Flandres, contre le Sr. de Werp, Intimé, joint à lui le Procureur-général, il fut résolu, que toutes actions qui tendent à avoir paiement de sommes certaines, sont réputées mobiliaires, quoiqu'elles soient accompagnées d'hypothéque valable sur fonds & héritages immeubles; ensuite de ce, il fut aussi résolu, que par le traité des trèves fait avec les Provinces-unies, telles actions ne sont comprises ni restituées, parce que par ce traité l'on ne fait restitution d'actions mobiliaires saisies par le fisc, & non recélées, ce qui semble être décidé par Molin. *consf. parisf.* §. 11, n. 10, *ubi in hujusmodi, & quoad alios effectus spectari debent ipsam obligationem personalem, quæ est principalis, & non hipothecam, quæ est dumtaxat accessoria multis ostendit, & rursum.* §. 30, n. 39, *ubi tenet quod hipotheca, quæ venit accessoriè ad jus personalis actionis, non habet illam ampliare* L. *item liberatur in princ.* ff. *quibus mod. pign. vel hipotheca solv.* L. *intelligere & ibi glosf. cod. de luiti. pign.*

LE même point a été agité en 1619 à mon rapport, & fut confirmé par Sentence des Echevins de Malines, entre Jean Verhost, contre Henri Vangoricht.

ARRÊT XLI.

Le Juge Laïc, peut impofer une peine pécuniaire à un Eccléfiaftique, qui a commis le crime d'attentat.

AU procès mû en cette Cour fur réparation d'attentat, entre Sire . . . . Crefpin, Prêtre Appellant de Luxembourg, & Sire Antoine Dauby, auffi Prêtre, Intimé ; on doutoit, fi à caufe d'attentats, ledit Dauby étoit puniffable par la Cour, nonobftant fa qualité. A cette occafion le Procureur-général en préfenta Requête, afin d'avoir provifion de juftice à fa charge, pour le faire punir par la Cour, du moins pécuniairement; il propofa à ces fins, que lorfqu'un crime commis par un Eccléfiaftique devant le Juge Laïc en haine de procès, fi ce même juge peut connoître des excès de l'Eccléfiaftique comme du poffeffoire & autres actions, comme l'enfeigne Panorm. *in can. verum, de foro competenti.* Cela doit être ainfi, lorfqu'il s'agit d'une peine corporelle & pécuniaire fuivant le fentiment de Benedict. *in repet. cap.* Raynutius *verbo uxorem nomine adelefiam decif.* 2, n. 140 & *feq.*

A mon avis, le grand Confeil eft en poffeffion d'en ufer ès caufes poffeffoires d'appel, efquelles nonobftant que les Appellans foient Prélats, Religieux ou Prêtres féculiers, la Cour les condamne en amende de fol appel & autres, quand le cas y échet, ainfi fut conclu la veille de tous le Saints 1616.

INNOCENTIUS, *in cap.* 1, *de off. jud. delegati*, n. 2, & *feq.*

ARRÊT XLII.

Lorsque plusieurs personnes sont condamnées aux dépens par une même Sentence, elles sont censées condamnées par portions viriles & par tête.

QUAND plusieurs personnes sont condamnés par une même Sentence, les dépens se taxent contre elles par portions viriles & par tête. *L. 1 & 2, cod, si plures unâ sententia.* Charond. *en ses observations, verbo despens.* Papon, *en ses Arrêts*, liv. 18, tit. 2, *des dépens*, Arr. 1, ce qu'a été suivi en un différend, entre Jeanne de Marbaix, Intimée, contre Jean de Namur & Confors, Appellans de Luxembourg, arrêté au mois de Novembre 1616; quoique l'un des Confors eut plus de part en la cause principale que l'autre; mais quand celui qui a plus de part offre de souffrir l'exécution, & est solvent, en sorte que le Demandeur n'a en ce aucun intérêt; savoir si son Confors ne doit passer pour son contingent à proportion, non point arithmétique, mais géométrique. Il m'a semblé que si, & le texte y est assez formel, *in L. nec ullam & L. etiamsi putavit §. item si quis dolo ff. de petit. hæredit. his verbis: sed si alius nactus possessionem quem ego dolo malo amiseram, paratus sit judicium pati, marcellus, libro 4, ff. tractat. ne forte evanescit adversus eum, qui desit (possidere) litis æstimatio? Et magis evanescere ait, nisi petentis interest.*

ARRÊT

ARRÊT XLIII.

1.° *Dans un fidéicommis universel, les fruits ne sont dus au temps de la mort du grévé, mais seulement au temps de l'échéance.*

2.° *Lors même que les fruits & les intérêts ne sont point demandés par la partie, ils peuvent être adjugés d'office par le Juge.*

AU procès d'Antoinette, veuve de Vaaft Pronier, Appellante d'Artois, contre Anne le Comte, veuve de Pierre Bochault, Intimée, il a été résolu par Arrêt du mois de Novembre 1616, que dans un fidéicommis universel les fruits n'étoient dus au temps de la mort du grévé, vulgairement lorsque le cas du fidéicommis arrive, comme dans la demande de succession au temps de la mort du défunt, mais que les fruits dans un fidéicommis étoient seulement dus au temps de l'échéance. *Aut cùm quis fuerat specialiter rogatus fructus restituere* L. *in fideicommissariâ hæreditatis,* ff. *ad senat. trebel. glossâ in* L. 2, ff. *de fideicom. hæred. petit.* Peregr. *de fideicom.* art. 49, cap. incip. *fructus percepi post aditam hæred.* n. 16, 20 & *seq.* où il fait voir la différence qui consiste à dire qu'un héritier grévé de fidéicommis est pendant ce temps maître & possesseur de plein droit suivant l'intention du testateur; c'est pourquoi il fait les fruits siens, & la propriété ne passe pas de suite à celui en faveur de qui le fidéicommis a été fait.

IL fut aussi résolu audit procès, que celui qui emprend la cause comme Défendeur en matière de mise de fait, ou revendication, doit fouffrir l'exécution de la Sentence donnée à sa charge, quoique qu'après, il déclare n'être poſſeſſeur de la choſe L. *nec ullam alias eſt* L. *etiamſi putavit* §. *non ſolum* ff. *de hæredit. petit.* L. *qui ſe liti.* 45, ff. *eodem* L. *is qui ſe obtulit* 25, ff. *de rei vindicatione.* Il faut cependant obſerver, que l'on juge le contraire, lorſque l'Impétrant fait, que la perſonne qu'il a fait aſſigner, ne poſſède pas la choſe qu'il demande.

FINALEMENT il fut remarqué, que les fruits & intérêts non demandés par les parties, ſe peuvent néanmoins adjuger d'office par le Juge, au temps de l'échéance lorſqu'ils ſont dus à un ouvrier, même après le procès, parce qu'en pareil cas le pouvoir du Juge eſt très-étendu ; L. *ædiles etiam* §. *item ſciendum* 8, ff. *de ædilites edicto ;* Peregr. n. 146, *vide* Theſaur. *deciſ.* 135.

ARRÊT XLIV.

1.° *La convention d'un cohéritier, qui renonce à une succession, ne regarde pas le cohéritier qui a auparavant appréhendé la succession.*

2.° *L'exécuteur testamentaire ne peut payer les legs, lorsqu'il fait qu'il y a des créanciers privilégiés.*

3.° *Provision ne s'adjuge aux légataires, au préjudice des créanciers.*

AU procès du protonotaire Grobbendoncq & Consors légataires par le testament de feu Messire Jean Richardot, Archevêque de Cambrai, contre Messire Guillaume de Richardot, Baron de Limbeke, il fut considéré que ledit Archevêque avoit institué quatre héritiers par égale portion, dont ledit S.ʳ Baron étoit l'un, & attendu qu'il avoit appréhendé son hoirie avant la renonciation des cohéritiers, il fut jugé que la part des cohéritiers qui renonçoient à la succession, n'augmentoit pas la part des cohéritiers, qui l'avoient appréhendée avant. L. *cum hæreditate* 55, & *ibi* Barthol. ff. *de acquir. vel omitt. hæred.* Grassus, *recept. sentent.* §. *jus accrescendi quæst.* 29, ainsi dans le cas de renonciation de ses cohéritiers, il ne pouvoit être convenu que pour son contingent, & sans accroissement des autres parts.

Il fut arrêté que l'héritier pouvoit payer les créanciers qui se présentoient les premiers, après avoir obtenu lettres de bénéfice d'inventaire, L. *scimus*, §. *& si præfatam* C. *de jure deliberandi*; mais quand il sait qu'il y a des légataires ou créanciers privilégiés, & qu'il paie à d'autres, il se rend coupable de dol, L. *dolo* ff. *ad leg. falcid.* Graffus, §. *inventari. hæredit. quæst.* 20, pourquoi la Cour fut d'avis, que ladite hérédité étant répudiée pour quelques parts, les exécuteurs testamentaires ne pouvoient payer les légataires au préjudice des dettes à eux connues.

DE PLUS les légataires soutenoient, que par provision leurs legs devoient être adjugés, & qu'ils leurs étoient laissés en certaines espèces de meubles, dont ils requéroient main levée à caution. Le S.r de Lembeke disoit au contraire, qu'il étoit créancier de grandes sommes, & qu'au préjudice des créanciers, on ne pouvoit adjuger aucune provision aux légataires à titre lucratif, particulièrement si l'on prend égard à la renonciation apparente de quelques parts. Il fut jugé à la pluralité des voix, que provision n'échéoit quant à préfent, mais qu'il falloit ouir les exécuteurs testamentaires, & les autres héritiers institués dudit S.r Archevêque, pour savoir l'état sommaire de la maison mortuaire, & l'intention des cohéritiers.

QUANT au premier chef l'Arrêt de Papon tit. *de provision*, Arrêt 10, y est assez conforme ainsi que Faber, *in suo cod. de jure deliberandi def.* 4, où il résoud qu'aux légataires *vix est ut ante definitivam sententiam ullo casu succuratur*, voyez à ce sujet deux Arrêts du Senat de Savoie.

ON doutoit encore si les exécuteurs voudroient répondre en cette Cour, & y exhiber un état ou compte de ladite administration, parce qu'ils étoient Chanoines de Cambrai, & que la maison mortuaire y est échue.

MAIS il m'a semblé que la Cour leur pouvoit ordonner de le faire, *per formam incidentis cognitionis* L. 3, *& ibi glos. de donat. inter virum & uxorem.*

ARRÊT XLV.

1.º *Si la part qui écheoit à l'un des héritiers à titre de fidéicommis, est sujette au fidéicommis.*

2.º *La clause de tenir côte & ligne à toujours & en tout cas, n'emporte pas fidéicommis.*

3.º *Une clause appofée, pour servir à la disposition principale, ne s'étend pas.*

4.º *Les biens tenans côte & ligne ou délaissés à la famille doivent être rendus aux plus proches.*

AU procès de Josias Maréchal, Demandeur, contre Pierre de Lillers & Consors, Défendeurs, il a été proposé, que Pierre Dillies avec Jacqueline Soluet, sa femme, avoient fait un testament en l'an 1576, contenant partage entre leurs enfans, & assignant à chacun leurs portions, avec défence auxdits héritiers d'aliéner leurs portions.

De plus, que si aucuns des héritiers venoient à mourir sans enfans, leurs portions retourneroient à leurs frères & sœurs survivans, & que ces portions tiendroient côte & ligne à toujours & en tous cas. Hugues Dillies l'un desdits enfans étant décédé sans hoirs, sa part & portion est échue en vertu de fidéicommis à ses frères & sœurs survivans, l'une desquelles, savoir, Jacqueline étant aussi décédée sans enfans, il a été mis en délibération, si non seulement les biens de sa part & portion héréditaire, mais aussi ce qui lui étoit échu à titre de fidéicommis par le décès de Hugues, étoit chargé de retour, & ayant égard que les héritiers étoient institués *in certis portionibus*, & que les testateurs les avoient chargés expressément de restituer ces portions.

Il fut jugé par Arrêt de la veille de Noël 1616, que la portion qui étoit depuis advenue à Jacqueline à titre de fidéicommis par le trépas de Hugues, n'étoit sujette à retour, à tel effet que ladite Jacqueline en avoit pu disposer valablement. C'est la décision de la Loi *si Titius* 96, ff. *de legatis* 3. Menoch. *lib.* 4, *præsumpt.* 193, *n.* 8, & *præsumpt.* 79, *n.* 9, il fut aussi conclu que la clause de tenir côte & ligne a toujours & en tous cas, n'emportoit aucune charge de fidéicommis, mais seulement une désignation d'ordre de succession *ab intestat*, comme aussi que la prohibition d'aliéner restrainte aux personnes des héritiers, y étoit apposée seulement pour servir à la disposition principale, c'est pourquoi, par cette défence, l'on induisoit un autre fidéicommis, que celui qui étoit contenu dans la disposition précédente, & comme cette défense est accessoire à la première disposition, on ne peut ni l'étendre, ni l'augmenter; Decius, *cons.* 187, & *ibi* Molinæus. Vigilius, *in §. vel singulis institut. de pupillari substitutione*, autrement l'on eut tenu, que la défense d'aliéner à charge de tenir côte & ligne à toujours, eut emporté fidéicommis ultérieur à la charge des personnes appellées audit testament. La Cour, à mon avis, ne devoit avoir égard à l'objection du Demandeur qui soutenoit, que ladite Jacqueline avoit laissé lesdits biens à l'une des nièces à l'exclusion de ses frères & sœurs, & que partant elle n'avoit rien aliénée hors de la famille, & de la côte & ligne, ni contrevenu à la volonté des testateurs. L. *unum ex familiâ*, ff. *de leg.* 2, car c'est autre chose à mon avis d'empêcher, *ne bona extrà familiam alienentur* & les laisser à la côte &

ligne ou à fa famille, parce qu'en ce dernier cas les plus proches font préférés aux plus éloignés, enforte que celui qui eft chargé au profit de la famille doit néceffairement rendre les biens au plus proche après lui, & il n'a pas le choix de les laiffer au plus éloigné, *L. cum ita* 33, §. *in fideicommiffo* ff. *de legatis* 2, & *L. omnia* 32, ff. *eod.* V. Gabriël, *cum concluf. lib.* 4, *concluf.* 19.

IL n'en feroit pas de même dans les Coutumes qui défendent donner fans le confentement de l'héritier apparent, mais il femble que ces Coutumes ne doivent pas avoir lieu pour les donations des pères à leurs enfans. Bald. *conf.* 407, *præ-fuppof. lib.* 2, & *conf.* 37, *decret. lib.* 3, *per text. notabi.* §. *fed..... per quos fiat inveftitura* & C. 1, *de alienatione feud.* L. *pater*, §. *quindecim*, ff. *de legat.* 3, Roman. *conf.* 199, d'où l'on conclut qu'on peut aliéner le fief fidéicommiffé aux perfonnes auxquelles il doit retourner après le décès du vendeur.

ARRÊT XLVI.

Si l'hypothéque tacite a lieu pour alimens.

PAr une délibération faite, les deux chambres assemblées en 1616 ; il a été résolu, *que ne compétoit droit de tacite hypothéque pour alimens*, & que cette action d'alimens n'avoit ce privilège. Bart. *in* L. *lucius titius*, ff. *de alimentis & cibar. legatis* Roman. *conf.* 454, *in fine* Barthol. *in* L. *fi cum dotem* 22, §. *fi autem* ff. *fol. matrim. vide* Horat. Carpanunt *in suo commentario*, *vol.* 1, *cap.* 312, *n.* 57, *& seq.* néanmoins quant à la question particulière si la femme a droit d'hypothéque tacite sur les biens de son mari pour ses alimens & sa dot ; Mynsing. *cent.* 1, *obfervat.* 64, *in utramque partem*, résoud la question affirmativement. Et que pour alimens ils ont été préférés *inter perfonales creditores*, Louet, en son Recueil, Lettre *A*, Arrêt 17.

ARRÊT XLVII.

1.º *Le conducteur d'un cheval est chargé d'un léger accident survenu en route, & non d'un accident grave tel que la mort du cheval.*

2.º *Celui qui ayant reçu une blessure, la néglige contre l'avis des médecins & chirurgiens, en telle sorte qu'il en devienne estropié, ne peut prétendre des dommages-intérêts contre l'auteur de la blessure, que proportionnément au temps qu'il auroit fallu pour le guérir, s'il eut suivi le régime prescrit par les médecins.*

AU procès de Jean de Josse, Défendeur, contre N. Vilaine, loueur de chevaux, demeurant à Namur, Demandeur, ont été traitées deux questions, qui peuvent venir souvent à propos. Le fait étoit, que le Défendeur avoit plusieurs jours tenu à louage le cheval du Demandeur, lequel étoit mort à Bruxelles; le Demandeur disoit, que cela étoit arrivé par la faute du Défendeur, & qu'il le falloit ainsi présumer, considéré qu'il constoit, qu'au temps du louage le cheval étoit en bon état; que le maréchal l'ayant visité lorsque le Défendeur l'avoit ramené à Bruxelles, il avoit déclaré qu'il étoit crevé de courir, & deux autres témoins attestoient encore, que le cheval étant ramené audit Bruxelles ne pouvoit demeurer sur ses jambes, & enfin que le serviteur de l'hôtellerie du Défendeur avoit déclaré qu'il venoit de Namur, & néanmoins il étoit véritable que le Défendeur étoit venu de Malines, d'où le Demandeur inféroit quelque suspicion, que l'on avoit maltraité son cheval. Sur quoi il m'a semblé, qu'il falloit avant tout examiner la question, *an conductor teneatur de levissimâ culpâ & an equus mortuus præsumatur culpâ conductoris.* J'étois d'avis, comme furent aussi la plupart des Juges, *quod conductor tenetur de levi culpâ non autem de levissimâ*, & qu'ainsi c'étoit au locataire & Demandeur de vérifier la faute du Défendeur, voyez Mynsing, *cent.* 6, *observat.* 88, *in fin. & in terminis equi* Vincent. Carocium, *tract. locati & conducti parte* 4, *quæst.* 4, Leoninus, *conf.* 36, ce qui a lieu particulièrement en matière de chevaux de louage, qui communément ne sont pas de prix, mais au contraire sont des haridelles rompues de travail; de sorte que les loueurs ne coureroient presque point de risque, si à chaque fois qu'un cheval viendroit à mourir, on tenoit que cela fut arrivé par la faute du conducteur; ajoutez que personne n'est censé abuser de la chose d'autrui, quoique quelques-uns des Juges fussent d'avis, que ceux qui étoient chargés de la garde des bestiaux étoient obligés de prouver, que la mort de certains bestiaux n'étoit pas arrivée par leur négligence, comme l'enseigne Carocius *d. parte* 4.ᵉ *quæst.* 3.ᵉ *de imperitiâ caprarii ad L. qui fundum calendum*, ff. *locati* Biensfeldt *de injuriâ & damno quæst.* 14, *concl.* 3, mais il est certain, que celui qui loue un cheval, ne doit supporter une pareille charge, à cause de la diversité de raisons; parce que les bergers prenans à eux la garde du troupeau, sont tenus pour cette raison des fautes les plus légères, & qui sont toujours présumées; c'est pourquoi la présomption de droit étant contr'eux, il n'est pas étonnant, qu'ils soient chargés d'une telle preuve: mais il n'en est pas de même de celui qui prend un cheval en louage. Sur quoi voyez le plaidoyer de M.ᵉ Claude Expilly, *plaid.*

de Malines. 171

11, où il traite amplement comment on peut être tenu de la perte des chevaux de voiture & louage.

NÉANMOINS dans cette suppofition, il a femblé que les premières objections que deffus dudit Demaudeur étoient fuffifantes pour charger le Défendeur de la preuve & non de la faute, & que n'en ayant pas fait preuve, il devoit être condamné au paiement, non du prix que le cheval avoit couté, mais d'un tiers moins ou environ, & ainfi fut conclu & arrêté, ayant égard, que tels chevaux font en peu de temps détériorés & gâtés, & que d'ailleurs il feroit dur de dire, qu'un cheval ruiné eft mort en chemin, que la mort eft naturelle, & que par conféquent celui qui le conduifoit n'en eft pas la caufe.

AU même procès le Défendeur étoit convaincu d'avoir bleffé le Demandeur d'un coup de dague à la jambe, fur quelques propos qu'ils avoient eu à caufe du cheval en queftion, pourquoi le Demandeur concluoit en des dommages & intérêts, & une penfion viagère de cent cinquante florins par an, fous prétexte qu'il feroit toujours eftropié. Au contraire le Défendeur difoit qu'il avoit exprès négligé fa jambe, qu'il avoit voyagé avec fon mal contre l'avis des chirurgiens & médecins, & qu'en fuivant leur avis il n'y eut eu danger d'être eftropié.

SUR QUOI il fut réfolu que le Défendeur n'étoit pas tenu du mal qui étoit provenu du mauvais régime du Demandeur, qui n'avoit pas fuivi les confeils falutaires des médecins ; comme l'enfeigne Damhoud. *in praxi criminali*, *cap.* 77, *n.* 18, & *feq.* car quoique dans ce cas il femble que l'accident furvenu foit caufé par la bleffure, de même que fi après une bleffure reçue, il furvient une fièvre ardente ou quelqu'autre maladie, qui cauſe la mort ou quelqu'autre accident ; dans cette circonſtance la mort eſt attribuée à l'auteur des bleſſures & en ſupporte la peine, ſoit qu'il en ſoit la cauſe, ou que ce ſoit un ſimple accident. L. *item mela ſcribit*, §. *ſi alius tenuit &* L. *qui occidit* §. *fin*. ff. *ad*. L. *aquil*. Damhouder, *d. loco* n. 21.

TOUTEFOIS quand il conſte d'une cauſe étrangère, & que la mort ou autre accident n'ont été cauſé par la bleſſure, mais d'ailleurs; en ce cas le perpétrant n'eſt pas la cauſe de la mort ou de tout autre accident.

POURQUOI il fut jugé de toutes voix, que les chirurgiens & médecins qui avoient premièrement viſité & panſé la jambe du Demandeur ſeroient ouis, & que s'ils déclaroient, que ſon mal n'étoit dès le commencement ſujet à l'accident en queſtion, que le Défendeur paſſeroit en payant dommages & intérêts & médicamens à proportion & à rate de temps qu'il eut dû être guéri, s'il avoit ſuivi les avis des médecins & chirurgiens.

ARRÊT XLVIII.

Huissier tenant les deniers levés par exécution, est condamné en amende.

N. Huissier extraordinaire de la Cour à la résidence de Tenremonde, pour avoir retenu pendant plusieurs années quelques deniers levés par exécution, sans les délivrer à la partie qui l'avoit mis en œuvre, fut condamné au double d'iceux deniers par forme d'amende; voyez Papon, tit. 7, *des Huissiers*, Arrêt 14. Je fis voir un Arrêt de la Cour du 23 Décembre 1570, donné contre Achille Vanderberghe, aussi Huissier extraordinaire, par lequel pour semblable rétention, il avoit été condamné en amende pécuniaire, étant raisonnable que les exploits faits, les Huissiers rendent & délivrent aux parties incontinent les pièces & deniers qu'ils ont reçus, sans user de rétention, à peine de suspension de leur état pour la première fois, & de privation pour la seconde, outre le double de ce qu'ils auront retenus; comme il fut aussi ordonné par Arrêt du Parlement de Paris du 14 Décembre 1579; Guenois, *en sa conférence des Ordonnance Royales*, liv. 12, tit. 15, *des Huissiers & Sergens*, §. 4.

ARRÊT XLIX.

L'action criminelle contre les accusés est de la compétence de la partie publique & non de la partie civile.

ADRIEN-BALTHAZAR DE FLODORF, Sr. Dewel, ayant commis un crime de rapt en la personne de Dame Margueritte de Palant, avec violence publique & autres circonstances, le Procureur-général demande provision criminelle à sa charge, comme fait aussi la partie civile intéressée, avec les parens; sur la requête dudit Procureur-général, à mon rapport, il fut accordé provision de prise de corps, avec saisie de biens. Mais il ne fut rien décidé quant à la partie civile, parce que la vindicte publique des offenses est dans les mains de l'office fiscal, & que c'est audit Procureur-général de la poursuivre, & point aux personnes privées. Chenu, *en son Recueil de Réglemens*, tit 28, chap. 152.

ARRÊT L.

L'amende procédant d'un cas qui de sa nature est capital, quoiqu'elle soit petite, doit être réputée criminelle, & point civile.

PAR un Réglement provisionnel du Conseil privé de 1571, touchant les droits du Prince en la Terre & Seigneurie de Durbay; il est dit, qu'il lui appartient tous les droits de confiscations, amendes & *fourfaitures* en ladite Terre &

de Malines.

Seigneuries foncières qui en dépendent, telles qu'à Seigneur Haut-Justicier appartiennent par la Coutume du Pays de Luxembourg, sans préjudice des autres *fourfaitures* & amendes échéantes auxdites Seigneuries foncières, desquelles les vassaux & Seigneurs fonciers profitèrent depuis ce Réglement : l'un des Seigneurs fonciers a calengé quelqu'un pour avoir reçu chez lui des voleurs & gens sans aveu, & sur une information telle quelle, il l'a fait condamner par la justice en une amende de six florins d'or, & confisquer quelques meubles reçus en paiement desdits brigans, soutenant que cette confiscation & amende lui appartient comme *fourfaiture* & amende civile échue en sa Seigneurie.

CE qui étant parvenu à la connoissance du Procureur-général, il obtint des lettres d'attentats contre ledit réglement, & enfin par Arrêt du mois de Janvier 1617, il fut dit, que la Sentence contenoit attentat contre le Réglement, & qu'iceux seroient réparés au profit de leurs Altesses, ayant la Cour décidé, qu'encore que ladite amende fut petite, qu'elle ne pouvoit néanmoins être réputée *fourfaiture* civile, vu qu'elle procédoit d'un cas & délit, qui de sa nature étoit capital, L. *pessimum*, ff. *de receptat.* joint qu'un jugement est civil, lorsqu'il s'agit de l'intérêt particulier, soit que la cause provienne d'un délit ou d'un contrat; mais un jugement est criminel, quand il est question de l'intérêt public, soit qu'il s'agisse de peine corporelle ou pécuniaire pour la vendicte publique. Jul. Clarus, *recept. sentent. lib.* 5, §. *fin. quæst.* 1, *per totum*, il semble que l'usage de pardeçà est contraire; voyez Menoch, *de arbitrat. casu* 265, Cacheran. *decis.* 149, n. 7, Bacquet, *des justices*, ch. 10.

ARRÊT LI.

Quand & comment on peut accorder la sépulture aux Criminels ?

SUIVANT la disposition du Droit écrit, ff. *de cadaver. punitor.* il n'est pas permis d'accorder la sépulture aux criminels, sans la permission du Prince. Mais suivant le Droit canon on peut la leur accorder. C. *quæsitum* 53, *quæst.* 2. Clarus *recept. sentent. lib.* 5, §. *fin. quæst. ult. & ibi* Joannes Baptista Baiardus, *in notis, de consuetudine insignes latrones solent tam in galliâ, quàm in hisce provinciis relinqui in loco supplicii ad exemplum.*

Le placard de l'Empereur Charles 5 de 1540, interdit à tous Officiers, souverains Baillis, Juges subalternes, & autres d'accorder aux malfaiteurs la sépulture ou la terre sainte ; & par Ordonnance de Sa Majesté de 1570, touchant le style de procéder en matière criminelle, art. 49, il est statué, que les corps morts des exécutés demeureront aux lieux patibulaires, & il ne sera permis de les enterrer sinon par permission des Juges supérieurs de la province, ce qu'ils ne doivent faire que rarement & pour les personnes dont les cas sont moins grâves.

CHRETIEN MILIES étant condamné à périr par la corde en vertu de Sentence de ceux de la Loi de cette Ville, pour avoir pendant plusieurs années commis plusieurs vols de nuit, & troublé le repos public de la Ville. Ses plus proches parens présentent Requête au grand Conseil, alléguans & suppliants la Cour de permettre que le corps dudit exécuté fut enterré.

CE

CE fait étant mis en délibération de Conseil, l'Avocat fiscal donna son avis le premier, savoir que l'on devoit accorder favorablement ce que les supplians requéroient, alléguant à cet effet le Droit canon, & Covarr. 2 *variar.* cap. 1.

MAIS disant mon avis après lui, je citai les Placard & Ordonnance que dessus, & considérant la multiplicité de vols dudit Chrestien, comme de Calices & autres ornemens sacrés, je fus d'opinion que l'on devoit le laisser aux fourches patibulaires pour l'exemple, & après grande diversité d'opinions, les deux Chambres assemblées au mois de Janvier 1617, il fut résolu qu'il demeureroit aux fourches patibulaires.

ARRÊT LII.

1.° *Défense de permettre la vente ou charge des biens appartenans aux étrangers, n'emporte une nullité absolue.*

2.° *Sous la prohibition de vendre, est comprise la vente nécessaire.*

3.° *Si la vente faite par exécution de condamnation volontaire, est censée nécessaire?*

4.° *Celui qui n'étoit pas né au temps de la vente, n'est capable de retrait.*

5.° *L'an & jour du retrait commence après la prescription complette.*

6.° *L'on présume plutôt que le bien est ancien qu'acquesté.*

PAR Lettres de la Duchesse de Parme écrites à tous les Conseils de pardeçà, & particulièrement le 24 Octobre 1560, il est interdit à tous Officiers, Baillis, & autres, d'admettre dorénavant aucuns contrats de vente, cession & transport des biens immeubles, tant Séculiers qu'Ecclésiastiques appartenans à étrangers, & de souffrir qu'il soit fait aucune œuvre de Loi d'adhéritances, ni sur iceux constituer charges, ni hypothéques, sans en avertir préalablement le Prince. Sur cette défense s'étant élevé une difficulté, au procès évoqué en cette Cour, du Conseil d'Artois, entre Antoine Demonsures, Sr. de Gumcourt, mari & bail de Dame Susanne de Humieres, Demandeur en retrait & nullité contre Jacques . . . . . . & Consors, Srs. de Faucquevillers, Défendeurs, il a été mis en délibération, fi telle défenfe emportoit nullité abfolue des contrats, à tel effet qu'elle n'étoit d'entretien néceffaire entre les contractans & leurs héritiers, & fi dans ces défenfes étoient comprifes les ventes néceffaires, quoique procédées originairement & dans le principe de condamnation volontaire.

QUANT au premier point, il fut confidéré, que le contractant pouvoit alléguer la nullité qui procédoit de la faute réciproque. Cacher. *decif. pedemont.* 180, *n.* 30, quoique l'on décide le contraire en faveur de l'acheteur contre le retrayant; Grimaudet, *de retrait*, liv. 5, chap. 2, que par conféquent on ne devoit avoir aucun égard, fi ceux qui objectoient la nullité, avoient eux-mêmes contractés contre la défenfe; mais malgré cela il fut réfolu par Arrêt du 3 Février 1617, que ladite défenfe ne regardoit que le fifc; à effet qu'en cas de guerre, le Prince par la défenfe defdites aliénations de biens immeubles, peut en récompenfer fes fujets.

ON rapporta un avis de la Cour, de l'an 1574, donné pour la Seigneurie Defcoivres, par M.ᵉ Pierre Payen, Avocat fifcal du Confeil d'Artois; par lequel il étoit porté, qu'en déclarant fimplement le contrat nul, l'étranger en profiteroit contre l'intention des Princes contenue efdites défenfes, & qu'ainfi, il étoit plus à propos de revendre lefdits biens, & des deniers en procédans rendre audit Payen le prix de fon achat, & appliquer *la mieux vaille* & furplus au profit de Sa Majefté. Ce qui n'eut pu être adjugé ni effectué, fi on eut tenu que la vente étoit nulle; auffi ces termes de n'admettre aucuns contrats, ni œuvres de Loi *fans au préalable en avertir*, me fembloient emporter en foi quelque modification, & que lefdites défenfes ainfi modifiées, ne pouvoient opérer, mais demeuroient en fufpens; de même qu'aux termes de ladite Coutume d'Artois, celui qui vend fon bien fans le confentement de fon plus proche héritier, contre la prohibition de cette Coutume, ne fe peut aider de cette défenfe, mais fon héritier feulement.

LA même chofe eft obfervée en Flandres, à l'égard des Fiefs aliénés; fans cela il eft certain que la défenfe expreffe de la Loi emporte la nullité, & que celui qui a acheté malgré la défenfe de la Loi, eft poffeffeur de mauvaife foi, L. *quemadmodum, cod. de agricolis & cenfit.* mais fans cela j'euffe été d'avis, comme étoit un des Juges, que l'acquéreur contre lefdites défenfes perdoit le prix de fon achat au profit du fifc, & que le bien aliéné devoit retourner au vendeur étranger, à charge de la confifcation ordinaire en temps de guerre. Le texte y eft formel, *in d. l. quemadmodum C. de agricolis & cenfitis his verbis & emptor pretium quod dederit, amiffum exiftimet: & ibi gloffa in verbo* & emptor: *ergo fermo principis, fi cafus eveniret in terminis.*

IL fut réfolu de toutes voix, que lefdites défenfes avoient feulement lieu à l'égard des ventes volontaires & directes, & point pour les néceffaires, parce que dans la défenfe de vendre n'eft comprife la vente néceffaire; Grimaudet, *de retractu, lib.* 3, *cap.* 12, L. *divus pius,* ff. *de petit. hœred.* L *peto,* §. *prædium,* ff. *de legat* 2.º tellement que l'on ne jugea, qu'il fut néceffaire d'informer plus avant le premier point.

TOUCHANT la difficulté des ventes faites par exécution de condamnations volontaires, il a femblé qu'elle étoit néceffaire, fi lorfque l'Huiffier exécutant y a mis la main de

de Malines.

juſtice, le débiteur ne tranſporte point ſon bien, & ne ſe déshérite pas. On cita encore un avis de la Cour du 11 Mai 1572, vol. 6, fol. 227, par lequel il avoit été réſolu, que pour les biens de Flandres, il ne falloit pas avoir un octroi en pareilles ventes, quoique par la Coutume de la ſituation des biens il fut requis un octroi, pour aliéner ſon bien par contrat de vente.

IL fut encore décidé qu'en telles exécutions le fait du Juge étoit celui de la partie ; ſauf quant à la tradition & adhéritance réelle, laquelle eſt réquiſe pour opérer réalité entre le décret du juge ; Grimaudet, *tract. de uſuris, lib.* 2, *cap.* 6 ; quant à l'action de retrait on décida pluſieurs queſtions, qui viennent ſouvent à propos.

LA première, fut que celui qui n'eſt pas né au temps de la vente n'eſt pas capable de retrait. Tiraqueau, *gloſ.* 9, *n.* 97.

2.º QUE la tradition réelle n'ayant été faite, ſi l'acheteur ſe veut prévaloir d'avoir acquis droit réel pas preſcription en la choſe, l'an & jour commence ſi-tôt après que la preſcription eſt complette, parce qu'alors le contrat eſt valide ; Grimaudet, *de retrait,* liv. 5, chap. 2.

ENFIN quelques Juges furent d'avis, qu'il ſuffit que le retrayant allégue que le bien qu'il demande par retrait eſt patrimonial au vendeur, & qu'il incombe à l'acheteur de prouver que c'eſt acquêt, parce que l'on préſume plutôt que le bien eſt ancien que d'acquêt ; Grimaudet, *lib.* 3, *cap.* 10, *ſed ſuper eo effet altius cogitandum,* principalement quand le retrayant fonde ſon intention ſur cette qualité. Tiraq. *de retractu gentilitio.* §. 32, *n.* 91, 92 & 93 ; Bacquet, au traité *de déshérance,* part. 3, chap. 4, n. 16, tient que l'on présume l'héritage être acquêt. Molina, *de primog. Hispan. lib.* 4, *cap.* 1, *n.* 17, & *seq.*

Le même point de Droit a été décidé en 1633, au rapport de Mr. Valder, entre Mr. Delamet, Demandeur en matière de retrait lignager, contre le Sr. de Brias, L. *finali cod. de fundis rei privatæ*, laquelle n'a lieu en France; m'ayant aussi semblé à ce sujet, que la distinction de Molina, *de primog. Hisp. lib.* 4, *cap.* 1, *n.* 20, est propre; savoir, que quand la défense d'aliéner est faite en faveur d'autrui, alors le vendeur ni son héritier, ne peuvent révoquer la vente; mais bien ceux en faveur de qui la défense a été faite.

ARRÊT LIII.

1.° *La commission est présumée après un long laps de temps, & la pluralité des actes faits en conséquence.*

2.° *L'autorité du tuteur & le décret du Juge, sont requis pour appréhender une succession déférée à un mineur par la renonciation.*

AU Procès dévolu par Appel au Conseil Provincial de Flandres, Jean Brudseon & Consors, curateurs de la maison mortuaire de Hommeirmeurs, Appellans, contre Adrien Vanryberg, Intimé; il fut jugé par Arrêt conclu le 14 Février 1617, en corrigeant la Sentence dudit Conseil Provincial, que quoiqu'il ne constoit de la commission du curateur, que néanmoins en la cession par lui faite de l'hérédité échue à un mineur en l'an 1686, ladite commission étoit à présumer après un long laps de temps, & par pluralité d'actes, par lesquels il apparoissoit que ledit curateur avoit actuellement géré, comme le résout Cravetta, *de antiquitat. tempor. parte* 3.ᵃ *argt. ult. n.* 37; voyez Peck. *de testam. conjug. lib.* 3, *cap.* 22, où il allégue plusieurs faits semblables.

IL fut aussi résolu, que l'autorité du tuteur & décret du Juge sont requis pour appréhender une succession qui n'est pas encore acquise, & qui est déférée à un mineur par la renonciation. L. *tutor & ibi* Bartol. *& gl.* ff. *de bonor. possess.* Tiraq. *de retractu,* §. 1, *gl.* 7, *n.* 83. Simonellus, *de decretis, lib.* 2, *tit.* 6, *inspect.* 5.

TOUTEFOIS, comme audit procès le curateur avoit par acte de cession de l'hérédité déclaré qu'il étoit délibéré d'abandonner le tout absolument, & que néanmoins ayant rencontré un acquéreur, il en avoit pris d'icelui quelque profit assuré pour le mineur, & transféré en lui toutes les actions passives de ladite hérédité; je fus aussi d'avis qu'en cédant les droits de la succession à l'héritier le plus proche, il étoit censé avoir appréhendé auparavant ces droits, du moins selon l'ordre, autrement la cession n'auroit rien compris, mais cependant parce que ladite cession n'étoit pas principalement *ordinata ad eundem*, mais plutôt pour renoncer; ainsi dans cette acquisition momentanée, on ne doit avoir égard au simple nom d'héritier; Roland. à Valle, *vol.* 1, *consf.* 15, *n.* 34 & 35, Phanicius de Phanutiis, *de lucro dotis, glosf.* 8, *n.* 17 & 18, en telle sorte que dans ce cas le décret du Juge n'est pas nécessaire, ainsi que d'autres solemnités comme l'enseigne Roland. *d. loco, n.* 30; & à plus forte raison lorsque le mineur ne possède pas, le tuteur peut sans l'autorité du Juge transiger pour la propriété des biens fonds de son pupile, *tractatur in* L. *præses, cod. de transact.* Roland. *d. loco, n.* 44.

Il fut encore conclu, que de Droit, en aliénation de biens de mineur, il n'est pas nécessaire de les vendre par subhastation, & qu'au défaut d'icelle la vente n'est pas nulle, parce qu'aucune Loi ne l'ordonne; Simonellus, *dicto tractatu in præfat. n. 64 & 66*, Argentr. *an conf. Britan. art.* 481, *glof.* 3, quoique par plusieurs Coutumes de Flandres, comme par celle de Malines, la subhastation soit nécessairement requise pour ces sortes de ventes.

ARRÊT LIV.

L'amende de fol appel des causes dévolues en cette Cour, omisso medio, *ne s'adjuge plus grande qu'elle eut été adjugée par les Juges immédiats.*

LE 18 Février 1617, le fait étant mis en délibération de Conseil, les deux Chambres assemblées, il fut conclu, qu'interjettant appel en cette Cour des siéges subalternes, *omisso medio*, soit par évocation, ou du consentement des parties, ou autrement, il n'échet amende de fol appel, telle que s'adjuge en cette Cour à l'égard des appels, qui y ressortissent immédiatement, mais seulement à proportion de l'amende que l'Appellant eut dû payer *non omisso medio*, quoique d'abord il sembloit qu'il falloit suivre le style de la Cour où la cause d'appel se juge : cette résolution est appuyée sur deux jugemens allégués par les Juges, & fondée principalement sur ce que telles amendes sont imposées entre autres choses, à raison de l'injure que l'on fait aux Juges appellés, & comme l'Appellant des siéges subalternes n'offense pas à l'égard de ceux qui disent griefs des Sentences rendues

rendues aux Confeils Provinciaux, il a femblé que l'omiffion du reffort immédiat ne doit augmenter les amendes de fol appel defdits Juges ; la témérité de celui qui fe porte pour Appellant des Sentences des Confeils étant plus grande, parce que ces Confeils font ordinairement compofés de Confeillers Lettrés & d'éminente dignité, ainfi la peine doit y correfpondre.

ARRÊT LV.

Queftion en matière de retrait, en la Coutume de Malines.

PAR la Coutume de Malines, les biens d'Eglife & des mineurs ne peuvent fe vendre ni aliéner que par fubhaftation publique, & par la même Coutume les biens ainfi vendus ne font pas retrayables par proximité lignagère.

MESSIRE Pierre Cuvelier, Confeiller en cette Cour, ayant acquis une maifon fituée en cette Ville, appartenant partie à des majeurs, partie à des mineurs, demande pour la fûreté de l'une & l'autre des parties, & de leur confentement, que cette maifon foit fubhaftée en fa totalité ; ce qui étant fait, & ledit Sr. Cuvelier adhérité, le S.r Deberle en demande le retrait, fe fondant fur un autre article de la même Coutume, par lequel il eft ftatué, que quand divers biens fe vendent par un marché, dont les uns font retrayables & les autres point, le lignager peut demander le retrait du tout.

PAR Arrêt du mois de Février 1617, il fut dit, que le retrait n'échéoit, & le Demandeur condamné aux dépens. Il fut confidéré, qu'encore que fuivant ladite Coutume, le retrayant peut demander retrait de divers biens, il eft cependant à l'arbitrage de l'acheteur de retenir un corps, & de laiffer fuivre l'autre; parce que telle difpofition coutumière femble être faite en fa faveur, à caufe de la préfomption qu'il n'en auroit pas acheté une partie, pourquoi il peut renoncer à la totalité de fon acquifition, L. *tutor* 47, §. *curator*, ff. *de minorib.*

ARRÊT LVI.

Il n'eſt pas permis à l'égard du fiſc, de repouſſer une injure verbale proférée devant le Juge, par une autre injure verbale.

UN Avocat de cette Cour ayant comparu pardevant Commiſſaire d'icelle pour affaire qui lui étoit perfonnelle, fut injurié par fa partie, difant qu'il l'avoit appellé voleur, & en faifoit quelque preuve; cet Avocat lui ayant donné un démenti en préfence dudit Sr. Commiſſaire, la Cour ordonna au Procureur-général de le calenger, comme il fit.

Il allégua qu'il l'avoit fait non pour injurier fa partie, mais pour défendre fon honneur; qu'il eſt permis à cet effet de repouſſer une injure verbale par une autre, même dans le Palais & lieux publics, parce que cela ne fe fait pas par vengeance, mais pour conferver fon honneur; Mynfing. *cent.* 5, *obſervat.* 17 & 161, *annot.*

Le Procureur-général difoit au contraire, que cela peut bien être pour l'intérêt refpectif des parties, mais non à fon égard, parce que l'un & l'autre ont offenfé le public; ils doivent être pourfuivis pour la réparation & mauvaife conféquence, afin que le pouvoir de la Cour, & de leurs Commiſſaires, foit tenu en telle autorité & refpect que faire fe doit, particulièrement à l'égard des fuppôts, & dans la Chambre de Juſtice qui eſt ſacrée: les parties furent appellées & admonétées en la préſence du Procureur-général, & il leur fut ordonné de s'abſtenir de telles injures, ſous peine de châtiment arbitraire, & condamnées chacun en une amende, & aux frais & miſe de juſtice par réſolution du mois de Mars 1617. Le Juge peut punir de telles injures ſur le champ. Et Laurent Bouchel, en ſa bibliothéque ou tréſor du Droit François, tit. *des injures*, eſt pour la réſolution priſe audit Arrêt.

ARRÊT LVII.

1.° *Le petit fils ne peut aſſigner douaire ſur biens chargés de fidéicommis par ſon aïeule, quand il doit les reſtituer.*

2.° *Celui qui convole en ſecondes noces, ſans faire inventaire des biens de la communauté, eſt cenſé la continuer.*

3.° *Celui qui eſt reçu dans une communauté eſt ſeulement l'aſſocié de celui qui l'admet.*

AU procès pendant au grand Conſeil contre l'Avocat Copie, d'une part, & l'Avocat Dupin, ſon beau-père, de l'autre; on décida deux points conſidérables par Arrêt de 1617.

LE premier touchant la dévolution coutumière de Malines, en vertu de laquelle ledit Copie ſoutenoit que ſans avoir égard aux diſpoſitions teſtamentaires de ſon aïeule maternel, la moitié des biens de ſa mère lui étoit dévolue par le prédécès de ſon père, & rupture de lit à l'excluſion de ſes demi-frères du ſecond mariage. Alléguant que la diſpoſition du testateur reçoit son interprétation de la Coutume du domicile, & est entendue de cette manière, ensorte que la succession influe dans une pareille disposition, & est censée faite selon l'ordre établi par la Coutume pour succéder aux biens sujets à sa jurisdiction; L. *hæredes mei*, §. *cum ita & ibi*; Barthol. ff. *ad trebell*. Jul. Clar. §. *testamentum, quæst*. 76 ; Peregrinus, *de fideicom*. art. 25, n. 53 ; Antharanus, *conf*. 163, n. 3 ; Mantica, *lib*. 4, *conjectur. tit*. 11, *n*. 14, & *lib*. 6, *cap*. 7 & 8 ; & il en a été jugé plusieurs fois de même au grand Conseil.

SECONDEMENT, il fut résolu que sur les biens soumis au fidéicommis par l'aïeule, le neveu en ligne directe, appellé auxdits biens & chargé de fidéicommis, n'avoit pu constituer douaire sur iceux; même que douaire coutumier n'avoit aussi lieu sur lesdits biens pour deux raisons principales.

LA première, parce que ladite aïeule ayant laissé par testament à son neveu lesdits biens, avoit par le même testament institué sa propre fille, mère d'icelui neveu, *auth. res quæ C. communia de legatis*, qui ne parle que de fidéicommis, fait par le père, qui est obligé d'instituer ses enfans héritiers, ou de les marier. Ensorte que cette présomption provient de l'obligation du testateur, qui est présumé avoir voulu que le fidéicommis fut restitué à la charge de la dot ou donation à cause de noces, que lui-même s'il eut vécu eut été obligé de fournir. C'est pourquoi le petit fils n'a pu charger de la dot les biens fidéicommissés par son aïeule maternelle, pour deux raisons ; la première, que le père étoit tenu de son vivant de fournir la dot ; la seconde, que si la mère n'y est pas tenue, à plus forte raison l'aïeule maternelle, & c'est le sentiment des Docteurs en pareil cas. L. *ult. C. de promiss. dotis & in* L. 1, ff. *solut. matr*. DD. omnes ad auth. *res quæ* ; Bald.

Barthol. Paul. de Caſtro, *ad L. mulier, §. cum proponeretur, ff. ad trebell.* Faber *in ſuo cod. tit. communia de legatis, definit.* 5.ᵃ Charond. en ſes mémorables obſervat. *verbo, biens ſujets à reſtitution* ; Maynard, *lib. 2, ſingul. quæſt. cap.* 20 & 21, *n.* 2, *latiſſime* ; Menoch. *libro* 4, *præſumpt.* 189 & 190.

TROISIÉMEMENT, il fut arrêté, que ledit Dupin devoit exhiber un état & inventaire des meubles & acquêts faits pendant le premier mariage de ſa femme avec ledit feu Copie, & qu'elle en devoit avoir fait partage avec ſes enfans dudit mariage, avant de convoler en ſecondes noces, ſans avoir égard que Dupin objectoit qu'il y avoit plus de charges que de biens, & que l'inventaire eut plus coûté que les biens ne valoient. Imbert, en ſon Enchiridion, *verbo* ſociété, page 200.

CE point eſt principalement fondé ſur la Coutume de Malines, qui y a pourvu expreſſément ; il eſt conforme également à la raiſon, parce que le ſurvivant de deux conjoints qui ſe marie ſans faire inventaire ni partage *pro medietate*, dans le même état qu'il étoit avant les ſecondes noces, & doit être imputé au ſecond conjoint, qui a pris part dans la communauté ; parce que celui qui eſt reçu dans une ſociété, eſt ſeulement l'aſſocié de celui qui le reçoit, *qui admittitur, ff. pro ſocio*: vide Garciam, *de conjugali acqueſtu, n.* 52 ; Eſcobar, *tract. de ratiociniis, lib.* 1, *cap.* 6, *n.* 63 ; la conférence des Coutumes de France, *præd.* 2, *tit.* 10, & Louet, en ſes *Arrêts*, Lett. C, Arr. 30.

ARRÊT LVIII.

Rentes par lettres suffisent pour garnir la main de Justice, mais ne suffisent pas quand il faut nantir.

PAR résolution de la Cour du mois d'Avril 1617, au procès de l'Abbé de St. Martin, à Tournai, contre son fermier, fut jugé que rentes par lettres qui sont réputées meubles audit Tournai, devoient suffire pour garnir la main de justice. Considéré que ces lettres étoient certifiées bonnes & valables par personne solvable qui l'assuroit ; autre chose eut été, s'il eut convenu faire nantissement, & accorder d'icelui main levée à caution.

ARRÊT LIX.

Quittance générale donnée à un tuteur, qui n'a pas rendu compte de son administration, est nulle.

PAR une résolution de 1717, il fut décidé qu'une quittance générale donné par un mineur après sa majorité à son tuteur, sans qu'il eut exhibé l'inventaire des biens dudit mineur, & le compte de son administration, étoit nulle & de nulle valeur. Voyez les Auteurs qu'à cet effet allégue Escobar, *tract. de ratiociniis adminis. cap.* 40, *n.* 14, *& seq.* Chenu, *quæst.* 27.

ARRÊT LX.

1.º *L'exemption de dîme se prescrit par quarante ans, ou possession immémoriale sans titre, pourvu que le propriétaire le sache & le souffre.*

2.º *Si la connoissance des fermiers ou officiaux fait préjudice au Prince ou au Seigneur ?*

AU procès d'appel entre l'Abbé de St. Pierre de Gand, Intimé, & quelques manans sous l'office d'Isendiel, Appellans de Flandres, prononcé la veille de Pentecôte 1617, je fus d'avis que l'exemption de dîme étoit prescriptible par le laps de quarante ans, ou par possession immémoriale sans titre. Selon l'opinion de Covarr. *variar. cap.* 17, *n.* 10; Peregrinus *de jure fisci, lib.* 6, *tit.* 8, *n.* 29. Mais j'ajoutai, que pour donner lieu à cette prescription il falloit qu'elle fut connue de celui qui a droit de percevoir la dîme, parce qu'autrement la possession de ne pas la payer ne seroit pas censée acquise; Peregrin. *d. loco*; d'où suivit une autre question, qui fut de savoir si la tolérance & la connoissance des fermiers préjudicie au Seigneur; sur quoi il ne fut prise aucune résolution, mais toutefois, Peregr. *d. loco*, *n.* 27, est d'avis que la connoissance des Officiaux du Prince, qui sont chargés de ce soin, suffit, parce que leur négligence tient lieu de la connoissance du Prince; Bald. *de præscript.* 4.º *part.* 14 *partis*, *quæst. n.* 47, semble être d'avis que par le fait du fermier, un immeuble peut être prescrit à l'insu du propriétaire : mais si le propriétaire a été dans une ignorance légitime, il doit être restitué en entier.

ARRÊT LXI.

Un corps mort ne peut être arrêté pour dettes.

AU mois de Juin 1617, le fait étant discuté en pleine assemblée de Conseil, il fut dit, que nonobstant usage contraire, qui fut regardé comme abusif à la pluralité des voix, les corps morts ne peuvent être arrêtés pour dettes : suivant ce, le corps du Comte Lamoral d'Egmont, qui étoit détenu à Bruges par son hôte, pour les dépens de bouche du défunt, fut élargi avec ordonnance de le laisser suivre aux parens du défunt pour le faire enterrer, nonobstant l'usage contraire de Bruges. A cette résolution est conforme le texte *in novellâ 6.° in pr. & in cap. 1, siculo si vero.*

ARRÊT LXII.

1.° *Si* Titius, *grévé de fidéicommis, peut déduire la légitime lorsque le teftateur par fon teftament lui a laiffé d'autres biens libres?*

2.° *Les fruits d'un fidéicommis perçus après la mort du teftateur, ne font pas imputés fur la légitime.*

AU procès de l'Avocat Copie, contre l'Avocat Bulbeux & Confors, il fut jugé par Arrêt du 15 Juillet 1617, que l'enfant chargé de fidéicommis, & de reftituer généralement les biens d'icelui, en peut déduire fa légitime; nonobftant qu'outre & pardeffus ces biens, le teftateur lui ait, par fon teftament, fait d'autres avantages de libre difpofition, & fans avoir égard que l'héritier les a acceptés.

La Cour ayant entendu que cet enfant peut profiter de ces avantages, *rejecto onere in legitimâ*; Rodericus Zoares, *in repet. leg. quoniam in prioribus*, C. *de inofficiofo teftamento*, quoique le fils reconnoiffe ce qui lui a été laiffé libre par teftament, il a toujours le droit de demander fa légitime, finon qu'il y ait expreffément renoncé.

En la même délibération, il fut auffi conclu que les fruits des biens fidéicommiffés perçus après la mort du teftateur, ne devoient être imputés fur la légitime; parce qu'ils n'ont jamais appartenus au défunt, & ne font pas cenfés avoir été perçus de fes biens; ce qui eft vrai fuivant la Jurifprudence, non-feulement à l'égard des enfans du premier degré, mais auffi à l'égard de tous les defcendans. *L. fcimus antea* cod. de inoff. testam. & ibi glossa in verbo patris. Grassus, d. §. legitima, quæst. 19, n. 9, néanmoins si le testateur eut défendu expressément la distraction de la légitime, & que son héritier qui n'en seroit pas content, auroit sa légitime seulement, & seroit tenu d'abandonner les autres avantages à lui faits par son testament; en ce cas, le fils en appréhendant la succession & approuvant le testament est tenu à toutes les charges, même à l'égard de la légitime : c'est la doctrine de Joannes Dilectus, de arte testandi, lib. 5, tit. 31, n. 6, lequel est aussi d'avis contraire, post Decium, conf. 688, lorsque le testateur n'a chargé expressément son héritier de restituer sa légitime; Mantica est de même avis, d. tit. 8, n. 11.

Par le même Arrêt, il fut jugé que la déduction de la trebellianique, ensemble avec la légitime, n'étoit en usage pardeçà.

ARRÊT LXIII.

Donation faite d'usufruit entre conjoints en la Coutume de Courtray, même du consentement de l'héritier apparent, est nulle.

PAR la Coutume de Courtray, deux conjoints par mariage ne se peuvent donner l'un à l'autre, non plus par testament, ni donation mutuelle & réciproque, que par acte d'entre-vifs. Il arrive que deux conjoints du consentement, & par aveu réciproque de leurs apparens héritiers, se donnent l'usufruit de certains biens. L'on demande si cette donation peut subsister, tant parce qu'elle ne concerne que l'usufruit, que parce qu'elle est faite du consentement réciproque.

CEUX de la Loi de Courtray, ayant par Sentence déclarés ladite donation nulle & de nulle valeur, & ayant été appellé de cette Sentence au Conseil Provincial de Flandres, ceux du Conseil ont corrigé la Sentence de première instance, & déclaré ladite donation bonne & valable ; de cette seconde Sentence ayant été interjeté appel en cette Cour, il a été dit, que mal avoit été jugé par les Juges de Flandres, & bien jugé par ceux de Courtray, & que ladite donation étoit nulle & de nulle valeur.

CAR quant à ce qu'elle ne concernoit que l'usufruit, & point la propriété des biens immeubles, il fut résolu sans aucune difficulté, que dans le statut de Courtray, qui défend aux conjoints de se donner l'un à l'autre, étoit comprise la donation de simple usufruit. L. *sancimus ult. cod. de rebus alien. non alienand.* Peck. *de testam. conjug. lib.* 4, *cap.* 18.

ARRÊT LXIV.

La Loi hac edictali, cod. de secundis nuptiis, *n'est en usage pardeçà*.

AU procès de Jean l'Alleman, Appellant de Luxembourg, contre Hugo Moulin, Intimé, il fut décidé par Arrêt du . . . Juillet 1617, les deux Chambres assemblées, que la Loi *hac edictali, cod. de secundis nuptiis*, n'étoit reçue ni en vigueur pardeçà, & que mari & femme se pouvoient donner l'un à l'autre par contrat de mariage, & en passant à secondes noces, plus qu'à l'un de leurs enfans de premières noces.

LA plupart des Juges dirent qu'ils n'avoient jamais vu pratiquer cette Loi, nonobstant que le cas se fut présenté plusieurs fois.

IL y a un Edit exprès au contraire en France, du . . . Juillet 1560 : mais avant cet Edit, cette Loi n'y étoit pas observée, & on avoit jugé le contraire, ainsi que l'enseigne particulièrement Chenu, *quæst.* 64, *in fine*.

ARRÊT LXV.

Un Seigneur féodal, doit vérifier le droit de justice qu'il prétend.

AU procès du Procureur-général de leurs Altesses, Appellant de Luxembourg, contre le Comte de Barlaymont, & Nicolas Gobert, Intimés, furent, par Arrêt du .... avisés quelques points d'office ; principalement à la charge des Intimés, & il fut résolu, que notice secrette seroit tenue, tant à l'égard du droit de haute-Justice prétendu par ledit S.r Comte, comme S.gr de Beaurain au Ban de Dionvaux, que du Tonlieu & péage aussi par lui prétendu ; que les plus clairs & apparens droits étoient pour leurs Altesses, tant que les devoirs d'Office achevés il ne résulteroit rien à l'avantage dudit Sr. Comte.

POUR les mêmes raisons, il fut pareillement résolu que le plus clair droit étoit pour leursdites Altesses à l'égard du Tonlieu en question, que ledit Sr. Comte prétendoit lever au Ban de Dionvaux sans titre.

OUTRE ces raisons, j'avois allégué le Chapitre *super quibusdam*, §. *prætereà, de verborum significat. his verbis, authoritate apostolicâ duximus, declarandum illa esse pedagia, quidagia, salmaria, interdicta quæ non apparent imperatorum, vel regum, vel lateranensis concilii legitimè concessa, vel ex antiquâ consuetudine à tempore cujus non extat memoria, introductâ.* Evrard *conf.* 3, *n.* 10 & 14.

DE manière que prenant égard à ces considérations, il fut arrêté que si ledit S.gr Comte ne faisoit preuve d'avoir après fes prédécefleurs, collecté ledit Tonlieu depuis un temps furpaffant toute mémoire d'homme, il n'y avoit lieu de lui permettre la levée de ce droit, par cette raifon que la liberté du commerce, & le droit public & commun y répugnoient.

ENFIN, la Cour fut d'avis, à la pluralité d'opinions, que les actes poffeffoires du droit de ladite juftice & levée du Tonlieu fait par les tuteurs dudit S.r Comte, depuis que le Prince leur avoit engagé ladite Terre d'Agimont, jufques au rachat d'icelle, n'étoient recevables, parce que ces auteurs avoient acceptés l'engagère de cette terre, avec expreffion que la Seigneurie de Dionvaux en étoit du nombre ; ce qui avoit fait ceffer toute prefcription. Enforte même, que leurs Alteffes euffent eu leurs recours contre l'Intimé, fi les auteurs euffent laiffés prefcrire partie de l'engagère durant leur jouiffance. Ainfi que la femme en cas femblable a action d'indemnité contre fon mari, qui a laiffé prefcrire fon fond dotal; Mafuer. en fa pratique, *tit. de prefcription. n.* 4, L. *fi fundum*, ff. *de fundo dotali.*

BACQUET, *des juftices*, chap. 10, *in fine*, tient que quand le Seigneur féodal ne vérifie pas le droit de juftice qu'il prétend, que dans le doute il n'eft cenfé avoir que la baffe-juftice.

ARRÊT LXVI.

1.º *Sentence conçue en forme de provision, dans le cas où provision n'écheoit, n'est exécutable nonobstant appel.*

2.º *L'on ne doit pas adjuger provisionnellement tout ce qui est en litige, quoiqu'il n'excède pas la somme que l'on adjugeroit pour alimens.*

3.º *Le Juge délégué pour une exécution, peut entendre les exceptions de nullité.*

QUELQUES Conseils Provinciaux du ressort de cette Cour Souveraine, ont Coutume d'accorder Sentence par forme de provision, dans le cas où provision n'échet. Ce qu'arrivant, j'ai souvent vu donner des lettres de relief d'appel avec clause d'inhibition & défenses, & continuer icelles clauses à connoissance de cause, quoique par les Ordonnances il soit interdit d'accorder lesdites clauses sur appel, en cas de Sentences provisionnelles.

A ce sujet Cecilia de Baden, ayant fait vœu de religion, & obtenue déclaration de la nullité d'icelui par Juge délégué de sa Sainteté; les plus proches parens de Cecilia de Baden, se portent pour Appellans de ladite déclaration, non au Juge délégué, mais au Juge ordinaire des parties.

PENDANT cet appel, le mari de ladite de Baden Reynard Clineker, s'adresse au Conseil de Luxembourg, sous la Jurisdiction desquels les biens de ladite de Baden étoient situés, & demande, par provision, adjudication des biens auxquels elle eut succédé, au cas qu'elle n'eut été cloîtrée ; exhibant pour fonder son intention, la Sentence du Juge délégué & preuve de son âge, par laquelle il constoit que lorsqu'elle avoit fait vœu, elle n'avoit pas encore atteint quinze ans, qu'ainsi le vœu par elle fait étoit nul suivant la disposition du Concile de Trente.

CEUX de Luxembourg lui adjugent par provision sa part & portion de la succession de ses père & mère; les détenteurs de ces biens se portèrent pour Appellans de ce jugement au grand Conseil, & sur le débat mû à cause de l'octroi desdites clauses, il fut considéré que la provision ne s'adjuge que lorsque la chose est périssable ou en danger de périr si elle n'étoit pas accordée; & que l'on ne doit pas accorder la provision d'une chose par laquelle on doit décider la cause principale, mais on doit seulement l'adjuger pour la plus petite partie. Rebuff. *ad conf. reg. tom.* 1.°, *tit. de sentent. provision. in præfat. n.* 19, 22, 29, 30, *c.* 134, 139, 140 & 141.

SUR ce que les détenteurs desdits biens avoient objectés, que la Sentence dudit délégué étoit aussi nulle, parce que le Pays en avoit délégué deux *sine clausulâ & quilibet eorum*, & que l'un d'iceux avoit subdélégué l'autre, ce qui ne pouvoit se faire; il fut résolu, que de ce chef ladite Sentence étoit évidemment nulle, & que le Juge délégué pour une exécution, pouvoit entendre une pareille exception, & connoissant la nullité avec évidence, il devoit renvoyer l'affaire au premier Juge, sans exécuter la Sentence. Minsing. *cent.* 3, *observat.* 69: l'ayant encore vu ainsi observer au procès du Sr. de Rache, contre les enfans prétendus naturels de Longueval, qui fut jugé le . . . Novembre 1617.

MAIS malgré cela, il fut résolu que les alimens étoient

dûs

de Malines.

dûs par les parens ou leurs héritiers puifqu'il conftoit fommairement de la nullité du vœu; tant à caufe de la nullité de la Sentence dudit délégué, qu'à caufe que la préfomption qui naiffoit de la Sentence, de laquelle on avoit appellé, ceffoit: cependant toute autre femblable préfomption auroit fuffi pour adjuger les alimens, pourvu qu'il en ait apparu fommairement au Juge, comme l'enfeigne Alciat. *præfumpt.* 9, *reg.* 3, *n.* 4 *& feq.*

AINSI il fut conclu, que l'adjudication provifionnelle defdits biens ne pouvoit fubfifter, du moins pour autant qu'ils n'excéderoient en revenu la portée d'une provifion alimentaire, & que cela feroit reconnu par l'état des biens paternels & maternels; & en cas d'excédent, redreffer ladite provifion au jugement de la caufe principale, par Arrêt du ...*.* Décembre 1617.

PER legem de pupillo, §. *fi quis rivos*, & §. *feq.* ff. *de novi operis nunciatione.*

C c

ARRÊT LXVII.

Si les Seigneurs Hauts-Justiciers sont traitables pour les excès de leurs Officiers ?

AU procès de l'Ecoutète de cette Ville, Appellant de ceux de la Loi, contre Henri Bertoigne, Intimé, fut mis en délibération, si ledit Appellant étoit responsable des exploits, dommages & intérêts, que font les Sergens & Hallebardiers en l'exercice de leurs offices, sauf à lui son recours contr'eux.

Il fut considéré que de tels Officiers sont des personnes publiques, établies par autorité & intervention de ladite Loi, même qu'elle contribue au paiement de leurs gages & traitemens. Il fut jugé que ledit Appellant n'étoit responsable de leurs exploits, en corrigeant la Sentence des Juges de Malines, par Arrêt du . . . . Décembre 1617 ; c'est la distinction que fait Farinacius.

Quoiqu'il semble en France que les Seigneurs Hauts-Justiciers & autres, sauf le Roi, peuvent être attraits en justice pour les excès de leurs Officiers, parce qu'ils les peuvent destituer quand bon leur semble, pourquoi ils doivent s'imputer d'avoir toléré de tels Officiers en l'exercice de leur charges. Voyez Bacquet, *traité des droits de justices*, chap. 17, n. 3 ; Louet, *en ses Arrêts*, lettre O, Arr. 4, quoiqu'il dise, que l'on ne jugeroit pas ainsi présentement, sinon qu'il y eut telle faute du côté du Seigneur, que l'on pourroit le charger de dol, comme ayant établi un Officier infame, convaincu de malversation.

ARRÊT LXVIII.

Si l'on doit suivre la Coutume du Fief dominant, ou celle du Fief servant, en matière de relief, foi & hommage.

AU procès du S.ʳ de Ribaucourt, Demandeur contre Messire du Chastel, il fut mis en délibération si lorsqu'il ne conste pas d'un usage certain à l'égard des droits de reliefs & hommages des fiefs, il faut suivre la Coutume du lieu dominant ou du fief servant : la question est traité pour & contre, par Mr. Rat, *ad consuet. Pictavienses*, chap. 260.

PLUSIEURS sont d'avis qu'il faut suivre la Coutume du lieu où le fief servant est situé ; Molin. *ad conf. paris.* §. 33, glos. 1, n. 86 ; Papon, *liv.* 13, *tit.* 1, *Arr.* 16 ; Imbert, *in* Enchiridion *verbo*, Coutumes des lieux ; Charond. *ad conf. paris.* tit. *des fiefs*, art. 3, *in fine*, & en ses observations mémorables. Chopp. *de privilegio*... *lib.* 2, *cap.* 2, *n.* 4, *in annotat.* 1, *ad* §. *licet decis.* 226, Louet, *en ses Arrêts*, lettre F, Arrêt 19.

IL a été jugé en conformité de cette doctrine, par Arrêt du . . . .

ARRÊT LXIX.

Si en vertu de la clause du testament conçue en ces termes, « je donne le surplus des biens à Barbe Dumont & aux filles » Poutrain, & à chacune d'icelles également, à compte de têtes » en excluant les fils, » *lesdites filles Poutrain étantes appellées* nomine collective, *doivent succéder par souche & non par têtes ?*

AU procès d'entre Toussaint Desfontaines, Appellant de Flandres, contre Jean Brie & Consors, Intimés, il fut délibéré sur l'effet de la clause testamentaire suivante.

» Et quant au surplus desdits biens, que la comparante
» délaissera à son trépas, après ce présent testament fourni
» & accompli, & ses dettes payées, ladite comparante à
» donné & donne ledit surplus des biens, à ladite Barbe
» Dumont & auxdites filles dudit Crepin Poutrain, & à
» chacunes d'icelles également, à compte de têtes en excluant
» les fils. »

L'APPELLANT soutenoit que ladite Barbe sa femme étoit appellée *nomine proprio*, & les autres trois filles ses cousines germaines *nomine collectivo*, que partant Barbe étoit appellée à la moitié dudit surplus contre les trois filles dudit Poutrain, L. *quotiens*, §. *idem ait*. ff. *de usufructu accrescen*. Decius, *consf.* 122.

Au contraire les Intimés disoient que lesdites filles & Barbe étoient en la clause *sub unâ eâdemq. oratione & dispositione*, & qu'ainsi ces mots *également & à compte de têtes* se rapportoient aussi-bien à Barbe qu'auxdites trois filles, par où Barbe étoit appellée non à la moitié dudit surplus, mais à un quart d'icelui, L. *interdum* , ff. *de hæred. inſtit.* Decius, *conſ.* 595, *n.* 8 ; Mantica *de conjecl. ult. volunt. lib.* 4 , *cap.* 11, *n.* 5.

QUAND même leſdites trois filles euſſent été en diſpoſition ſéparée , néanmoins à cauſe du mot *æquè* , ladite Loi *interdum* doit encore avoir lieu comme le dit Joannes de Imola *ad d. l. interdum*, en ces termes, *ſecus videtur ſi in diverſâ oratione dictioque æquè ſit appoſita ut quâ primò inſtitutus eſſet primus , ſecundò eſſent inſtituti filii fratris & ſic cum dictione quia illa videtur reſpicere ipſos filios fratris & iſtud tenent quidam, ſed contrarium eſt verius, quià ſine illâ venirent ad dimidiam & ideò ut illud operetur, videtur quod pro numero perſonarum & ipſorum filiorum videatur quemlibet inſtitutus & hanc ſententiam veriorem tradit quoque* Alexand. *conſ.* 55 , *vol.* 4.

ENFIN, il fut dit de la part des Intimés, que ces mots, *& à chacun d'icelles*, étoient diſtributifs, & que pour cette raiſon la teſtatrice étoit auſſi cenſée avoir appelé toutes ſeſdites nièces *in capita*, ſuivant la doctrine de Menoch. *lib.* 4, *præſumpt.* 86.

POUR ces motifs la Sentence du Conſeil de Flandres, par laquelle en corrigeant la Sentence de ceux de Lille, juges de première inſtance, l'Appellant avoit été déclaré non recevable en ladite moitié, fut confirmée par Arrêt du 3 Février 1618.

ARRÊT LXX.

1.° *L'hypothéque est indivisible.*

2.° *Rentes de partage sont vraiment foncières.*

SUR la question mue au procès du Sr. de Havaucourt, contre les Srs. de Bayon & de Fresnel, si présupposant, que pour rente de partage, il y a droit de préférence & d'hypothéque, cette hypothéque est en la totalité du fond partagé, ou bien à la part seulement de celui qui a accepté la rente ?

IL fut résolu que tout le fond y est hypothéqué par indivis, tant par l'intention vraisemblable des parties que de la Coutume, joint que le droit d'hypothéque est indivisible ; Louet *en ses Arrêts*, rapporte aussi qu'en pareil cas, il fut jugé qu'une femme ayant acquis une maison, paie la moitié du prix, & pour l'autre moitié crée une rente ; la maison se vendant par décret, le vendeur fut préféré pour sa rente sur tout le prix de ladite maison, quoiqu'il eut reçu la moitié du prix. Loiseau au traité *du déguerpissement, lib.* 1, *cap.* 5, *n.* 4, tient aussi pour l'individuité, en ce qu'il traite en ces termes exprès " que telle rente est indubitablement foncière, " parce que l'autre copartageant transporte le droit qu'il avoit " par indivis en l'héritage, qui demeure, *dit-il*, chargé de " la rente. " Il y eut néanmoins difficulté lors de la résolution, parce qu'en plusieurs lieux de France, on tient qu'en fait de partage un lot est hypothéqué pour la garantie de l'autre. Louet, lett. *H*, Arrêt 2.

de Malines.

IL fut auſſi conclu au même procès, que ceſſant la diſpoſition de la Coutume pour une rente, quoique partagère, ne compète droit d'hypothéque ſur le fond partagé, ſinon que les œuvres de Loi en ſoient paſſées, & la tradition réelle faite. Loiſeau, *d. lib.* 1, *cap.* 3, *n.* 3.

ARRÊT LXXI.

Les Bateliers ayant chargés de la marchandiſe, ſont tenus de levi culpâ, *non de* leviſſimâ.

DEUX bateaux s'étant rencontrés ſur la rivière d'Anvers, s'étoient entre-choqués, enſorte que l'un d'eux avoit fait naufrage, & perdu une grande quantité de poiſſons.

IL fut délibéré premièrement, ſi les maîtres des bateaux devoient prouver *non culpam*, ou ſi c'étoit au marchand de poiſſons de vérifier que la rencontre étoit arrivée par la faute des bateliers. Il fut conclu qu'ils étoient tenus *de levi culpâ, non de leviſſimâ*.

MAIS parce qu'il étoit prouvé au procès, qu'au temps de la rencontre il faiſoit un vent bon & propice, cela faiſoit ceſſer la préſomption du cas fortuit & imprévu; il fut donc jugé que c'étoit aux bateliers de prouver *non culpam*. Voyez cideſſus l'Arrêt 47, touchant le louage d'un cheval.

IL fut encore après mis en délibération ſi leſdits Bateliers, auſſi bien que celui dont le bateau étoit péri, étoient tenus chacun *in ſolidum* envers leſdits marchands pour la perte du poiſſon. Sur quoi j'étois d'avis, qu'en termes de Droit, quand l'une de deux perſonnes a cauſé du dommage, & qu'on en ignore l'auteur, il ſemble qu'on peut les poursuivre toutes deux folidairement, L. 1, §. *fin. & L. L. feq.* ff. *de his qui effuder.* Binsfeld, *de injur. damno dato , quæft.* 16, *concluf.* 4.; mais régulièrement quand deux perfonnes font en faute, & non en mauvais deffein , elles font obligées à proportion , & non folidairement, Molin. *de divid. & individ. parte* 3 , *n.* 20.

ARRÊT LXXII.

Touchant la dignité de rang, de l'état de Secrétaire.

LE Sr. Ponfart, Secrétaire de leurs Alteffes Séréniffimes en leur grand Confeil, étant à l'enterrement d'une bourgeoife de Malines au mois de Juillet 1618, s'étoit placé à côté du Confeiller & Avocat fifcal de leurfdites Alteffes audit Confeil , qui étoit feul du corps dudit Confeil à cet enterrement, & prit fa féance tant à l'offrande qu'autrement, immédiatement après ledit Sr. Confeiller & de compagnie; l'un des Bourg-Meftres, & plufieurs autres de la Loi & du Magiftrat de Malines, qui avoient fuivis & marchés immédiatement après, fe trouvant choqués du rang qu'avoit pris ledit Ponfart, lui firent dire que cela ne lui appartenoit pas, & qu'il eut à s'en abftenir à l'avenir ; de quoi ledit Ponfart ayant fait plainte à Cour, le fait fut mis en délibération , & il fut confidéré quant à la poffeffion & ufage, que les Secrétaires du Roi de leurs Alteffes, avoient eu aux affemblées publiques de temps à autre ladite préféance.

QUANT au droit, que les Secrétaires du Roi font nobles à caufe de leur office ; voyez Bacquet, Tiraqueau, *de nobilit. cap.* 3 , *n.* 8.

SELON

de Malines.

SELON l'avis de plufieurs Parlemens la préféance leur eſt due, pardeſſus le Juges Royaux. Papon, liv. 6, tit. 2, Arr. 16; Boerius, décif. 222.

LESQUELS Juges Royaux néanmoins précèdent tous Magiſtrats municipaux, comme on le voit encore aujourd'hui par tout l'Artois, à Lille, Douay, Orchies, Tournai & Tournaiſis, où ceux des Gouvernances & Bailliages précèdent les Magiſtrats deſdites Villes.

EN termes de Droit écrit, l'office de Secrétaire du Prince Souverain fait nombre entre les douze dignités principales. L. *curialib. cod. de decurionib. & filiis eorum*, L. 1, & L. *in facris* 12, *cod. de proxim. facror. ferin.* & L. *omnes* 4 *cod. de privileg. eorum qui in facro palat. militant*, & ibi Bart. & Joannes *de plateâ ad d. leges*.

POUR ces confidérations, joint que ledit Secrétaire s'étant trouvé feul avec ledit Confeiller en ladite aſſemblée, *clauſerat ejus latus*, comme étant du même corps, il fut décidé à mon rapport, qu'il avoit bien fait, mais ſans tirer à conféquence de part ou d'autre ſur le cas qui étoit arrivé; le plus ancien des Confeillers, en l'abſence du Préſident, fut chargé de faire entendre cette réſolution auxdits de la Loi, avec avertiſſement que ſi l'on faiſoit trouble ſur ce aux Secrétaires, il y feroit pourvu.

D d

ARRÊT LXXIII.

Dans les Jugemens des procès pour droits universels, les fruits sont dus du moment de la mort, même avant le procès intenté.

AU procès du Sr. de Melder, Intimé, contre le Sr. Delaerne, Appellant de Flandres, il fut jugé au mois de Juillet 1618., que dans les jugemens, nommément en action de légitime, les fruits sont dus du moment de la mort, même par le possesseur de bonne-foi; car il ne doit pas s'enrichir aux dépens d'autrui ; mais il doit restituer les fruits ainsi perçus, tant avant la mort qu'après le procès intenté. L. *item veniunt* 20, §. *præter*, versic. *item eos*, ff. *de petit. hæred.* & en matière de légitime, *est textus in auth. novissima cod. de inoff. testam.* L. *quod bonis*, §. *fructus*, ff. *ad L. falcidiam* Alexand. *cons.* 69, vol. 2.

Sur ce qui fut proposé par l'un des Juges, de restreindre l'Arrêt aux fruits par lesquels le possesseur s'étoit enrichi, il fut dit & conclu que non, & que l'on présumoit, que le possesseur n'en avoit abusé, parce qu'il étoit bon père de famille; joint que suivant le style de la Cour l'on n'avoit pas accoutumé d'inférer semblables restrictions & adjudications de fruits.

Mais comme l'Intimé avoit sous bénéfice de requête civile, présentée long-temps après l'institution principale, il demanda aussi les intérêts des fruits dès-l'instant du trépas, jusqu'à la pleine restitution des biens dont il étoit question. La difficulté fut grande de savoir s'il étoit fondé en sa demande d'intérêts. Il fut allégué pour la négative, que de droit les intérêts des fruits ou accessoires sont défendus, *neque eorum fructuum qui post litem contestatam officio judicis resti-tuendi sunt, usuras præstari oportere, neque eorum qui prius percepti quasi malæ fidei possessori condicuntur*, car tous les fruits sont accessoires, & c'est pour cela qu'ils sont appellés accroissemens. L. *ultimâ cod. de usuris*, L. *neque eorum* 15, ff. *de usuris & in terminis legitimæ* ita sentit Ant. Faber *in suo Cod. tit. de inoff. testam. defin.* 11, *n.* 12, *accedit textus in d. l. item veniunt*, §. *præter.* 6, ff. *de petit. hæredit. ibi, cum antequàm partes caducæ ex bonis rustici, à fisco peterentur, hi, qui se hæredes esse existimant, hæreditatem distraxerint, placere, reductæ ex pretio rerum venditarum pecuniæ usuras non esse exigendas*, quoique le prix tienne lieu de la chose dans le jugement universel d'une succession; cependant les intérêts de cette chose ne sont dus, & encore moins les intérêts des intérêts.

Pour l'affirmative on étoit d'avis qu'il falloit faire différence, entre les jugemens particuliers & universels, & les actions particulières, les passages cités ci-dessus, pouvoient même avoir lieu; mais point pour les généraux jugemens, dans lesquels non-seulement les fruits sont dus dès-l'instant de la mort, mais aussi les intérêts des fruits perçus de la succession, jusqu'au moment que le procès a été intenté; parce qu'ils augmentent la succession jusqu'à ce temps. L. *hæres furiosi*, §. *fructuum*, ff. *de petit. hæred.* & glo. *ibid. in. verbo fructuum*; Faber, *d. definit.* 11, *n.* 13, *& seq. cod. de inofficioso testamento*.

Il semble assez exhorbitant d'adjuger l'intérêt des fruits avant le procès commencé & non après, même ceux qu'on n'a pas perçus, mais qu'on a dû percevoir depuis le procès commencé; c'est pourquoi comme il est lésé en cela, on y subvient afin qu'il soit exempt des intérêts des fruits.

ARRÊT LXXIV.

Un cohéritier peut agir pour tous, mais sans une procuration spéciale il ne peut mettre la Sentence à exécution.

AU mois de Novembre 1618, en la cause du Sr. de Froidcourt, contre le Sr. de Linden, il fut résolu qu'encore que de droit, un cohéritier puisse agir pour tous, L. *cum te in galliâ* 9, cod. *si certum petatur*, néanmoins il ne peut faire mettre à exécution la Sentence au nom de tous, & en profiter sans mandement spécial de ses cohéritiers, d. L. *cum te in galliâ*.

SUIVANT ce, fut ordonné audit Sr. de Froidcourt de se pourvoir de procuration pertinente à ces fins.

ARRÊT LXXV.

Sous le nom d'acquêt vient ce qui est acquêt par travail.

SOUS le nom d'acquêt est compris seulement ce que parvient aux conjoints, & procède de leur diligence, travail & industrie, & point ce qui procède de succession, soit en ligne directe ou collatérale, ainsi jugé par Arrêt de 1618.

C'EST la commune résolution & opinion des Docteurs, qui ont commentés les Coutumes de diverses Provinces. Chassan. *ad conf. Burg.* tit. des droits appartenans à gens mariés, §. *in verbo* & acquêts, *n.* 1 ; Boerius, *ad conf. bituricenses*, tit. 8, §. 2, *ad verbum* conquêts ; Joannes Sainsonius *ad consuet.* tit. de communauté de biens, art. 1, glos. ult. *vide* Charond. *ad conf. paris.* tit. de la communauté de biens, art. 246, où il fait distinction entre les donations faites par les parens en ligne directe & collatérale.

MAIS sous le nom de conquêt est compris tout ce qui échéoit aux conjoints à titre de donation ou de legs. Suivant les Auteurs cités ci-dessus ; *vide* Nicolaum Vallam *de rebus dubiis tract.* 13 ; Peck. *de testam. conjugum.* lib. 2, cap. 12 ; Henri Boquet, *ad conf. Burgundiæ*, tit. 2, des gens mariés, §. 2.

ARRÊT LXXVI.

Quelles sont les choses comprises sous la dénomination de frais funéraires ?

AU procès entre la veuve de feu le Conseiller Warick, & les créanciers de sa maison mortuaire, il fut jugé que les habits de deuil donnés aux domestiques aux funérailles dudit feu Conseiller, comme aussi le deuil qui avoit été à l'église, & à la maison à son enterrement & depuis, ne devoit tomber à la charge de la maison mortuaire insolvente, ni des créanciers, mais de sa veuve qui les avoit avancés. Sous le nom de frais funéraires qui se font pour l'enterrement, on comprend tous les frais faits à cette occasion avant que le corps ne soit enterré. L. *funeris sumptus*, ff. *de relig. & sumpt.* lesquels frais cependant doivent être modérés & autant qu'ils soient nécessaires, ayant égard à l'importance de la succession, sur-tout si cela pouvoit causer du dommage à un tiers. L. 1, §. *de impensa* 19, ff. *ad* L. *falcid. ibi & sabinus ita deducendum putat, si necessarium fuerit monumentum extruere*; Garcias *de expensis & meliorat. cap.* 8, *n.* 1, *& seq. signanter, n.* 16, 17 *&* 22, *ubi nomine vestiarii de quo in d. c. funeris nihil aliud intelligi tradit quam vestem sive camum quo cadaver contegitur, vestis vero lugubris qui fieri velit de suo* (inquit) *solvat*.

OUTRE ce qui m'a paru, & à plusieurs autres Juges, que le devoir d'affection & de piété de ladite veuve envers son mari, l'obligeoit à tels frais de funérailles & obsèques de son mari, plutôt que tout autre.

VOYEZ touchant cette matière, Louet, *en ses Arrêts*, Lett·

V, Arr. 11, où il dit que l'héritier doit donner à la veuve & à son train le deuil selon sa qualité. Et Belordeau, *en ses observat. forenses*, liv. 2, part. 2, art. 4; Bacquet, *des droits de justice*, chap. 21, n. 38, où il cite Aufrer. *in decis. capell. tholos. quæst.* 336, Angelus *in* L. *sed ususfructus*, §. *dos legata*, ff. *ad* L. *falcidiam.* Joannes de Imo. *in* L. *si ex re*, §. *illud*, ff. *de stipul. serv.* & dit avoir été jugé contre le Sr. de Lesche, au profit de sa belle-mère; voyez Chassan. *ad cons. burg.* tit. des droits appartenans à gens mariés, §. 9, *verbo*, & *ne sont*, n. 1, & *seq.* Bald. Angelus & Paulus Cast. *in* L. *decreto* C. *ex quibus caus. in fam. irrog.* Argentré est d'opinion contraire sur la Coutume de Bretagne, art. 415, *glos.* 4, n. 3, & *glos.* 2, n. 2.

ARRÊT LXXVII.

Les peines conventionnelles ne peuvent se mettre à exécution avant qu'il ne soit déclaré que la peine est encourue; pendant ce temps on est admis à purger la demeure.

AU procès de N. Appellant de Flandres, contre l'Abbé de St. Augustin, de Terouanne, Intimé, il fut mis en délibération, si la clause de bail passé entre lesdites parties, contenant promesse que ledit Appellant acquitteroit une rente dudit Sr. Abbé en dedans certain temps, à peine de nullité du bail si bon sembloit audit Abbé, emportoit résolution dudit Bail, faute d'avoir par ledit Appellant acquitté ladite rente en dedans le temps à ce ordonné. Il fut résolu, tant selon les usages d'Artois où lesdites parties avoient contractées, qu'autrement, que ces sortes de peines conventionnelles ne peuvent se mettre à exécution, avant qu'il ne soit déclaré que la peine est encourue ; & que pendant ce temps on est admis à purger la demeure, puisqu'il peut arriver plusieurs circonstances qui feroient que la peine devroit être remise ou ne seroit pas encourue. Faber, *in cod. lib.* 7, *tit.* 23, *defin.* 2.

Les Juges furent d'avis, qu'aujourd'hui les peines conventionnelles ne doivent par équité excéder l'intérêt, & que telles peines ne sont aussi autrement reçues en France.

Papon, liv. 12, tit. 9, Arrêt 3, *maxime in Ecclesiâ quæ de æquitate solum quatenus interest petere potest.* Rebuff. *ad L. unicam* 6, *de sententiâ quæ pro eo quod interest glossa in verbo præferuntur, n.* 39.

Il fut aussi considéré que l'on agissoit contre l'héritier du fermier, & que le défunt avoit été malade; que néanmoins il avoit mis ledit Abbé hors d'intérêt, ayant peu après le terme limité acquitté entièrement ladite rente ; pourquoi la résolution dudit bail étoit plus dure contre ses successeurs, ainsi que le résoud le susdit Papon, tit. *des choses dues, non payées aux termes*, liv. 12, tit. 10, Arrêt 2, & tit. *des pactions résolutoires*, liv. 12, tit. 8, Arrêt 2.

Suivant ce, la Sentence du Conseil de Flandres, par laquelle on avoit annullé ledit bail, fut corrigée par Arrêt du 25 Février 1619.

ARRÊT

ARRÊT LXXVIII.

Donation de Fief à un neveu, avec clause de retour au Donateur, en cas de mort du Donataire sans enfans; & du Donateur, à son plus proche de son lez & côté.

Denis Taffin, Donateur.

Herman Taffin, fils ainé.
Daniel, fils ainé & transportant.
L'Intimée, Demanderesse originelle par transport.

Catherine Taffin, alliée à Guillaume Petit.
Agnès Petit, mère du Défendeur, sœur du Donataire.
Quentin Petit, Donataire, mort sans enfans.
Jacques de Varigni, Défendeur, Appellant de Flandres.

M^E Denis Taffin, avoit par donation d'entre-vifs donné à Quentin Petit son neveu *ex filiâ*, certain Fief, à condition que si ledit Quentin Petit décédoit sans délaisser enfans nés ou apparens à naître de léal mariage, avant ledit comparant Donateur, ou après icelui; en ce cas, ledit Fief retourneroit, savoir, si ledit comparant Donateur, étoit vivant à icelui, & advenant qu'il fut décédé au plus proche parent de son lez & côté.

LEDIT Quentin Petit ayant survécu ledit Donateur, & étant par après décédé sans enfans, le procès s'est élevé entre N. Demanderesse, ayant droit par transport de Daniel Taffin, neveu du Donateur *ex filio*, prétendant que ce Fief lui appartenoit comme plus proche parente du lez & côté dudit Donateur, d'une part, & Jacques de Warigni, fils d'Agnès Petit, sœur dudit Quentin, Donateur, prétendant ledit Fief comme plus proche parent dudit Donataire, d'autre part.

PAR Arrêt du mois d'Octobre 1619, confirmatif de la Sentence de Flandres, le Fief fut adjugé à ladite Demanderesse lors Intimée.

IL fut considéré que par ladite clause le Donateur sembloit avoir eu égard au lien du sang à son égard; dans ce cas, comme le dit Peregrin, *de fideicommiss.* art. 20, n. 9, *versi. secundus casus est, spectatur proximitas testatoris, nam semper inspicitur in quos testator verba dixerit, veluti si substituisset proximiores sui generis.* Ripa *in* L. *ex facto,* §. 1, 6 & 7, ff. *ad Trebel.* comme au cas présent, le Donateur avoit substitué le plus proche de son lez & côté.

IL fut encore considéré la condition apposée par ledit Donateur, que ledit Fief retourneroit à lui s'il étoit en vie, & si le Donataire décédoit sans hoirs; par laquelle il apparoissoit que ledit Donateur n'avoit voulu que ledit Fief succéderoit aux hoirs collatéraux dudit Donataire, mais qu'il retourneroit à lui s'il étoit en vie, ou à ses plus proches parens s'il étoit décédé. On admet particulièrement l'opinion de ceux qui s'arrêtent à la côte & ligne du testateur, lorsqu'après la mort du grévé il se fait un changement de lignée. Peregrin, *d. loco, n.* 5, comme le Donateur avoit fait au cas susdit, en stipulant le retour à sa personne, si le Donataire décédoit sans enfans.

A mon avis, telle donation n'étoit faite, qu'au temps de la mort du Donataire sans enfans, L. 3, *cod. de donat. quæ sub modo,* L. *fin. cod. de legat.* L. *donationes,* §. *species,* ff. *de donati.* & au temps du décès la donation comme résolue n'ayant plus d'objet, retourne aux héritiers du Donateur.

Autre chose eut été à mon avis, si le Donataire eut eu enfans; car entre iceux, j'eusse pris égard en fait de succession à la proximité du Donataire, *isti enim videntur ut pater à donante vel testatore dilecti*; Thesaurus, *decis.* 65, *in fine*. C'est dans ce sens que l'on doit entendre le sentiment des Docteurs qui ont embrassés l'opinion contraire; l'on doit de même entendre l'Arrêt de cette Cour du 23 Mai 1580, en la cause de Guillaume Debourg, Appellant de Namur, contre Léonard de Haute-Court, Intimé, duquel M. de Grispère fait mention dans ses Arrêts, Arrêt 24.

ARRÊT LXXIX.

Les jugemens touchant le possessoire des bénéfices, sont de la compétence des Juges Royaux.

ADAM Terrace, Curé de l'Eglise de St. Vaast à Valenciennes, ayant impétré lettres de maintenue en forme, contre les Paroissiens de cette Eglise demeurans au Fauxbourg de ladite Ville, se plaignant du trouble qu'ils lui ont fait pour la perception des fruits de sa Cure. Le *committimus* fut par méprise adressé au Prévôt & Echevins de ladite Ville, au mois d'Octobre 1619; ce qu'étant parvenu à ma connoissance, rapport fait à la Cour, il fut ordonné que le jour seroit assigné au grand Conseil, parce que la connoissance du possessoire des bénéfices appartient aux Juges Royaux, à l'exclusion desdits de Valenciennes qui ne sont de cette qualité. Charles Loyseau, *au traité des Seigneuries*, chap. 14, n. 29; Imbert, *en ses instit. lib.* 1, *cap.* 23, *in glos.*

LE même s'observe non-seulement à l'égard du possessoire des bénéfices, mais en toutes autres choses de complainte, ensemble de toutes autres matières possessoires & de maintenue ès Provinces du Luxembourg & de Flandres ; mais au Pays d'Artois les Juges Royaux en connoiffent par concurrence & prévention, parce qu'il appartient au Roi & à fes Officiers de réprimer le trouble, & de conferver chacun en fes poffeffions. Voyez Loyfeau, *d. cap.* 14, *n.* 27 & 28.

ARRÊT LXXX.

Si une donation faite par un Eccléfiaftique à fa concubine eft valable ?

CERTAIN Chanoine & Prêtre ayant ès années 1602 & 1603, confeffé avoir reçu les fommes de 1400 & 700 florins d'une Demoifelle, avec laquelle il difoit avoir vécu en concubinage plufieurs années, & étant fufpecté d'avoir eu enfans de fa conjonction ; comparoit pardevant Notaires Royaux au Pays d'Artois, & conftitue deux rentes à ladite Demoifelle, l'une de 100 florins par an, & l'autre de 50.

Après le laps de fept à huit ans, fans s'en être fait payer, elle fait convenir ledit Chanoine au Siége de la Gouvernance d'Arras, & conclut au nantiffement des arrérages defdites Rentes.

L'ajourné fous bénéfice de Lettres de Requête civile impétrées à ces fins, requiert de pouvoir paffer parmi nantiffement d'héritages, ce que lefdits de la Gouvernance lui accordèrent, & ladite Demoifelle en ayant appellé au Confeil d'Artois, ledit Chanoine fut condamné au nantiffement réel defdits arrérages, fe fondant fur le ftyle ordinaire dudit Pays d'Artois, & privilége du fcel Royal appofé auxdites Lettres, conformément à ce que traite Rebuff. *ad conflict. regias.*

de Malines.

ENSUITE de quoi, parties ne font ordinairement reçues à oppofition, finon en nantiffant & entretenant tels contrats par provifion.

LEDIT Chanoine ayant appellé de la Sentence du Confeil d'Artois, il fut confidéré que nonobftant la rigueur dudit privilége & ftyle, le Juge peut pour juftes caufes, particulièrement pour caufe de nullité, fufpendre l'exécution de femblables Lettres.

Or, la confeffion d'un Prêtre d'avoir reçu lefdites fommes de celle avec laquelle il étoit véhémentement fufpecté d'avoir eu commerce illicite pendant plufieurs années, eft nulle de droit, & ne fait preuve de la réception; Peregr. *de jure fifci*, lib. 2, tit. 9, *de concubinis*, n. 5 & 6.

TELLE confeffion & conftitution de rente ne peut emporter une donation valable, parce qu'une donation faite par un Eccléfiaftique à fa concubine eft nulle; Peregr. *ibidem*, n. 4, *l'Annotation fur Louet*, lett. D, art. 43, L. Apicius, *decif.* 102, lequel toutefois femble requérir preuve que le concubinage duroit au temps de la donation, & à faute de telle preuve dit avoir été jugé pour la donation en cas femblable.

ET fur les condamnations que deffus, il fut, par Arrêt du mois de Novembre 1619, conclu que bien avoit été appellé, & mal jugé par lefdits d'Artois, & que la Sentence defdits de la Gouvernance fortiroit effet.

VOYEZ Papon, liv. 10, tit. 2, Arr. 1, où il dit, que Valère Legrand, au tit. *de privatis judicis*, rapporte un jugement donné à Rome par C. Aquilius, contre Octacilia Lateraneus, concubine de Caius Varro, lequel avoit par fon teftament confeffé de devoir à ladite Octacilia foixante quinze mille écus, & comme il ne mourut alors, il fut actionné par ladite Octacilia. Il remontra que ladite Octacilia étoit une putain ; à laquelle il ne pouvoit donner, & elle fut déboutée de sa demande.

PAREIL Arrêt fut donné à Paris le 7 Septembre 1558, au profit des héritiers d'un Tréforier de l'Eglife de Beauvais.

ARRÊT LXXXI.

1.° *Le privilége de non confifquer, ne s'étend pas au crime de lèze-Majefté.*

2.° *Dans les reftitutions à titre de grace, ne font compris les biens aliénés ou unis au domaine.*

AU procès du Procureur-général, emprenant pour les fifcaux de Flandres & Appellant, contre les exécuteurs du teftament de feu Jean de Bergues, S.gr de Waterflier, Intimé, la Sentence de Flandres fut réformée par Arrêt du 13 Juillet 1619, les deux Chambres affemblées, & le Demandeur déclaré non recevable ès fins & conclufions par lui prifes, touchant la foreftrie du bois d'Anthulft; ayant la Cour, par pluralité de voix, tenu que le privilège de non confifquer de ceux du Francq, ne s'extend pas au crime de lèze-Majefté.

QUE celui qui fait la guerre à fon Prince Souverain en fon Etat, femble affez offenfer fa perfonne; il eft certain que durant les actes d'hoftilité il faifiroit la perfonne du Prince, s'il le pouvoit, joint que par le Placard de Charles V, de l'an 1545, qui fe trouve au livre des Placards, fol. 153, il eft ordonné que confifcation aura lieu en crime de lèze-Majefté divine & humaine, nonobftant Coutumes, privilèges & ufages prétendus au contraire par aucunes villes, qui ès fufdits cas ne leur pourront aider; lequel Placard eft approuvé par les Ordonnances criminelles de l'an 1570, art. 79, faifant auffi à ce propos, Ferron. *ad confuet. burdigal. lib.* 2, *tit.* 5, *de teftam.* §. 22, où il dit que dans les priviléges de non confifquer on excepte toujours le crime de lèze-Majefté, & en cas de doute, le fufdit privilége fe devoit entendre & interpréter felon la difpofition du Droit écrit; fuivant lequel encore que les biens des condamnés ne font plus adjugés au fifc, mais font laiffés aux héritiers jufqu'au troifième degré, cependant les condamnés pour crime de lèze-Majefté en font expreffément exceptés; *auth. bona damnat. cod. de bonis damnat.*

QUANT au deuxième point, il fut confidéré que le Placard de l'an 1603, étoit nuement gracieux, & n'emportoit reftitution de biens, finon en l'état qu'ils étoient lors.

TELLEMENT que des biens auparavant aliénés par le fifc n'y échéoit reftitution, & par conféquent point de ceux unis & incorporés inféparablement au domaine pour les caufes déduites en motif; parce que telle incorporation & union, emportoit un changement de leur nature primitive, & une effectuelle aliénation.

QUANT au troifième point, il fut auffi conclu que le cas en queftion n'étoit compris au traité des trèves, malgré les Lettres & Déclarations expreffes de leurs Alteffes par moi citées & exhibées. Il fut auffi confidéré, que fuivant la rigueur & difpofition defdites trèves, les Princes & Etats de part & d'autre, n'auroient voulu ftipuler pour leurs fujets, & en refpect de leur parti contraire réciproquement; car la reftitution du Prince & le retour au même Etat font femblables; L. *fi quis filio*, §. *penult.* ff. *de injuft. rupt. teftam. ficuti ergo sub restitutione non comprehenduntur ii quibus non fuit stipulatum, ita non comprehenduntur sub post liminio ii qui non fuerunt hostes ;* par où, *summo jure,* ceux qui étoient reconciliés auparavant les trèves, ne devoient jouir du bénéfice d'icelles, même point entre particuliers; tellement, que les Déclarations faites en leur faveur ne doivent être étendues hors de leurs termes à charge du fisc, & du domaine de sa Couronne.

ARRÊT LXXXII.

Sentences données en matière de trèves, sont exécutables nonobstant appel.

SUR requête présentée à leurs Altesses Sérénissimes, par Nicolas Pits, & Anne Provin, contre Jean-Baptiste Vancamere, a été apostillé ce que s'ensuit par leurs Altesses : ” Soit cette envoyée à ceux du grand Conseil, afin que pour ” les raisons y reprises, & ce qu'est disposé au quinzième ” article de la conférence du mois de Janvier 1610, ils ” n'accordent relief d'appel avec clauses suspensives d'exécu- ” tion, & si déjà elles sont accordées, donneront ordre à la ” révocation, moyennant la caution présentée en fin de cette ; ” fait à Bruxelles le 7 Septembre 1611 ; ” & ensuite de ce, l'on tient que des Sentences données en matière de trèves, n'échéoit appel avec clauses d'inhibitions & défenses. Ainsi sont exécutables nonobstant appel.

ARRÊT

ARRÊT LXXXIII.

Les biens paternels succèdent aux parens paternels sans égard au double lien.

EN une cause d'appel de Cambrai, touchant les enfans de Simon Garet, jugée en 1621, il fut conclu & arrêté que la Coutume de Cambrai, qui donne aux frères *ex utroque latere* les meubles & acquêts, à l'exclusion de ceux qui ne sont conjoints que d'un côté, ne se pouvoit étendre aux biens propres & patrimoniaux, & qu'à l'égard d'iceux, chacun succédoit aux biens de sa côte & ligne sans égard au double lien.

SUIVANT ce, la Sentence des Juges de Cambrai, par laquelle ils avoient adjugés les biens patrimoniaux d'un frère décédé, à ses autres frères conjoints *ex utroque latere*, à l'exclusion de ceux tenans d'un côté, dont lesdits biens procédoient, fut corrigée.

C'EST la commune opinon des Docteurs & Praticiens, suivant la règle *paterna paternis, materna maternis*; Louet, en ses Arrêts, lett. P. Arr. 28.

ARRÊT LXXXIV.

La réformation d'une Sentence arbitrale doit être démandée devant le Juge ordinaire de la cause.

AU différend mu entre Abacus Raymond, suppliant, & Ernest de Palant, Sr. de My, rescribent ; Raymond soutenoit que la réformation de certaine Sentence, rendue entre lesdites parties par arbitres Liégeois par eux choisis, se devoit intenter devant le Juge qui, cessant le compromis, auroit été Juge de la cause ; & ledit de My au contraire, qu'elle se devoit intenter pardevant les Juges supérieurs desdits arbitres, alléguant pour raison que cette réformation étoit une espèce d'appellation, & partant se devoit intenter devant le Juge de celui de qui on appelle ; il fut le . . . . Juin 1621, résolu & arrêté que telle réformation se devoit faire devant le Juge qui, cessant le compromis eut été Juge de la cause selon le sentiment de Mysing. *lib.* 2, *observ.* 61 ; Bern. Greneus, *concluf. pract. imper. concluf.* 149 : comme la réformation est soumise à l'arbitrage des Juges, la cause doit être remise en son premier état, comme s'il n'y avoit pas eu de compromis, puisque les arbitres ont fini leurs fonctions : ainsi de quelque manière que le fidéicommis disparoisse, la cause sera toujours traitée devant le Juge ordinaire.

UN procès doit être instruit devant le Juge, car ordinairement un procès n'est jamais censé intenté, s'il ne l'est pardevant le Juge ordinaire ; *L. ordinarii, C. de rei vend. ergo non coram judice arbitratoris neque actoris, sed rei qui ordinarius est & competens. L.* 2, *C. ubi & apud quem.*

L. *non diftinguemus*, §. *cum quidam*, ff. *de recept. qui arbit.*
Bald. *de prefcrip.* 4.ᵉ *parte partis* . . . *à quæft.* 33, n. 1;
Barthol. *in* L. 2, *cod. ubi & apud quem.*

ARRÊT LXXXV.

1.º *Fille dotée par contrat de mariage n'eft fujette aux dettes, fi l'on n'a rien fait en fraude des créanciers.*

2.º *Donation faite par un père à fes enfans en faveur de mariage, n'eft pas cenfée faite en avancement d'hoirie.*

AU procès jugé au mois de Juin 1621, entre le Sr. de Tronchiennes & les Srs. de Buigny & vieux Sailly, furent examinées quelques queftions affez remarquables.

PREMIÉREMENT, fi une fille mariée & dotée par contrat de mariage peut retenir ou appréhender les biens à elle ainfi donnés, fans fe foumettre aux dettes de père ou mère qui l'ont dotée ?

IL fut réfolu que s'il n'y a rien de fait en fraude des créanciers, la fille pouvoit avoir telle donation ou dot à titre particulier & non à titre univerfel, & qu'elle n'étoit partant foumife auxdites dettes. L. 2 & 3, *cod. de revocandis his quæ in fraudem creditorum*, Horat. Carpan. *fuper ftatuto mediolan. vol.* 1, *cap.* 278, *n.* 183.

SECONDEMENT, il fut examiné fi une donation faite par le père à fa fille en faveur de mariage, fans autre expreffion, étoit réputée pour faite à titre d'anticipation d'hoirie : il fut réfolu que non, car lorfqu'il paroît de la caufe particulière de la donation, favoir en faveur de mariage, on ne préfume pas alors que la donation a été faite en avancement d'hoirie; il n'en seroit pas de même s'il ne paroiſſoit pas de la cauſe particulière de la donation, parce que dans le doute on préſume qu'elle a été faite en avancement d'hoirie, lorſqu'elle eſt faite par le père ou autre aſcendant; Molin. *d. §. 17, in princ.*

TROISIÉMEMENT, il fut examiné ſi l'action compétente *ad feudum* devoit ſuccéder, & être répartie entre cohéritiers, comme le fief propre, ou appartenir à l'ainé ſeulement. Le fief en queſtion étoit en la Châtellenie de Lille, ſelon la Coutume de laquelle le vendeur ou donateur d'un fief n'eſt tenu à la tradition, mais paſſe en refondant dommages & intérêts à faute de tradition.

CETTE Coutume préſuppoſée, il fut réſolu que ladite action ne devoit ſuccéder à l'ainé, mais ſeroit répartie entre tous les cohéritiers comme perſonnelle & mobiliaire, ayant égard à ſon objet; *quando enim tales actiones reſolvantur ad intereſſe, tunc non cenſentur jure feudi, nec actu, nec potentiâ*; Molin. *ad conſ. pariſ. §. 11, n. 32, ſimiliter pretium ſic datum ex venditione feudi, non ſubit vices aut locum feudi*; Tiraq. *de retrait lignager, §. 32, n. 20,* voyez Louet, en ſon Recueil, lett. S, Arr. 10.

SED quando actio ex empto vel donato competit preciſè ad feudum, adeo ut venditor poſſit præciſè cogi ad tradendum, tunc in eâ locus eſt primogeniturœ. Etiamſi emptor deceſſerit ante traditionem de non ſoluto pretio; Molin. *ibi §.*

CETTE réſolution ne me paroît pas ſans difficulté, d'autant plus que ſuppoſant la Coutume ci-deſſus, l'on pourroit dire qu'il eſt au choix du vendeur ou donateur de livrer le fief, ou de refondre tous dommages & intérêts faute de livraiſon, tellement que l'action qu'ont les héritiers de l'acheteur ou donataire, ne peut précisément tendre à la réfusion defdits dommages & intérêts, mais feulement à la livraifon du fief vendu ou donné ; & à faute d'icelle auxdits dommages & intérêts.

Si le vendeur ou donateur aime mieux livrer le fief, que de payer lefdits dommages & intérêts, cette action qui eft ouverte à l'acheteur ou donataire pour contraindre à la tradition du fief, eft cenfée de même nature que le fief, comme le dit Molin. *d.* §. *n. 32.*

Tellement qu'avant réfoudre définitivement fi cette action doit être répartie comme perfonnelle, ou bien fuccéder à l'ainé, il femble qu'il faudroit premiérement favoir fi le vendeur ou donataire aime mieux livrer le fief, que payer les dommages & intérêts. Cette opinion me femble répugner à celle de Molin. *d. n.* 32, où il dit, que quand le vendeur a la faculté de livrer la chofe, l'action *competens ad feudum* eft cenfée de même nature ; mais au contraire s'il n'a pas la faculté de livrer, en ce cas on adjuge les intérêts.

ARRÊT LXXXVI.

Les fermiers des impôts jouiffent du bénéfice de divifion.

LE 6 Novembre 1621, il fut réfolu par la Cour, que les Fermiers du foixantiéme de Namur étoient obligés *in folidum* au paiement du rendage de leur ferme, quoiqu'il n'y eut pas de reconvention, *per L. fidejuffores & ibi. Cujacius, cod. quoquifque ord. Peregr. de jure fifci, lib.* 6, *tit.* 5, *n.* 36, parce que le receveur de Namur prétendoit exécuter l'un defdits fermiers pour le tout, fans divifion, quoique l'autre fut préfent & folvent ; il fut réfolu de s'informer fur la Coutume alléguée par ledit receveur, qu'au Pays de Namur les fermiers des deniers du Prince ne jouiffent dudit bénéfice de divifion; ceffant cette Coutume, il fut conclu que le fermier devoit jouir du bénéfice *juxta* L. *2.am in authenticâ, hoc ita cod. de duobus reis;* Papon *en fes Arrêts*, liv. 10, tit. 4, Arr. 25, *vide* Gaill. *lib. 2, obferv.* 18.

Or, le fifc ufe du Droit commun, finon qu'il foit particuliérement privilégié; Peregr. *d. tract. lib. 6, cap. 6, n.* 45, ainfi le fifc n'a privilége de convenir les débiteurs folidairement fans divifion, lorfqu'ils font folvens.

Il faut fuivre la difpofition du Droit commun en ces termes, que les fermiers des impôts ne peuvent être pourfuivis que pour leur part, finon qu'il y ait preuve que l'on ait renoncé au bénéfice des coobligés.

ARRÊT LXXXVII.

On approuve une Sentence en payant les dépens.

AU mois de Juin 1622, il fut réfolu, à la pourfuite de Samuel Vanpithen, que la veuve Maximilien de Vrint, étoit par provifion exécutable, en vertu d'un Arrêt de cette Cour, rendu fous le nom de fon mari, duquel cette veuve étoit héritière, fans avoir égard qu'elle alléguoit n'avoir paffé ni donné procure après le trépas de fondit mari. La réfolution fut fondée entr'autres chofes fur ce que ladite veuve ayant été ajournée après le trépas, quoiqu'elle n'eût comparu, ni paffé procure, comme auffi fur ce qu'elle avoit, après l'Arrêt donné contre fondit mari, payé fon contingent des dépens & rapports, auxquels elle & fes confors étoient condamnés. Pourquoi elle étoit cenſée avoir ratifié les procédures; ce qui eſt auſſi traité par Decius, *conſ.* 583, où il dit qu'un corps qui paie les dépens d'un procès faits par leur ſyndic, ſans être autoriſé à cet effet, eſt cenſé approuver ce qu'il a fait.

ARRÊT LXXXVIII.

Réſiſtance à Juſtice comment ſe punit ?

AU différend des manans & habitans de Roubaix, & des Mayeur, Echevins & Conſeil de la ville de Lille, Prévôt jurés & Echevins de Tournai, emprenans pour le Corps des Bourgeteurs deſdites Villes, il a été réſolu à mon rapport, que la communauté deſdits manans & habitans de Roubaix, ſeroit ajournée perſonnellement ; en faiſant comparoître les maîtres du métier de la Bourgeterie dudit Roubaix, pour le Corps d'icelui métier, comme ayant par émotion & tumulte populaire commis réſiſtance à juſtice.

LA Cour ayant tenu que ledit Corps étant atteint d'avoir délinqué, d'une commune délibération, devoit être puni ; voyez à ce propos Mynſing. *obſerv.* 79, *cent.* 4 ; Gail. *lib.* 2, *de pace public. cap.* 9, *n.* 4 & 17.

CHAROND. *en ſes réponſes*, liv. 3, réponſ. 83 ; Papon, *en ſes Arrêts*, liv. 24, tit. 10, *des peines*, Arr. 1 & tit. 12, chacun porte la peine de ſon maléfice, Arr. 1 ; Farinacius, *tract. de delictis & pœnis, quæſt.* 24, *n.* 107 & *ſeq.* Vaſſius, *tit. de officialibus corruptis pecuniâ*, *n.* 36 ; Menoch. *de arbitrariis judicum caſu* 598.

ARRÊT LXXXIX.

En connoissance d'injures verbales l'on procède sommairement.

AU procès entre Simon Lotius, Appellant des Echevins de cette Ville, Adrien & Jean Verloo, Intimés, les Sentences de la première & seconde instance ont été mises au néant, & par nouveau jugement du 14 Janvier 1623, il a été dit que l'Appellant qui avoit injurié les Intimés, & appellé larrons en jugement, révoqueroit verbalement lesdites injures suivant son offre; il fut considéré qu'en matière d'injures on ne doit faire procéder les parties ordinairement, mais sommairement, Papon, *en ses Arrêts*, liv. 8, tit. 3, Arr. 13 & 14.

FIN.

TABLE

TABLE
ALPHABÉTIQUE
DES MATIÈRES
Contenues dans ce Volume.

A.

ACCIDENT ; de quels accidens est tenu le conducteur d'un Bateau ? 207
—— Item, d'un cheval, 169
ACQUET ; sous le nom d'acquêt, vient ce qui est acquis par travail, 213
ACTE ; *verba enunciativa probant cum continent aliquid necessarium ad robur aut validitatem actús.* 7
—— Les actes passés devant le Juge, qui a été établi durant la guerre, sont bons & valables, 101
—— Celui qui a approuvé un acte, ne peut l'arguer de faux, 107
—— On approuve un acte, lorsqu'on appréhende la chose donnée par le même acte, & la vente lorsque l'on reçoit le prix de la chose vendue, 107

ACTIONS ; pour paiement de sommes certaines sont réputées mobiliaires, quoiqu'elles soient accompagnées d'hypothéques, & comme telles elles ne sont point comprises au traité des trèves, 158
—— Criminelles, sont de la compétence de la partie publique, 174
ALIMENS ; *voyez* HYPOTHÉQUE, PROVISION.
AMENDES, adjugées à leurs Altesses, au Procureur général & à quelques Eglises, chacun pour un tiers, sont exécutoires nonobstant appel, 12
—— Il n'est pas permis de condamner un criminel en grosses amendes pécuniaires, quand les biens ne peuvent être confisqués, 126
—— L'amende en laquelle l'un des

G g

conjoints est condamné doit se prendre sur les biens de la communauté, 136

—— L'amende procédant d'un cas, qui de sa nature est capital, quoiqu'elle soit petite, doit être réputée criminelle & non civile, 174

—— L'amende de fol appel des causes dévolues en cette Cour, *omisso medio*, ne s'adjuge pas plus grande qu'elle eut été adjugée par les Juges immédiats, 184

Voyez HUISSIER.

APPEL; l'on peut appeller après trois Sentences conformes, mais la dernière peut se mettre à exécution, 157

Voyez AMENDES, SENTENCES.

APPELLATION; si les appellations comme d'abus sont admissibles par-deçà? 107

ARBITRES; *voyez* SENTENCES.

ARRÉRAGES, *Expulsus ob non solutum canonem, an teneatur solvere* arreragias. 3

ARRÊT DE CORPS; corps mort ne peut être arrêté pour dettes, 192

ATTENTAT; *voyez* JUGE.

AVOCATS; Si les Avocats & Procureurs peuvent être contraints de déposer en matière criminelle contre leurs cliens? 145

Voyez PAIEMENT.

B.

BANNISSEMENT; le grand Conseil peut bannir hors de toutes les Provinces de par-deçà, 126

BATELIERS sont tenus *de levi culpâ*, 207

BÉNÉFICE; *voyez* POSSESSOIRE.

BIENS tenans côte & ligne doivent être rendus aux plus proches parens, 165

Voyez CONFISCATION, RETRAIT.

BLESSÉ; s'il néglige sa blessure, ne peut prétendre dommages & intérêts, 169

C.

CADAVRE; quand & comment on doit accorder la sépulture à ceux des criminels, 176

Voyez ARRÊT DE CORPS.

CAUTION; la caution offerte par l'Appellant, qui peut être exécuté nonobstant l'appel, ne suffit pas pour suspendre l'exécution, 69

CIRCONVENTION ; *voyez* VENTE.

CLAUSE ; une clause apposée pour servir à la disposition principale ne s'étend pas, 165

COHÉRITIER peut agir pour tous, mais sans une procuration spéciale ne peut mettre la Sentence à exécution, 212

COMMISSION, est présumée après un long laps de temps & la pluralité des actes faits en conséquence, 182

COMMUNAUTÉ ; celui qui passe à de secondes noces, sans faire inventaire, est censé la continuer, 187

—— Celui qui est reçu dans une Communauté est seulement l'associé de celui qui l'admet, 187

Voyez AMENDE.

CONFISCATION ; les biens des hérétiques & des criminels de lèze-Majesté, sont confisqués de droit, au moment qu'ils commettent le crime, 31

—— Si l'amendement peut empêcher que les biens du délinquant soient confisqués de droit à l'instant qu'il a commis le crime ? 31

—— Si les enfans ont droit de légitime dans les biens de leur père, lorsqu'ils sont confisqués ? 31

—— Le privilége de non confisquer, ne s'étend pas au crime de lèze-Majesté, (sauf concession contraire,) 222

Voyez AMENDE.

CONJOINTS, *voyez* MARIAGE.

CONNOISSANCE ; si celle des fermiers & officiaux fait préjudice au Prince ou au Seigneur ? 191

CONSEILLER étant promu à une autre dignité hors la Cour & la ville de Malines, ne peut plus donner ni accorder d'apostille, 30

CONTRAT ; après un longs laps de temps, les contrats judiciaires sont censés faits avec leurs solemnités, 36

Voyez MARIAGE.

CONTRE-LETTRES sont réprouvées de droit, 89

CONTUMACE ; l'accusé contumace est regardé comme convaincu, & peut être condamné sans autre preuve, 126

CORVÉES ; celui qui a été en faute de faire les corvées auxquelles il est obligé, doit être condamné aux dommages & intérêts soufferts par ladite faute, 3

COUTUME ; si l'on doit suivre la Coutume du Fief dominant ou celle du Fief servant, en matière de relief, foi & hommage, 203

—— Les actes judiciaires ne sont pas nécessaires pour prouver une Coutume ; les actes volontaires suffisent : il suffit même que la

Coutume soit parvenue à la connoissance du peuple & qu'il l'ait reçu, 75
CRÉANCIERS, *voyez* DOUAIRE.
CRIMINEL ne se représentant pas, n'est point punissable, à moins qu'il eut fait serment de se représenter, *toties quoties*, 126
Voyez CADAVRE.
CURATEUR; on ne doit pas nommer un curateur aux biens, lorsque l'héritier est certain & connu, 36

D.

DÉNONCIATEURS; *voyez* PROCUREURS D'OFFICE.
DÉPENS; lorsque plusieurs personnes sont condamnées aux dépens par une même Sentence, elles sont censées condamnées par portions viriles & par tête, 160
Voyez RÉPARTITION, SENTENCES.
DETTES; un corps mort ne peut être arrêté pour dettes, 192
DICAIGES; celui qui possède des terres non sujettes aux inondations, est exempt des charges de dicaiges, 73
—— Si celui qui possède des terres sujettes aux inondations peut prescrire l'exemption des charges de dicaiges? 73
DIMES, *voyez* PRESCRIPTION.
DIVISION; les fermiers des impôts jouissent du bénéfice de division, 229
DOMAINE, *voyez* RESTITUTION.
DOMMAGE; celui qui avec connoissance de cause, permet une chose qu'il présume devoir lui être nuisible, se préjudicie à lui-même, 136
Voyez RÉPARTITION.
DONATION entre-vifs ne reçoit pas d'interprétation si favorable qu'un acte de dernière volonté, 13
—— *Factâ donatione alicui pro se & suis descendentibus, eis extinctis, non revertitur res ad donantem*, 13
—— *Quando quis donat pour lui & ses enfans, talis clausula nihil disponit in favorem liberorum, sed tantum designat ordinem successionis legitimæ*, 13
—— *Authentica res quæ communis, de legatis, habet tantum locum in descendentibus, non autem in collateralibus gravatis fideicommisso, nisi donatio facta sit collaterali aut extraneo in favorem matrimonii*, 13

Donation faite d'ufufruit entre conjoints en la Coutume de Courtray, même du confentement de l'héritier apparent, eft nulle, 195
—— De Fief faite à un neveu, avec claufe de retour au Donateur en cas de mort du Donataire fans enfans, & du Donateur à fon plus proche de fon lez & côté, 217
—— Faite par un Eccléfiaftique à fa concubine eft valable, 220
—— Faite par un père à fes enfans en faveur de mariage, n'eft pas cenfée faite en avancement d'hoirie, 227
DOT ; en matière de dot on fuit la Coutume du domicile du mari, 131

—— Fille dotée par contrat de mariage n'eft pas fujette aux dettes, fi l'on n'a rien fait en fraude des créanciers, 227
DOUAIRE ; femme pour fon douaire conventionnel vient en ordre avec les créanciers à titre lucratif après les créanciers à titre onéreux, 11
—— Veuve du Donataire eft fondée d'avoir fon douaire fur le bien fujet à fidéicommis fitué en Artois, 13
—— Le douaire conventionnel fait ceffer & exclut le douaire coutumier, 131
Voyez FIDEICOMMIS.
DOUBLE LIEN, *voyez* SUCCESSION.

E.

ECHANGE, *voyez* VENTE.
ELECTION ; poffeffion du droit d'élection s'acquiert par un feul acte, 70
—— L'élection & la collation font des fruits d'une quafi-poffeffion, 70
EMPHYTÉOSE ; *in dubio contractus præfumitur potiùs cenfuabilis quàm Emphyteuticus*, 3
—— *Pœnæ de jure ftatutæ in contractu Emphyteutico*, 3
—— *Emphyteuta ceffans folvere canonem per impotentiam vel paupertatem, non cadit jure fuo*, 3
—— *Ut Emphyteufis cadat in commiffum, non requiritur decretum, fed fufficit Dominum declarare voluntatem fuam*, 3
ENFANS, *voyez* HOIRIE, LÉGITIMATION, SUCCESSION.
ENTÉRINEMENT ; la Cour peut ordonner au Procureur-général de s'y oppofer, 155
—— On peut paffer outre à l'entérinement des lettres de grace, quoique l'impétrant n'ait point fait accord avec la partie, 155

—— Entérinement fait en chambre close, 155
EXÉCUTEUR TESTAMENTAIRE ne peut point payer les legs, lorsqu'il sait qu'il y a des créanciers privilégiés, 163
EXEMPTION; *voyez* TAILLE.
EXHÉRÉDATIONS faites avant l'an 1567, à cause d'hérésie, ne sont pas comprises sous le traité de trèves, 85

F.

FAUX, *voyez* TÉMOIN.
FEMME; une femme ne peut, de son autorité, appréhender une succession onéreuse en apparence, sans le consentement de son mari & de ses proches, 36
FIDÉICOMMIS; dans un fidéicommis universel, les fruits ne sont pas dus au temps de la mort du grévé, mais seulement au temps de l'échéance, 161
—— La clause de tenir côte & ligne à toujours & en tout cas, n'emporte pas fidéicommis, 165
—— Si la part qui écheoit à l'un des héritiers à titre de fidéicommis, est sujette au fidéicommis, 165
—— Les biens tenans côte & ligne, ou délaissés à la famille, doivent être rendus aux plus proches, 145
—— Le petit fils ne peut assigner douaire sur des biens chargés de fidéicommis par son aïeul quand il doit les restituer, 187
—— Si le grévé de fidéicommis peut déduire la légitime, lorsque le testateur par son testament lui a laissé d'autres biens libres, 193
—— Les fruits d'un fidéicommis perçus après la mort du testateur ne sont pas imputés sur la légitime, 193
Voyez DOUAIRE.
FIEFS, *voyez* DONATIONS, JURISDICTION.
FISC, *fiscus extinctâ unâ lineâ non excludit descendentes ex alia lineâ,* 13
—— Le fisc peut vendre la totalité du bien qui lui appartient par indivis, sauf au copropriétaire son action pour sa part du prix, 136
—— L'action criminelle appartient au fisc, 174
FRAIS FUNÉRAIRES; quelles sont les choses comprises sous la dénomination de frais funéraires, 214
FRUITS; lorsque les fruits & les intérêts ne sont pas demandés par la partie, ils peuvent être adjugés

d'office par le Juge, 161
—— Celui qui est condamné à restituer un bien avec les fruits, ne doit point restituer ceux des améliorations par lui faites, 21

—— sont dûs du moment de la mort en matière de succession, 210

Voyez FIDÉICOMMIS, NULLITÉ.

H.

HAUTS-JUSTICIERS ; s'ils sont traitables pour les excès de leurs officiers ? 262
HÉRITIER ; quand le fils, ou l'héritier est tenu d'entretenir le fait du défunt ? 89
—— Le fils peut contrevenir au fait du défunt, non comme héritier, mais comme fils, 89
—— L'héritier peut contrevenir au fait du défunt, quand il tend à le priver du bénéfice de la Loi, 89
—— L'héritier ne peut annuller ce qui a été fait par le possesseur de l'hérédité pendant le temps de sa possession, 136
HOIRIE ; si la déclaration de ne pas vouloir être héritier, faite après l'appréhension de l'hoirie, a effet de répudiation ? 36
—— Lorsque les enfans s'emparent des effets de la succession de leur père, ils sont plutôt censés le faire en vue d'appréhender la succession, que de s'en emparer furtivement, 36

—— L'héritier fien & la veuve peuvent, après leur renonciation, appréhender la succession, 37
—— La convention d'un héritier qui renonce à une succession, ne regarde pas le cohéritier qui a auparavant appréhendé la succession, 163
—— Comment les enfans succèdent aux biens tenus en Echevinage de la ville de Béthune, acquis par leurs père & mère pendant leur mariage ? 53

Voyez DONATION.

HUISSIERS extraordinaires du grand Conseil ne sont attrayables qu'en la Cour pour choses dépendantes de leurs exploits, faits en vertu des provisions du Conseil, 22
—— Si le procès-verbal d'un Huissier qui déclare avoir été maltraité faisant ses fonctions, fait foi en pleine justice ? 104
—— Quelle est la peine méritée en pareil cas ? 104
—— Huissier tenant les deniers levés

par exécution eſt condamné en l'amende, 173
HYPOTHÉQUE; ſi l'hypothéque tacite a lieu pour alimens? 168
—— Hypothéque eſt indiviſible, 206
Voyez ACTION.

I.

IMPOSITION; les octrois particuliers des villes ſont privilégiés comme les impoſitions & aides du Prince, 152
Voyez DIVISION.
INJURE VERBALE; il n'eſt pas permis à l'égard du fiſc, de repouſſer une injure verbale proférée devant le Juge, par une autre injure verbale, 186
—— En connoiſſance d'injures verbales l'on procede ſommairement, 232
INONDATION; *voyez* DICAIGES.
INTÉRÊT CIVIL; ſi le père d'une perſonne tuée eſt fondé de demander intérêt civil? 155

Voyez REPARTITION, FRUITS.
JUGE; le Juge laïc peut impoſer une peine pécuniaire à un Eccléſiaſtique qui a commis le crime d'attentat, 159
—— Délégué pour une exécution peut entendre les exceptions de nullité, 199
JURISDICTION des hommes de Fiefs, ceſſe auſſi long-temps que le vaſſal n'eſt pas reconnu, 153
JUSTICE; un Seigneur féodal doit vérifier le droit de juſtice qu'il prétend, 197
—— Réſiſtance à juſtice, comment ſe punit? 231

L.

LÉGITIMATION; ceux qui n'ont pas conſentis à la légitimation d'un bâtard, ne doivent pas lui ſuccéder, 13
LEGITIME, *voyez* CONFISCATION, FIDEICOMMIS.
LEGS, ſi l'eſtimation du legs eſt due au légataire, lorſqu'il eſt incapable d'appréhender le legs? 89
Voyez EXECUTEUR TESTAMENTAIRE, CONFISCATION, PROVISION.
LESION; l'acheteur eſt cenſé léſé d'outre moitié, lorſqu'il achète plus

plus de six, une chose qui ne vaut que quatre, 63
LOI ; la défense de la loi étant expresse, elle emporte avec soi la nullité, 36
—— Une loi ou privilége est abrogé par un usage contraire, 70
—— L. *pactum quod dotali. cod. de pactis*, est abrogée, 89
—— L. *hâc edictali, cod. de secundis nuptiis*, n'est pas en usage pardeçà, 196

M.

MAINTENUE ; en matière de pleine maintenue, celui qui a plus ancienne possession, doit obtenir, 97
MARIAGE ; conventions faites par traité de mariage, entre deux conjoints, ne sont révocables par le survivant, 89
MINEUR ; un mineur en puissance de curateur ne peut appréhender une succession onéreuse sans son consentement, 36
—— Un mineur relevé de la renonciation qu'il a faite d'une succession, est obligé d'approuver tout ce qui a été fait pendant le temps de la renonciation, 36
Voyez TUTEUR.

N.

NÉGLIGENCE ; *voyez* ACCIDENS.
—— Les Bateliers ayant chargés de la marchandise sont tenus *de levi culpâ, non de levissimâ*, 207
NOCES ; celui qui convole en secondes noces, sans faire inventaire des biens de la Communauté est censé la continuer, 187
Voyez LOI.
NULLITÉ ; lorsqu'il conste du mérite de la cause, on n'a pas égard aux nullités qui s'y rencontrent, 37
—— En cas de nullité ou de restitution, les possesseurs ne doivent pas rendre les fruits, 37
Voyez JUGES, LOI, VENTE.

O.

OBLIGATION ; *voyez* PAIE-
MENT.
OCTROIS des villes font privilégiés comme les deniers du Prince, 152
OFFICIER, pourvu par le Seigneur Engagifte, ne peut être deftitué après l'engagement fini, 70
—— Royaux ne font pas révocables à volonté par le Seigneur Enga-gifte, 70

P.

PAIEMENT ; celui d'une rente héritière & foncière fait pendant quelques années, a force d'obli-gation, 84
—— Praticiens ne peuvent retenir les pièces des parties à faute de paiement, 85
PEINES CONVENTIONNELLES, font comminatoires, 215
POSSESSOIRE ; les jugemens au poffeffoire des bénéfices, font de la compétence des Juges Royaux, 219
Voyez MAINTENUE.
PRÉJUDICE ; celui qui fait & fouffre une chofe qui lui eft préjudiciable, doit s'en imputer la faute, 36, 136
Voyez PRESCRIPTION.
PRESCRIPTION, celle de quatre ans n'eft pas abrogée par la Loi *bene à zenone*, 136
—— L'exemption de dîme fe pref-crit par 40 ans ou poffeffion im-mémoriale, fans titre, pourvu que le propriétaire le fache & le fouffre, 191
—— Si la connoiffance des Fermiers ou Officiaux fait préjudice au Prin-ce ou au Seigneur ? 191
Voyez TAILLES.
PRIVILÉGE ; *voyez* LOI.
PROCUREURS ; *voyez* AVOCATS, PAIEMENT.
PROCUREURS D'OFFICE, ne peu-vent être condamnés aux dépens *ex præfumptâ calumniâ*, mais doi-vent en fin de caufe dénommer les dénonciateurs, 70
PROVISION, ne s'adjuge pas aux lé-gataires au préjudice des créan-ciers, 163
—— L'on ne doit pas adjuger pro-

visionnellement tout ce qu'est en litige, quoiqu'il n'excède pas la somme que l'on adjugeroit pour alimens, 199
Voyez SENTENCE.

Q.

QUITTANCE générale donnée à un tuteur, n'ayant pas rendu compte de son administration, est nulle, 190

R.

RANG; *voyez* SECRETAIRE.
REBELLE; dans la restitution accordée aux rebelles, sont compris ceux décédés pendant les troubles, 136
RENONCIATION; *voyez* TUTEUR, HOIRIE.
RENTES, par lettres suffisent pour garnir la main de justice, mais ne suffisent pas quand il faut nantir, 190
—— De partages sont vraiment foncières, 206
Voyez PAIEMENT.
REPARTITION des dépens, dommages & intérêts, faite par portions égales, entre ceux qui y sont condamnés, n'empêche point celui qui les a obtenu, de poursuivre chacun d'eux solidairement, 1
RESCISION; si la Loi 2.e au code *de rescind. vend.* a lieu à l'égard de l'acheteur? 63
RÉSISTANCE A JUSTICE, comment se punit? 231
RESTITUTION; en cas de nullité ou de restitution, les possesseurs ne doivent pas rendre les fruits, 37
—— Restitution en entier peut être demandée par les Ecclésiastiques, devant le Juge Laïque, dans le ressort duquel les biens sont situés, 107
—— Celle accordée aux rebelles, comprend ceux décédés pendant les troubles, 136
—— Quel est l'effet de la restitution par grace du Prince? 146
—— Si la grace ou restitution accordée par le Prince, après la Sentence de confiscation des biens s'étend aux biens acquis à un tiers? 146
—— Dans celles à titre de grace ne sont pas compris les biens alié-

nés ou unis au domaine, 222

RETRAIT; le demandeur en retrait n'est pas tenu de jurer qu'il fait le retrait pour lui-même, avant que l'acheteur l'ait reconnu à proesme, 154

—— Celui qui n'étoit pas né au temps de la vente, n'est pas capable de retrait, 178

—— L'an & jour du retrait commence après la prescription complette, 178

—— L'on présume plutôt que le bien est ancien qu'aquesté, 178

—— Question en matière de retrait dans la Coutume de Malines, 185

S.

SECRETAIRE; touchant le rang de Secrétaire, 208

SENTENCE, conçue par manière de provision ès cas où provision n'écheoit, n'est pas exécutable nonobstant appel, 199

—— Donnée en matière de trèves est exécutable nonobstant appel, 224

—— La réformation d'une Sentence arbitrale, doit être demandée pardevant le Juge ordinaire, 226

—— On approuve une Sentence en payant les dépens, 230

SEPULTURE; *voyez* CADAVRE.

SORCIERS, comment doivent être punis? 31

SORTILEGE; du crime de sortilége, 31

SUBSTITUTION; si cette clause apposée au bas d'un testament, *seront héritiers l'un de l'autre*, emporte une substitution réciproque? *quando in medio testamenti posita est, an afficiat præcedentia, & an testamentum militis extra castra factum gaudere debeat privilegiis militaribus?* 23

SUCCESSION; enfans d'un bâtard & d'une légitime succèdent aux parens de leur père & mère, & è contrà, 13

—— Biens paternels succèdent aux parens paternels sans égard au double lien, 225

Voyez LÉGITIMATION, HOIRIE.

T.

TAILLES ; pour être en poffeffion d'exemption des tailles, il fuffit de ne les avoir point payées pendant plufieurs années, & il n'eft pas befoin d'en avoir fait refus, 73

——— Celui qui eft exempt d'impofitions, fe fait préjudice, s'il fe laiffe mettre fur le rôle, fans s'y oppofer, 73

TÉMOINS ; comment doit être puni un faux témoin & calomniateur ? 126

TESTAMENT ; pour tefter valablement il fuffit de fuivre les folemnités de la Coutume du lieu où l'on tefte, 77

——— Fait *inter liberos, vel ad pias caufas*, n'eft pas compris fous la difpofition du 12.e article de l'Edit perpétuel de l'an 1611, 79

——— Claufe particulière d'un teftament, 204

Voyez SUBSTITUTION, DONATION.

TREVES ; dans les traités de trèves, ne font pas compris ceux qui ont tenus le parti contraire, 136

TUTEUR ; fon autorité eft néceffaire, ainfi que le décret du Juge, pour appréhender une fucceffion déférée à un mineur par la renonciation, 182

Voyez QUITTANCE, VENTE.

V.

VENTE ; *venditione factâ propter as alienum, emptor non tenetur probare as alienum fubfuiffe*, 7

——— Quand une vente eft nulle par défaut de formalités, celui dont les biens ont été vendus ne doit rendre que ce que l'acheteur vérifie avoir tourné à fon profit, 9

——— La vente des biens d'une fucceffion, faite par un tuteur avant avoir appréhendé la fucceffion, n'eft pas cenfée une vente de biens pupillaires, 36

——— Refcifion de vente, 63

——— Quand & comment la circonvention eft permife dans le contrat de vente ? 63

——— Si dans un contrat d'échange, l'une des parties donne une fomme d'argent qui excède la valeur de la chofe qu'il donne alors, c'eft

un contrat de vente & non d'échange, 107
——— Pour connoître si un contrat en est un d'échange, il faut considérer l'intention des contractans, 107
——— La défence de permettre la vente ou charge des biens appartenans aux étrangers, n'emporte pas une nullité absolue, 178
——— Sous la prohibition de vendre est comprise la vente nécessaire, 178
——— Si la vente faite par exécution de condamnation volontaire, est censée nécessaire? 178
——— Quand censée faite en fraude, 31

Voyez ACTE.
USAGE; *voyez* LOI.
USUFRUIT; *voyez* DONATION.

Fin de la Table des Matières.

www.ingramcontent.com/pod-product-compliance
Lightning Source LLC
Chambersburg PA
CBHW050325170426
43200CB00009BA/1465